2024 대한민국 재테크 트렌드

2024 대한민국 재테크 트렌드

조선일보 경제부 엮음

2024 KOREA
FINANCIAL PLANNING
TRENDS

원앤원북스

2024 KOREA FINANCIAL PLANNING TRENDS

PART 1

2024년
거시 투자 전략

2024년 경제 전망과
적정 자산 배분

김영익

서강대 경제대학원 교수

우리 경제성장률이 2023년 1.4%에서 2024년에는 2.1%로 올라갈 전망입니다. 달러 가치 하락에 따라 원화 가치는 오르고 물가상승률 둔화로 금리는 떨어질 가능성이 높습니다. 코스피는 우리 경제 상황에 비해 20% 정도 저평가된 상태입니다. 2024년에는 주가가 제자리를 찾아가면서 오를 전망입니다. 가계 금융자산 중 예금 비중은 줄이고 채권이나 주식 비중을 늘리는 게 좋아 보입니다.텍스트가끔 부자들, 기업인들 만나면 공통적으로 이런 이야기를 해요. "시대에 당하지 말자." 개인에게 당하면 일부 자산을 잃을 수가 있지만 시대에 당하면 모든 자산을 잃을 수 있다는 거죠. 거꾸로 시대 흐름을 알면 개인의 부도 축적할 수 있고 기업도 성장시킬 수가 있다는 겁니다.

지금 세계 경제가 어렵다고 합니다. 각 경제 주체의 부채가 너무 많이 쌓였고 자산 가격의 거품이 발생했다 붕괴되는 과정이죠. 우리는 이를 기회로 활용해야 합니다. 달러 가치는 중기적으로 하락하고 원화 환율 떨어져 원화 가치가 올라갈 겁니다. 2024년에 우리 경제가 2023년보다는 좀 좋아질 거예요. 그런데 구조적으로 우리 사회는 저성장 국면에 들어섰습니다. 주가, 금리 등을 보면서 자산 배분을 어떻게 해야 할지 같이 한번 생각해 보겠습니다.

경제는 장기적으로 성장한다

경제는 장기적으로 성장하죠. 그런데 중간중간 어려운 시기가 늘 있습니다. 2008년 미국에서 금융위기가 있었고요. 2020년 코로나19로 세계 경제가 침체에 빠졌습니다. 제가 이런 경고를 미리 했었습니다. 2021년 코스피 3300포인트 갔을 때 2200포인트 간다고요. 당시에 이런 전망을 했다가 욕을 많이 얻어먹었습니다만는 결국 그 밑으로 떨어지지 않습니까? 그런데 지나고 보면 이런 것들이 우리에게 기회가 됐다는 것입니다.

말씀드린 것처럼 세계 경제는 장기적으로 성장하지만 실제 경제는 어떻습니까? 늘 좋아졌다 나빠졌다 하는 사이클이 존재합니다. 경제가 성장하려면 가계가 소비해야 하고 기업이 투자해야 하고 정부가 돈을 쓰고 수출이 되어야 하죠. 여기에 따라 경제는 좋아졌다 나빴다 사이클이 반복됩니다.

2008년 미국에서 위기가 오니까 가계는 소비를 줄였습니다. 기업은 투자를 줄였죠. 세계 경제가 나쁘니까 수출도 줄었어요. 그래서 경제가 이렇게 나빠진 겁니다.

경기 회복을 위해서 각국 정부가 과감한 재정 정책을 펼쳤죠. 정부가 돈을 많이 썼습니다. 그다음에 각국의 중앙은행은 금리를 내려서 소비, 투자를 부양했어요. 그래서 2019년까지 소비, 투자, 정부 지출이 늘어나면서 세계 경제가 회복됐습니다. 문제는 이 과정에서 저금리로 인해 가계와 기업의 부채가 많이 늘었고, 정부의 부채가 많이 늘었습니다. 한마디로 부채에서 성장했습니다.

2020년에는 코로나19로 소비와 투자, 수출이 줄어드니까 경제가 갑자기 나빠져버렸습니다. 그러니까 또 정부가 돈을 쓰고 중앙은행은 돈을 풀어서 경제가 빠른 속도로 회복됐습니다.

2020년에 세계 경제가 마이너스 2.8% 성장했습니다. 1930년대 대공황 이후 처음입니다. 그런데 2021년에 6% 넘게 성장했습니다. 그야말로 급격한 V자형 회복입니다. 그만큼 정부가 돈을 많이 쓰고 중앙은행에서 돈을 많이 풀었다는 겁니다. 문제는 급격한 회복 과정에서 돈을 많이 쓴 선진국은 정부 부채가 많이 늘어버렸죠. 신흥국은 기업 부채가 많이 늘었어요. 선진국은 정부가 부실해졌고 신흥국은 기업이 부실해졌습니다.

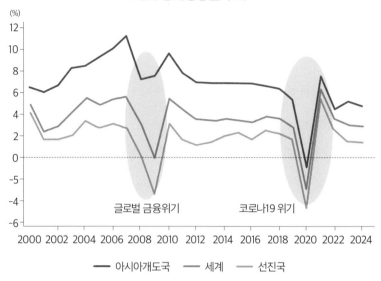

세계 경제성장률 추이

(%)

- 아시아개도국 ── 세계 ── 선진국

글로벌 금융위기

코로나19 위기

2000 2002 2004 2006 2008 2010 2012 2014 2016 2018 2020 2022 2024

주: 2023~2024년 전망치
자료: IMF(2023.10)

우리나라는 어떨까요? 신문에 거의 매일 나옵니다. 바로 가계 부채입니다. 1997년 우리나라는 외환위기를 겪었습니다. 당시 기업들이 미래를 낙관적으로 보고 투자를 많이 했는데 1990년대에 들어가서 수요가 부족하니까 기업이 부실해지고 은행이 부실해졌죠. 다시 말해 기업의 과대 부채가 외환위기의 원인이었습니다. 외환위기는 한마디로 부실한 기업 은행을 처리하는 과정이었습니다. 30대 재벌 중 11개가 해체될 정도였습니다. 그런데 세계가 우리가 구조조정 잘했다고 평가했죠. 그때 가계

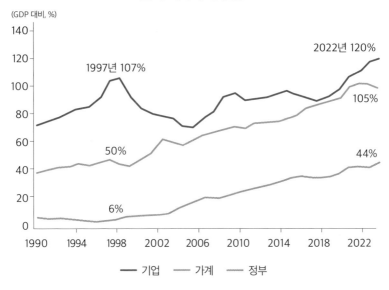

한국 가계 부채 급증

(GDP 대비, %)

1997년 107%

2022년 120%

50%

105%

6%

44%

1990　1994　1998　2002　2006　2010　2014　2018　2022

── 기업　── 가계　── 정부

주: 2023년은 1분기 기준
자료: BIS

부채가 GDP 대비 50% 정부 부채가 6%밖에 안 됐어요. 공적자금 167조 원을 투입해 구조조정을 끝낼 수가 있었습니다. 가계, 특히 정부 부채가 낮았기 때문에 단기간에 극복이 가능했던 것입니다.

그런데 지금 어떻습니까? 기업 부채가 외환위기 전보다 더 높아졌죠. 가계 부채는 50%에서 100%가 넘었습니다. 세계에서 가계 부채가 이렇게 상대적으로, 절대적으로 빨리 늘어난 나라별로 없습니다. 전 세계가 부채 성장했습니다마는 우리나라도

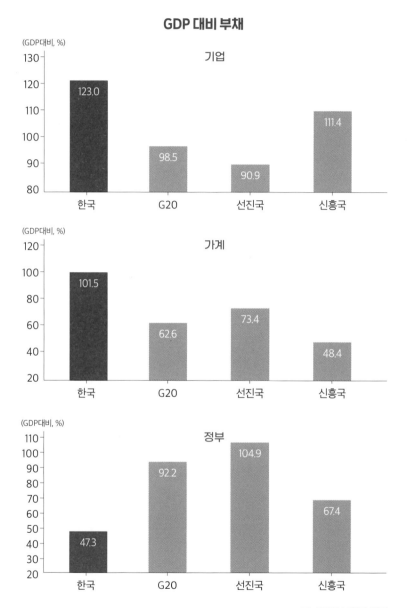

GDP 대비 부채

(GDP대비, %)

기업

한국	G20	선진국	신흥국
123.0	98.5	90.9	111.4

(GDP대비, %)

가계

한국	G20	선진국	신흥국
101.5	62.6	73.4	48.4

(GDP대비, %)

정부

한국	G20	선진국	신흥국
47.3	92.2	104.9	67.4

주: 2023년 1분기 기준
자료: 국제결제은행(BIS)

대표적으로 기업과 가계 부채가 늘어나면서 성장한, 부채에서 성장한 나라 중 하나입니다.

GDP 대비 부채를 다른 나라하고 비교해보겠습니다. 우리나라 기업 부채 세계 평균보다 높습니다. 가계 부채 또한 우리나라만큼 높은 나라가 없습니다.

물론 가계 부채가 높다고 당장 위기가 오는 건 아닙니다. 가계 부채가 높다는 건 소비 여력이 줄어든다는 것입니다. 즉 은행에서 돈을 많이 빌렸으니까 매월 이자를 내고 원금을 갚아야 하니 소비를 줄이는 거예요. 그래서 우리가 소비 중심으로 저성장을 하는 거지 가계 부채가 높다고 당장 위기가 오는 건 아닙니다.

다행스럽게도 정부 부채는 세계에서 제일 낮은 쪽에 속해요. 지난 정부가 돈을 많이 써서 이번 정부는 돈을 안 쓴다고 하지만, 정부가 돈을 쓸 수밖에 없습니다. 왜일까요? 앞에서 본 것처럼 기업 부채가 많아 기업이 과거처럼 투자할 수 없습니다. 가계 부채는 높으니까 과거처럼 소비할 수 없죠. 여기다가 정부마저 돈을 안 쓰면 경제성은 더 낮아질 수밖에 없습니다. 그러니 시간이 가면 정부가 다시 돈을 쓸 수밖에 없습니다. 그러니 우리나라도 부채 성장을 했다고 말하는 겁니다.

자산 가격 거품의 붕괴

미국의 경우를 통해 모든 자산에 거품이 발생했다 붕괴하는 과정을 살펴보겠습니다. 다른 나라도 방향은 같습니다.

마샬케이는 통화량(M2)을 명목 국민소득(GDP)으로 나눈 값입니다. 경제 실물에 비해서 통화량이 얼마나 풀렸는가 확인할 수 있는 지표입니다. 위기 때마다 돈을 풀었습니다. 이번에는 마찬가지였습니다. 미국 역사상 단기에 이렇게 많은 돈을 풀어버

미국의 마샬케이와 금리

주: 마샬케이는 M2(광의통화)를 명목 GDP로 나눈 것임
자료: Federal Reserve Economic Data

린 사례는 없습니다. 그러다 보니까 미 10년 국채 수익률이 한때 0.5%까지 떨어졌죠. 채권 가격에 엄청난 거품이 발생했다는 겁니다.

그런데 돈을 푸니 물가가 오르죠. 미 연준이 물가를 잡기 위해서 과감히 실물에 비해서 돈을 줄였습니다. 그래서 이렇게 금리가 오른 거예요. 미 10년 국채 수익률이 한때 5%까지 올라갔죠.

제가 적정 수익률 수준을 추정해보니까 4%예요. 이미 채권 시장은 거품이 붕괴되었다는 겁니다. 그래서 제가 최근에 여러

미국 버핏지수

주: 시가총액은 미 연준 자금순환상에서 각 경제주체가 보유하고 있는 주식 기준
자료: Federal Reserve Economic Data

미국 주택 가격

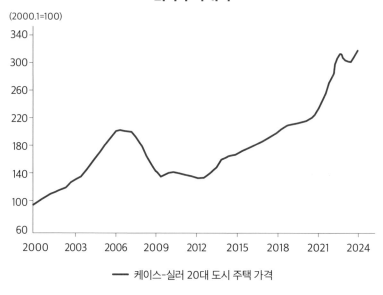

(2000.1=100)

— 케이스-실러 20대 도시 주택 가격

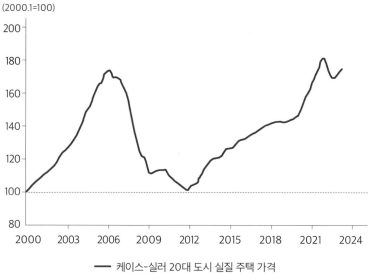

(2000.1=100)

— 케이스-실러 20대 도시 실질 주택 가격

주: 실질가격은 소비자물가지수로 디플레이트한 것임
자료: Federal Reserve Economic Data

분에게 계속 채권에 투자하라고 말씀을 드렸죠.

주식시장도 살펴보겠습니다. 미국 버핏지수를 나태낸 그래프인데, 버핏지수는 시가총액을 GDP로 나눈 것입니다. 역사상 미국 주식시장에서 가장 큰 거품이 발생했다가 붕괴했다가 다시 반등하고 있습니다. 제가 보기에는 아직은 주가는 조정이 덜된 것 같습니다. 그래프를 보면 미국 주가는 조금 더 떨어져야 한다는 겁니다. 채권시장은 거품이 완전히 붕괴됐는데 주식시장에서는 아직 덜 붕괴됐다고 볼 수 있습니다.

그다음은 주택시장입니다. 2008년 미국의 위기는 집값의 급격한 상승에서 왔습니다. 2000~2006년까지 집값이 두 배나 올랐어요. 집값이 오르니까 미국 가계가 돈을 빌려 집을 사고, 소비했습니다. 미국 금융회사들은 집을 담보로 빌려준 돈으로 다양한 파생 상품을 만들어서 팔았고요. 그런데 집값이 급락하니 미국 가계가, 금융회사가 부실해지면서 2008년 위기가 온 겁니다.

왼쪽 그래프는 실질가격 기준으로 물가 대비 집값이 얼마나 올랐느냐를 확인할 수 있습니다. 그런데 2008년보다 집값이 더 많이 올랐어요. 물가에 비해서 떨어지다가 잠깐 반등하고 있습니다마는 제가 보기에는 추세적 상승 국면은 아닌 것 같습니다.

미국 사람들이 돈을 빌려 집을 많이 사는데요. 30년 모기지금

미국 소비자물가상승률과 국채 수익률 추이

(%)

인플레이션 시대

디스인플레이션 시대

인플레이션?

1953 1958 1963 1968 1973 1978 1983 1988 1993 1998 2003 2008 2013 2018 2023

━ 소비자물가　━ 국채 10년

자료: 미 노동부, Bloomberg

리가 2021년에 2.6%까지 떨어졌다가 최근 7.7%까지 올랐습니다. 금리가 이렇게 오르니까 미국 사람들이 집을 덜 사고 있습니다. 특히 기존 주택 매매를 보니 최근 거래량이 2007년, 2008년 수준까지 떨어졌어요. 거래량이 줄어드니 집값도 떨어질 거라는 거죠.

채권시장의 거품은 다 붕괴됐으니 채권은 계속 사셔도 된다는 겁니다. 주식시장에서는 아직 덜 붕괴됐으니 조금 리스크 관리를 해야 하고요. 주택시장에서는 미국은 이제 붕괴 초기이지만 우리나라는 이미 많이 떨어져서 조금 다릅니다.

전 세계가 부채 성장을 하고 모든 자산에 거품이 발생했다고 했지만, 금리가 낮고 경기만 좋으면 이 두 문제를 지탱할 수 있죠. 그런데 미국이 돈을 많이 벌어 경기는 회복됐지만 물가가 올라버렸습니다. 2022년 한때 9%까지 올랐어요. 미 연준의 물가 목표가 2%인데 물가가 오르니 물가를 잡기 위해서 금리를 올릴 수밖에 없었습니다.

금리를 얼마나 빨리 올렸습니까? 미 연준의 연방 기금금리 상한선이 2022년 2월에 0.25%였는데, 2023년 7월에 5.5%까지 올렸습니다. 이렇게 금리를 급하게 올리니 부채 문제, 자산 가격 거품 문제가 드러날 수밖에 없죠.

문제는 '금리를 더 올릴 것인가.' '언제 내릴 것인가.'입니다. 최근 FOMC에서 2024년에 세 차례 정도 금리를 인하하겠다고 합니다. 그런데 시장은 훨씬 더 빨리 가고 있습니다. 시장은 2024년 3월부터 금리를 인하해 여섯 차례 정도, 1.5%포인트 인하할 것이라고 하죠. 지금 5.5%니까 2024년에 4%로 떨어진다는 겁니다.

제가 적정 금리 추정을 해봐도, 적정 금리가 많이 떨어지고 있어요. 아마 2024년 3월부터 금리를 인하하게 될 겁니다. 문제는 뭐냐면 오른 금리 때문에 시차를 두고 미국 소비를 감소시키

한국과 G20 선행지수 추이

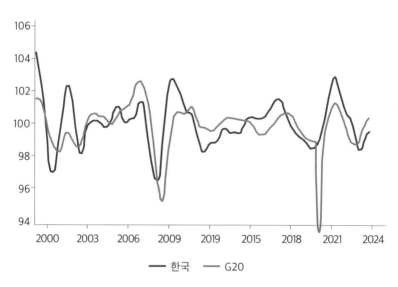

자료: OECD

고 자산 가격 거품을 붕괴시키고 있다는 겁니다.

경기도 나빠졌습니다. 여러분이 주식에 투자하든지 사업 계획을 세우든지, OECD나 통계청에서 발표하는 선행지수는 꼭 보셔야 합니다. 선행지수가 2021년 5월에 정점을 찍었습니다. 선행지수가 떨어진다는 건 앞으로 경기가 나빠진다는 거죠. 이때 코스피가 3300포인트 갔을 때입니다. 선행지수가 떨어지면 주식 투자는 좀 쉬는 게 낫습니다. 하더라도 비중을 과감하게 줄이셔야 합니다. 3300포인트 갔던 코스피가 2022년에

2135포인트까지 떨어졌지 않습니까? 금리도 오르고 경기도 나빠지니까 부채 문제와 자산의 거품 문제가 드러날 수밖에 없었던 것입니다.

그런데 2023년은 제가 여러분에게 주식 비중 좀 늘리라는 이야기를 계속 했습니다. 우리나라 선행지수는 2023년 2월을 저점으로 11월까지 계속 오르고 있습니다. 즉 현재의 경기는 나쁘지만 앞으로 경기가 회복될 거라는 겁니다. 최근 수출이 증가하면서 부분적으로 경기가 회복되는 조짐이 나오고 있어요.

다가올 경기 침체, 정책 대응 방안은?

영국 경제 주간지 〈이코노미스트〉는 경기 침체가 온다는 견해를 냈습니다. 특히 미국 경제 2024년 상반기에 침체가 올 겁니다. 그런데 쓸 만한 무기가 없다는 거죠. 과거 경기 침체가 왔을 때는 정부가 돈을 많이 쓰고 중앙은행이 돈을 풀어서 경기를 회복시켰는데, 현재 미국 정부의 부채가 높으니 경기 침체가 오더라도 정부가 돈을 쓸 여지가 없다는 겁니다. 통화정책은 쓸모없는 무기일 수도 있다는 거죠.

전 세계 중앙은행의 물가안정 목표가 거의 2%입니다. 그런

미국 경제전망(컨센서스, 단위: %)

구분	2019	2020	2021	2022	2023	2024	2025
GDP성장률	2.5	-2.2	5.8	1.9	2.4	1.2	1.7
소비자물가	1.8	1.2	4.7	8.0	4.1	2.7	2.3
실업률	3.7	8.1	5.4	3.6	3.7	4.3	4.3
경상수지/경상GDP	-2.2	-3.0	-3.6	-3.8	-3.1	-3.1	-3.1
재정수지/경상GDP	-4.7	-15.6	-10.8	-5.4	-6.2	-6.0	-6.2
기준금리(말)	1.75	0.25	0.25	4.50	5.50	4.45	3.40
국채수익률(10년, 말)	1.92	0.92	1.51	3.88	4.53	3.94	3.79

자료: Bloomberg(2023.12.1)

유로존 경제전망(컨센서스, 단위: %)

구분	2019	2020	2021	2022	2023	2024	2025
GDP성장률	1.6	-6.1	5.3	3.4	0.5	0.6	1.5
소비자물가	1.2	0.3	2.6	8.4	5.5	2.7	2.1
실업률	7.6	8.0	7.7	6.7	6.5	6.7	6.6
경상수지/경상GDP	2.3	2.0	2.4	-0.6	1.4	1.7	1.8
재정수지/경상GDP	-0.6	-7.2	-5.1	-3.6	-3.5	-3.0	-2.6
기준금리(말)	0.00	0.00	0.00	2.50	4.50	3.75	3.00
달러/유로	1.12	1.22	1.14	1.07	1.07	1.11	1.15

자료: Bloomberg(2023.12.1.)

데 중국을 제외하고 대부분 2%를 훨씬 넘습니다. 금리를 내릴 수가 없다는 겁니다. 금리를 내리더라도 가계, 기업, 부채가 많으니까 과거처럼 소비와 투자가 늘어나지 않을 겁니다. 그래서 침체가 오더라도 과거처럼 빠른 속도로 회복되는 게 아니라 느린 속도로 회복되고, 기업 부채 및 가계 부채가 많으니까 과거보다 좀 낮은 성장을 할 것이라는 게 IMF나 세계 경제의 공통적인 견해입니다.

구체적으로 수치를 한번 살펴보겠습니다. 표는 블룸버그 컨센서스로 블룸버그가 전문가들에게 물어봐서 중앙값을 제시하는 겁니다. 2023년 미국 경제가 정말 좋죠. 2.4% 성장한다고 합니다. 그런데 2024년은 어떻습니까? 1.2%, 2023년에 비해 거의 절반 수준으로 떨어진다고 합니다. 미국 소비가 줄어들기 때문입니다.

미국 GDP에서 소비가 차지하는 비중은 무려 69%입니다. 절대적으로 소비에 의존하는 경제죠. 그런데 미국 사람들이 돈을 너무 많이 써버렸어요. 저축률이 2007년 금융위기 이후 가장 낮은 수준까지 떨어졌습니다. 그리고 임금이 올랐는데 물가보다 덜 올랐어요. 실질 소득이 줄어들죠. 또 금리가 오르니까 이자 부담이 늘어납니다. 2021년에 미국 가처분소득에서 이자 부담이 1.2%였는데 최근 2.8%까지 올랐습니다. 저축률도 낮아지고 이자 부담이 높아지니 미국 가계가 소비를 줄일 수밖에 없다는 겁니다. 이런 이유로 2024년에 미국 경제성장률이 낮아진다고 합니다. 아마 2024년 상반기에는 미국 경제가 마이너스 성장할 수도 있습니다.

소비가 줄어드니 물가상승률이 떨어집니다. 보통 금리에 미래 경제성장률과 미래 물가상승률이 들어 있는데, 2024년에 경제성장률이 떨어지고 물가상승률도 떨어진다고 하니 미국 금리가 낮아질 수밖에 없습니다. 그래서 미국 10년 국채 수익률이 5%에서 최근 3.9%까지 떨어진 겁니다. 그래서 제가 계속 채권 투자는 하시라는 말씀을 드립니다.

유럽 경제성장률은 굉장히 부진합니다. 다만 환율은 주목할 필요가 있습니다. 2024년 말, 2025년 말에는 달러만 떨어지고 다른 모든 통화(유로, 위안화, 엔 등) 가치는 올라갈 수 있습니다.

중국 경제를 보겠습니다. GDP성장률이 2023년 5.2%, 2024년 거의 4.5%입니다. 중국이 과거처럼 고성장하던 시대는 지나고, 이제 잘해야 4~5% 성장합니다. 그런데 중국은 미국처럼 2008년 금융위기가 안 옵니다. 왜일까요? 과거 집을 담보로 다양한 파생상품을 만들어 팔았던 미국의 금융회사는 2007년 집값이 떨어지면서 부실해졌고 그로 인해 금융위기가 왔습니다. 그런데 중국은 그런 파생상품이 없죠. 중국의 부동산 위기는 금

중국 경제전망(컨센서스, 단위: %)

구분	2019	2020	2021	2022	2023	2024	2025
GDP성장률	6.0	2.2	8.1	3.0	5.2	4.5	4.5
소비자물가	2.9	2.5	0.9	2.0	0.4	1.7	1.9
실업률	3.6	4.2	4.0	4.9	5.2	5.0	5.0
경상수지/경상GDP	1.0	1.5	1.8	2.2	1.6	1.2	1.1
재정수지/경상GDP	-4.9	-6.2	-3.8	-4.7	-5.3	-4.5	-4.0
국채(10년, 말)	3.14	3.15	2.78	2.84	2.63	2.69	2.76
위안/달러	6.96	6.53	6.36	6.90	7.26	7.00	6.75

자료: Bloomberg(2023.12.1.)

일본 경제전망(컨센서스, 단위: %)

구분	2019	2020	2021	2022	2023	2024	2025
GDP성장률	-0.4	-4.3	2.3	0.9	1.7	1.0	1.0
소비자물가	0.5	0.0	-0.3	2.5	3.2	2.2	1.6
실업률	2.4	2.8	2.8	2.6	2.6	2.5	2.4
경상수지/경상GDP	3.7	3.2	3.9	1.9	3.3	3.3	3.1
재정수지/경상GDP	-2.6	-9.5	-5.5	-6.7	-5.5	-4.0	-3.1
기준금리(말)	-0.10	0.00	0.00	0.00	0.00	0.10	0.30
국채(10년, 말)	-0.01	0.02	0.07	0.42	0.88	1.03	1.15
엔/달러	108.6	103.3	115.1	131.1	148.0	135.5	130.0

자료: Bloomberg(2023.12.1.)

브라질, 인도, 베트남, 인도네시아 경제전망(컨센서스, 단위: %)

브라질 | | | | 인도 | | |

구분	2023	2024	2025	2023	2024	2025
GDP성장률	3.0	1.6	2.0	7.0	6.2	6.3
소비자물가	4.6	4.0	3.7	6.7	5.4	4.6
실업률	8.0	8.5	8.5	-	-	-
기준금리(말)	11.75	9.25	8.50	6.50	5.90	5.80
국채(10년, 말)	-	-	-	7.26	6.94	6.83
환율	5.00	4.90	5.00	83.00	82.15	82.00

베트남 | | | | 인도네시아 | | |

구분	2023	2024	2025	2023	2024	2025
GDP성장률	4.7	6.3	6.7	5.0	5.0	5.1
소비자물가	3.1	3.2	3.3	3.7	3.0	3.0
실업률	2.4	2.4	2.8	5.4	5.4	5.2
기준금리(말)	4.30	4.20	4.25	6.10	5.40	4.80
국채(10년, 말)	-	-	-	6.86	6.52	6.42
환율	24000	23250	22800	15500	15000	14600

자료: Bloomberg(2023.12.1.)

융위기로까지 전이되지 않을 겁니다. 과거보다 낮은 성장을 하는 중국이지만 세계 평균 성장률인 3% 내외보다는 높다는 점은 기억하면 되겠습니다.

그다음에 브라질 인도, 베트남, 인도네시아입니다. 제가 경제를 40년 가까이 공부하면서 '경제의 모든 비밀은 인구 구조에 있구나.' 하는 생각을 자주 합니다. 인도, 베트남 등에 가보면 인구가 굉장히 젊습니다. 앞으로도 5년 정도는 계속 6~7% 성장의 가능성이 있죠. 그러나 세계 경제가 어려울 때 이런 나라도 같이 어려워질 수밖에 없습니다. 멀리 내다보고 인도, 베트남 같은 나라에 꾸준히 투자하셔야 합니다.

환율 전망: 달러 가치 하락 추세

앞서 블룸버그 컨센서스를 보고 달러 가치가 하락할 것이라고 했습니다. 장기적으로 달러 가치는 하락했습니다. 그동안 두 번에 걸쳐서 달러 가치가 크게 하락했어요. 1985년 9월 미국이 어려우니까 플라자 합의를 통해 달러 가치 51% 하락 유도했고, 2000년 미국의 IT 거품이 붕괴로 미국 GDP가 세계에서 차지하는 비율 31%에서 21%까지 떨어지면서 달러 가치도 40% 떨어졌죠.

2022년에는 달러 가치가 많이 올랐지만 2022년 10월을 정점으로 이제 달러 가치가 하락 추세에 접어들었습니다. 여러 가

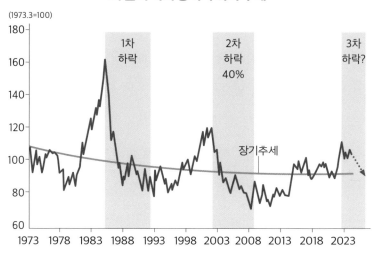

미 달러 가치 장기적 하락 추세

(1973.3=100)

1차
하락

2차
하락
40%

3차
하락?

장기추세

주: Trade Weighted U.S. Dollar Index: Major Currencies
자료: Bloomberg

지 이유가 있습니다만 IMF가 2028년까지 세계 경제에서 미국의 비중이 축소된다고 했습니다. 이는 곧 정도의 차이는 있지만 2028년까지 달러 가치가 하락할 거라는 의미입니다.

미국의 문제는 순대외부채가 많다는 겁니다. 18조 달러 정도예요. 이렇게 부채가 많은데 어떻게 견딜까요? 외국인들이 미국에 직접 투자해주고 증권 투자를 해주기 때문입니다. 2022년에 바이든 대통령이 방한했을 때 삼성전자에 먼저 갔습니다. 나갈 때는 현대차에 갔어요. 미국 가서도 SK와 통화했습니다. 직접 투자 좀 해달라는 겁니다. 그리고 우리나라 국민도 해외 주식 투자

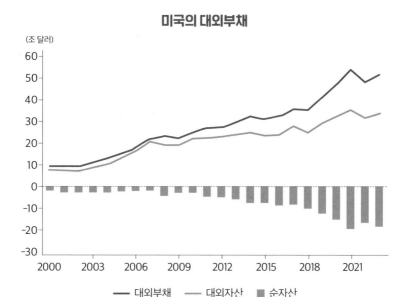

미국의 대외부채

(조 달러)

주: 2023년은 2분기 기준
자료: U.S. Bureau of Economic Analysis

를 많이 하고 있습니다. 미국 비중이 무려 61%나 돼요. 즉 기업들은 미국에 직접 투자해주고 국민들은 미 증권에 투자해주고 있습니다. 다른 나라도 마찬가지고요. 그래서 미국이 순부채를 견딜 수 있는 겁니다.

그런데 직접 투자나 증권 투자 자금이 안 들어가면 미 연방정부의 순대외부채가 높기 때문에 미 달러 가치가 하락할 가능성이 있습니다. 그래서 2011년에 신용평가회사 S&P가 미국 신용등급을 떨어뜨렸고 최근 피치와 무디스도 낮췄습니다. 부채가

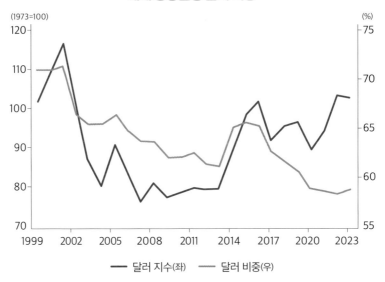

세계 중앙은행 달러 비중

(1973=100)

(%)

— 달러 지수(좌)　　— 달러 비중(우)

주: 2023년은 2분기 기준
자료: IMF

많으니 신용등급을 떨어뜨리고, 달러 가치는 더 떨어질 수밖에
없습니다.

전 세계 중앙은행이 과거보다 달러를 신뢰하지 못하고 있습
니다. 세계 중앙은행의 외환 보유액 중 달러 비중이 2000년에
71%였는데, 2022년에는 59%로 축소됐습니다. 전 세계 중앙은
행이 과거만큼 미국 달러, 미국 경제를 못 믿겠다는 겁니다. 특히
중국이 달러를 팔고 금을 사고 있습니다.

2001년 중국이 세계무역기구에 가입합니다. 저임금을 바탕

중국의 미국 국채 보유 축소

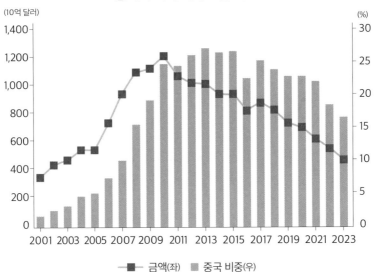

주: 비중은 총 외국인 보유액에서 중국이 차지하는 비율, 2023년은 9월 기준

자료: 미 재무부

으로 전 세계 상품을 싸게 공급해줬죠. 지금도 월마트에 진열된 상품의 47%가 중국산입니다. 중국의 저임금을 바탕으로 미국에 상품을 많이 공급해서 2022년까지 6조 2천억 달러를 벌었어요. 그 돈 일부로 미 국채를 사준 거죠.

중국이 월마트에 상품도 싸게 공급해주고 국채를 사서 금리를 낮춰주니까 집값과 주가가 오릅니다. 미국 소비자 입장에서는 환영할 일이었죠. 또 중국은 미국 수출을 통해 돈을 벌어 경제 성장을 이루었습니다. 즉 서로 좋았던 시기였습니다. 그런데 지금 왜 왜 싸웁니까? 중국이 너무 빨리 커졌기 때문입니다.

2001년에 중국 GDP가 세계에서 차지하는 비중이 4%였는데 2021년에 18%까지 올라갔습니다. 미국은 31%에서 24%로 줄어들었죠. 중국 GDP가 미국 GDP에서 차지하는 비중이 18%에서 76%까지 올라간 거예요. 중국이 이렇게 커지니까 미국이 중국을 때릴 수밖에 없죠. 이게 미중 패권 전쟁의 본질입니다.

중국은 계속 미 국채를 줄이고 있습니다. 이 돈으로 금을 사고 있는데 중국의 외환 보유액 중에서 금 비중은 4% 정도입니다. 중국이 미 국채를 계속 팔면 달러 가치는 하락할 수밖에 없습니다.

원/달러 환율 결정 요인

문제는 원달러 환율입니다. 세계 경제가 불안하면 원화 가치가 제일 크게 떨어지죠. 우리나라 GDP 중에서 수출이 차지하는 비중이 45%로, 수출 의존도가 굉장히 높습니다. 세계 경제가 나쁘면 수출 의존도가 높은 한국 경제가 제일 어려워질 것은 뻔하죠.

우리나라 경상수지는 구조적으로 흑자입니다. 수출로 번 돈보다 기업과 기관·개인 투자자가 국외 투자에서 배당으로 번 돈이 많아졌습니다. 1998년부터 경상수지가 1조 달러 이상 흑자가 났는데, 그 돈을 해외에 직접 투자하고 주식, 채권 등을 사다 보니까 이자 및 배당 소득이 계속 들어옵니다. 우리나라가 이제 금융으로 돈을 버는 나라가 됐다는 겁니다. 그래서 경상수지 흑자가 나니 환율은 갈수록 떨어질 수밖에 없습니다. 얼마나 떨어질지는 예상하기 힘들지만요.

제가 예측해보니까 적정 환율 수준이 한 1,150원 정도로 나옵니다. 시간이 지나면 이 수준에 접근할 거라는 겁니다. 이런 의미에서 미 달러 가치가 떨어지고 원화 가치가 오를 때는 미국 주식보다는 우리나라 주식 비중을 좀 더 늘리시는 게 낫습니다.

금에도 좀 관심을 가져야 합니다. 장기적으로 달러 가치는 떨

원/달러 환율 결정 요인

시차(월)	미달러지수	위안/달러	한미실질금리차	경상수지	원/달러
1	22.1	9.0	0.9	0.2	67.8
6	32.9	8.1	1.2	3.3	54.5
12	33.1	9.6	7.5	3.3	46.6
24	28.8	8.7	16.8	5.7	40.0
36	28.7	8.8	18.0	5.9	38.7

주: 1) VAR 모형(미 달러지수(신흥시장), 위안/달러, 한미실질금리, 경상수지, 원/달러)
2) 시차: 6, 분석기간: 2009.1~2022.12

어졌지만 금값은 장기적으로 올랐습니다. 또 IMF의 전망에서 2028년까지 달러 가치가 떨어질 거라고 했습니다. 달러 가치가 떨어지면 금값은 올라갑니다. 2024년에 미국 경제성장률이 낮아지니까 금리도 떨어질 수밖에 없죠. 그래서 금 투자도 해야 한다는 겁니다.

금을 많이 살 필요는 없습니다. 주식을 사면 이자가 나오고 배당이 나옵니다. 채권을 사면 이자가 나오죠. 그런데 금은 이자도 배당도 없습니다. 그러나 장기적으로 달러 가치가 하락하면 금값이 오를 가능성이 크니 투자 자산 중에서 한 10% 정도만 금 투자를 하시면 될 것 같습니다.

한국 경제 전망

한국은 2023년 1.4%, 2024년에는 한 2% 조금 넘게 성장할 것 같습니다. 경제가 성장하려면 가계가 소비해야 하고 기업이 투자해야 하고 수출이 이루어져야 하죠. 그런데 가계 부채가 많으니 소비는 안 늘어날 거예요. 그런데 2024년에 2% 성장은 뭐 때문이죠? 그동안 중국으로 반도체 수출이 부진했는데, 10월 이후부터 중국으로 반도체 수출이 늘어나고 있습니다. 그래서

2024년에는 수출이 증가하면서 경제가 2% 좀 넘게 성장한다는 거죠. 단기 사이클로 보면 2024년에는 경기 회복 국면입니다. 그걸 반영해서 최근 주가가 미리 오르고 있는 겁니다.

2% 성장, 이것은 잠재성장률입니다. 잠재성장률이란 노동, 자본, 생산성을 고려했을 때 경제가 성장할 수 있는 능력입니다. 그런데 우리 잠재성장률이 10%에서 2%, 지금 1% 후반에 진입하고 있습니다. 노동이 감소하고 있기 때문입니다.

최근 합계 출산율이 0.7명입니다. 인구가 유지되는 출산율이 2.1명이라고 하니 엄청 낮습니다. 〈옥스포드 이코노믹스〉에서는

주요 거시경제지표 전망(단위: %, 억달러)

구분	2019	2020	2021	2022	2023(F)	2024(F)
GDP성장률	2.2	-0.7	4.3	2.6	1.4	2.1
경상수지	600	759	883	298	294	406
소비자물가	0.4	0.5	2.5	5.1	3.6	2.7
실업률	3.8	4.0	3.7	2.9	2.7	2.5
기준금리(말)	1.25	0.50	1.00	3.25	3.50	2.75
국고채(3년,평균)	1.53	0.99	1.39	3.20	3.59	3.39
원/달러(평균)	1166	1180	1144	1292	1303	1269

주: 2023~24년은 전망치
자료: 내일희망경제연구소

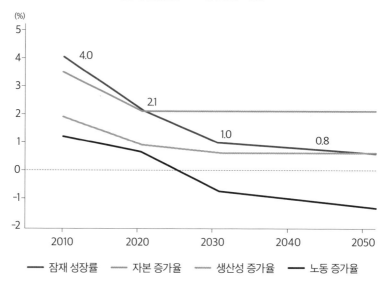

잠재성장률 1%대 진입 과정

(%)

4.0

2.1

1.0

0.8

2010　　　2020　　　2030　　　2040　　　2050

── 잠재 성장률　── 자본 증가율　── 생산성 증가율　── 노동 증가율

주: 중립적 시나리오
자료: 한국금융연구원(2021.7)

"지구상에서 가장 빨리 사라질 나라가 한국이다."라고 했고 〈뉴욕타임즈〉에서는 "저출산으로 인한 한국의 인구감소 속도가 흑사병이 창궐했던 14세기 중세 유럽보다 빠르다."라고 합니다. 심각한 문제예요. 인구 때문에 잠재성장률이 떨어지고, 대기업이 자본 투자를 많이 해도 잠재성장률이 크게 개선될 가능성이 낮다는 겁니다.

우리 잠재성장률이 높아지려면 생산성이 개선되어야 합니다. 사회적 대통합을 통한 사회적 생산성 개선도 필요한데, 이것도 쉽지 않습니다. 그래서 2030년이 되면 잠재성장률이 1%, 그 이후로는 0% 진입합니다. 우리 경제의 구조적인 문제라고 할 수 있습니다.

잠재성장률이 얼마나 떨어졌는지를 보기 위해서 역대 대통령 집권 기간 중 연평균 경제성장률을 표기해봤습니다. 물론 경제 규모가 커지면서 성장률은 떨어질 수밖에 없지만, 대통령이 바뀔 때마다 계단식으로 성장률이 떨어지는 나라도 드뭅니다.

박정희, 전두환 정부 때 10% 성장했습니다. 김영삼 정부 때 IMF 경제위기를 맞고 김대중 정부 때 뼈아픈 구조조정으로 30대 재벌 중 11개가 해체됩니다. 기업이 없어지고 근로자를 해고하면서 소비, 투자가 줄어들며 경제성장률이 5%대로 떨어집니다. 이때 질적, 안정 성장 국면에 들어섰다는 긍정적인 평가도 있지만, 양극화 및 고용 불안이 생겼습니다. 노무현 정부 때 지방 균형 발전, 동반성장, 분배, 복지 정책을 펼쳤지만 크게 개선된 것은 없었죠. 이명박 정부 때 747 공약을 내세웠는데 3.3%, 박근혜 정부 때 474 비전을 발표했지만 3.0%, 지난 문재인 정부 때 2.4% 성장했습니다. 이번 정부 경제정책 방향은 뭡니까? 윤 대통령의 철학이 자유를 통해 혁신하고 혁신을 통해 도약해 분배하자는 거죠. 혁신과 도약을 통해 성장 가도에 올라서 보자는 겁니다. 그런데 제가 이번 정부 5년간 추정해보니까 또 2.0%가 나

대통령 재직기간 중 경제성장률과 주요 정책

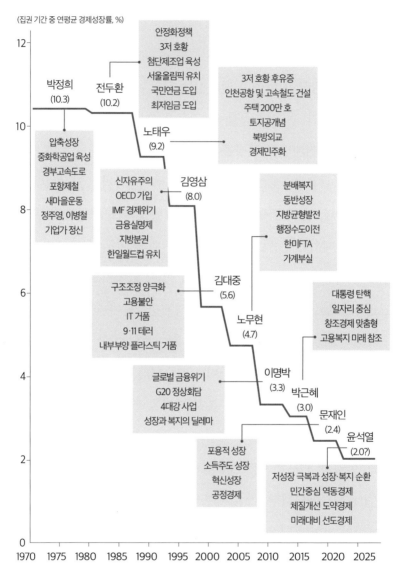

(집권 기간 중 연평균 경제성장률, %)

박정희 (10.3)

압축성장
중화학공업 육성
경부고속도로
포항제철
새마을운동
정주영, 이병철
기업가 정신

전두환 (10.2)

안정화정책
3저 호황
첨단제조업 육성
서울올림픽 유치
국민연금 도입
최저임금 도입

노태우 (9.2)

3저 호황 후유증
인천공항 및 고속철도 건설
주택 200만 호
토지공개념
북방외교
경제민주화

신자유주의
OECD 가입
IMF 경제위기
금융실명제
지방분권
한일월드컵 유치

김영삼 (8.0)

분배복지
동반성장
지방균형발전
행정수도이전
한미FTA
가계부실

구조조정 양극화
고용불안
IT 거품
9·11 테러
내부부양 플라스틱 거품

김대중 (5.6)

노무현 (4.7)

대통령 탄핵
일자리 중심
창조경제 맞춤형
고용복지 미래 참조

글로벌 금융위기
G20 정상회담
4대강 사업
성장과 복지의 딜레마

이명박 (3.3)

박근혜 (3.0)

문재인 (2.4)

윤석열 (2.0?)

포용적 성장
소득주도 성장
혁신성장
공정경제

저성장 극복과 성장·복지 순환
민간중심 역동경제
체질개선 도약경제
미래대비 선도경제

주: 전두환의 경우 1980년은 제외, 윤석열은 전망치
자료: 한국은행, 김동호(대통령 경제사, 2019), 내일희망경제연구소

2024 대한민국 제테크 트렌드

옵니다. 저뿐만 아니라 OECD, KDI 한국개발연구원도 비슷한 전망을 하고 있습니다.

성장률이 떨어진다는 건, 저성장이라는 것은 한마디로 차별화입니다. 경제 규모가 7%, 10% 성장할 때 파이가 커지니까 기업들이 같이 성장할 수가 있었습니다. 그런데 성장률이 떨어지면 파이가 상대적으로 줄어드는 거예요. 그걸 나눠 가져야 합니다. 경쟁력 있는 기업은 더 많이 가지고 경쟁력 없는 기업은 시장에 퇴출될 수밖에 없습니다.

2022년 한국은행 기업경영 분석을 보니 우리나라 기업의 42%가 이자 보상 비율이 1 미만입니다. 기업의 42%가 작년 영업이익으로는 이자도 못 갚는다는 겁니다. 이런 기업은 같이 살아갈 수 없습니다. 살아나는 기업만 더 잘 되는 시대로 바뀌고 있습니다. 앞으로는 좋은 일자리도 대부분 없어질 겁니다. 그리고 소득이 정체되는 시대가 도래할 거라는 겁니다. 경제가 1%, 0% 성장하는데 임금이 많이 오를 수 없겠죠.

그래서 이 성장 계단에 올라서려면 어떻게 해야 할까요? 인구를 해외에서 많이 수입하든지, 생산성이 크게 개선되든지, 아니면 애플 같은 회사를 하나 만들면 됩니다. 애플 시가총액이 3조 달러가 넘습니다. 우리나라 GDP가 1조 7천억 달러예요. 애플 같은 회사가 하나 나오면 좋은 일자리는 늘어나고 GDP도 껑

충 뛸 수 있죠. 그러나 이런 것들이 단기적으로는 보이지 않는다는 겁니다. 그래서 잠재성장률이 계속 떨어지고 차별화는 더 심화될 것입니다.

2024년 금리 전망

금리를 결정하는 가장 중요한 요소가 경제성장률입니다. 잠재성장률이 지금 2%, 1% 후반으로 진입하고 2030년이 되면 1%가 되는데, 어떻게 금리가 오르겠어요? 그동안 금리가 올랐던 건 물가 때문이었습니다. 그런데 물가상승률은 2024년에 2% 중반대로 낮아질 거예요. 경제성장률도 낮아지고 물가상승률이 낮아지면 금리가 떨어질 수밖에 없죠.

투자는 돈의 수요이고 저축이 돈의 공급입니다. 1997년 외환위기 전에는 투자가 저축보다 많아서 돈이 부족한 경제였습니다. 그래서 높은 금리가 유지될 수밖에 없었죠. 외환위기를 겪으면서 기업들이 과잉 투자하면 망한다는 것을 깨달았어요. 그래서 기업들이 투자를 줄여버립니다. 이후로 저축이 투자보다 계속 많습니다. 즉 돈의 공급이 수요보다 계속 많다는 겁니다. 현재 돈이 남아도는 경제라고 할 수 있습니다.

1997년 경제위기 이후 저축률이 투자율 초과

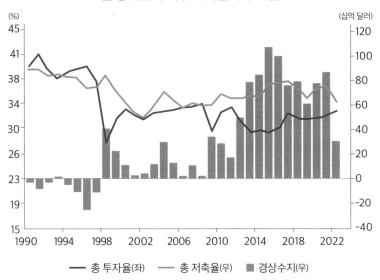

- 총 투자율(좌)
- 총 저축율(우)
- 경상수지(우)

자금 잉여로 저금리 지속

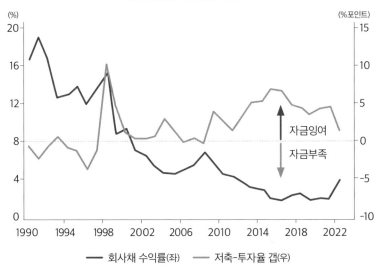

- 회사채 수익률(좌)
- 저축-투자율 갭(우)

주: 2022년은 잠정치
자료: 한국은행

앞으로 중요한 변화가 올 겁니다. 일본의 이야기를 잠깐 하겠습니다. 일반적으로 가계는 자금 잉여 주체라고 하고, 전체적으로 금융회사에 저축한 돈이 빌려 쓴 돈보다 많습니다. 기업은 자금 부족 주체라고 하고, 돈을 빌려서 투자하는 데라고 할 수 있습니다. 그런데 일본 기업들이 1998년부터 자금 잉여 주체로 전환됩니다. 기업이 금융회사에 저축한 돈이 빌려 쓴 돈보다 많아졌다는 겁니다. 가계도 저축, 기업도 저축만 하니 대출이 없습니다. 은행들은 유가증권에 투자할 수밖에 없습니다. 유가증권, 즉 주식 아니면 채권인데 은행들이 위험하다고 주식은 안 사고 채권만 많이 샀습니다. 그러니까 일본의 경제성장률이 우리보다 먼저 떨어졌습니다. 일본 금리가 0%까지 떨어질 수밖에 없죠.

금리가 떨어지니까 보험회사들이 어려워집니다. 보험회사들이 일부 금융상품 팔 때 최소 몇 퍼센트 금리를 보장하며 팔았는데, 금리가 떨어지면 보험회사들이 보장한 금리를 내줄 수가 없죠. 그래서 이 시기에 일본의 보험회사 13개가 4개로 통폐합되는 일이 일어났습니다.

우리나라 상황을 보겠습니다. 개인 부채가 절대적으로 많지만, 아직도 개인은 저축의 주체로 남아 있습니다. 대기업은 상당한 현금성 자산을 가지고 있습니다. 여기에 정부는 가계 부채를

은행의 자산 중 채권비중 확대

(조 원)

━━ 채권/보유 잔액(좌)　　━━ 채권보유잔액(우)

자료: 한국은행

억제하고 있습니다. 가계는 돈을 빌려 쓸 수 없고 대기업이 상대
적으로 돈을 덜 빌린다면 은행 대출은 줄어들 거라는 겁니다. 우
리나라 은행도 일본 은행과 같은 이유로 채권을 살 수밖에 없습
니다. 한국 경제가 구조적으로 저성장과 저물가로 접어든 상태
에서, 은행의 채권 매수 확대는 금리 하락 요인으로 작용되리라
예상합니다.

저성장과 저금리 시대의 대응

최근 금리 상승은 일시적이었습니다. 우리나라 경제는 구조적으로 저성장 저금리 시대에 접어들고 있습니다. 이런 시대에 우리가 어떻게 대응하고 살아가야 할까요? 저는 근로소득이 정말 중요하다는 이야기를 하고 싶습니다.

제 이야기를 하나 하겠습니다. 제가 2013년 3월에 하던 회사를 팔아서 투자한 자금이 좀 들어왔습니다. 그때 모 생명보험회사 부사장이 즉시연금 하나만 가입해달라고 하더군요. 여윳돈이 있어 2억 원을 가입했습니다. 즉시연금에 가입하면 매월 돈을 주는데, 그해 4월에 51만 원을 받았어요. 그런데 계속 줄어들다가 10년 만기가 되어 2023년 3월에 해약할 때쯤에는 28만 원이 되더라고요. 왜 받는 돈이 줄어들었을까요? 보험회사는 주로 채권으로 50% 이상 운용합니다. 그런데 채권 금리가 장기적으로 하락해서 돈이 줄어든 거죠.

그런데 이 금액의 의미는 무엇일까요? 제가 지금 어떤 일을 해서 30만 원을 벌면 금융자산 2억 원을 가지고 있는 것과 똑같은 현금 흐름이 일어나는 겁니다. 근로소득이 정말 중요하다는 거죠. 우리가 한 달에 500만 원 벌면 50억 원, 한 달에 1천만 원 벌면 100억 원을 가지고 있는 거나 똑같은 시대가 도래하고 있다는 겁니다.

일본이 우리보다 저성장 저금리 시대에 먼저 접어들었다고 했습니다. 얼마 전에 일본의 한 금융 그룹 회장의 강의를 들었는데, 거기서 이런 말을 하더군요. "불행한 일이지만 늙어 죽기 전까지 일해라." "음식 가리지 말고 아무거나 잘 먹어라." 즉 건강관리 잘하면서 오랫동안 일을 해야 한다는 겁니다.

제가 58년 개띠인데, 제 선배들도, 또래도 대부분 은퇴했습니다. 이들이 공통적으로 두 가지 이야기를 합니다. 첫 번째는 은퇴 후 나갈 사무실이 있어야 한다는 거고요, 두 번째는 적당한 용돈이 있어야 한다는 겁니다. 저는 "'직(職)'보다는 '업(業)'을 가져라."라고 합니다. 은행에 다니며 환율을 담당하는 제자 이야기입니다. 제 이런 이야기를 듣더니 학교를 다니며 이론을 공부하더라고요. 이를 실무와 합쳐서 『경제의 99%는 환율이다』라는 책을 썼습니다. 대외적으로 환율 전문가로 인정받고 이후 칼럼, 강의 등으로 대중적으로 활동합니다. 환율이라는 '업'을 만든 거죠. 이렇듯 직을 떠나도 직을 유지하고 있는 업을 하나 마련해야 한다는 겁니다.

저성장과 저금리 시대, 대출은 어떻게 받아야 할까요? 얼마 전에 은행이 50년 만기 주택담보대출을 4.5% 고정금리에 내놓았더라고요. 한번 생각해봅시다. 2030년에 잠재성장률이 1%라고 했습니다. 그러면 금리는 1% 내지 2%로 떨어질 거예요. 최근 한국은행은 2040년 잠재성장률이 0%라고 전망하기도 했어요. 금리가 1% 안팎으로 혹은 0%대로 떨어질 수도 있다는 겁니다. 그때 4.5% 금리를 내려면 얼마나 아깝겠습니까? 만약 대출을 받는다면, 만기가 길면 길수록 고정금리가 아니고 변동금리로 대출을 받아야 합니다.

자산 가격 전망

2020년에 정말 많은 사람이 주식 시장에 참여했습니다. 어디 가나 주식 이야기였습니다. 대부분 2020년은 돈을 벌었다고 굉장히 좋아하더니, 2021년 하반기 되니까 지루하다고 그럽니다. 2022년에는 주식 꼴도 보기 싫다고 하더라고요. 가지고 있는 주식이 30~40% 손해 봤거든요. 그래서 저는 이런 분들에게 "꼴도 보기 싫은 주식 그냥 가지고 있어라."라고 합니다.

명목 GDP로 추정한 적정 주가를 살펴보겠습니다. 우리나라 경제는 아직 일본처럼 디플레이션은 아닙니다. 아까 잠재GDP가 2% 정도라고 했는데, 명목GDP는 물가까지 고려하면 3.7% 입니다. 그러면 코스피는 앞으로 5년 연평균 매년 5% 정도는 오

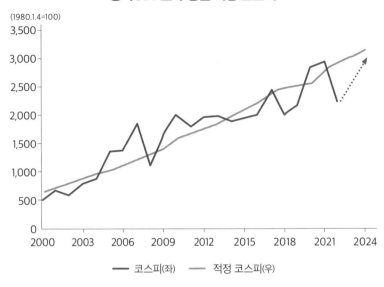

명목GDP로 추정한 적정 코스피

(1980.1.4=100)

— 코스피(좌)　　— 적정 코스피(우)

주: 코스피를 명목GDP로 회귀분석하여 추정, 2023~2024년은 전망치
자료: 한국은행, KRX

를 수 있습니다. 아직도 상승 국면이라는 겁니다.

그런데 주가는 때로 과대평가되기도 하고 과소평가되기도 하죠. 2022년 말 기준으로 보면 우리 주가가 역사상 명목GDP에서 가장 저평가됐습니다. 그래서 2023년은 주식 비중 늘리라는 말씀을 드렸습니다. 지금 코스피가 2600포인트인데, 중간쯤 와 있습니다. 시간이 가면 제자리에 간다는 거죠. 제 자리가 얼마냐 2023년 기준으로 3000포인트입니다. 물론 제가 당장 3000포인트 간다고 이야기하는 것은 아닙니다만 그만큼 코스피가 저평

일평균 수출금액과 주가

(1981.1.4=100)

(억 달러)

코스피 2개월 선행, 상관계수 0.87

— 일평균 수출(우) —— 코스피(좌)

코스피, 일평균 수출과 동행

(%)

주식형 펀드 캠페인

동학개미

과대평가

과소평가

주: 과대(과소) 평가 정도는 KOSPI를 일평균 수출금액으로 회귀분석하여 잔차를 구한 것임
자료: 산업통상자원부, 한국거래소

가 영역에 있다는 겁니다. 유동성도 지나치게 저평가됐습니다. 시간이 흐르면 제자리를 찾아갈 것입니다.

그다음 월별로는 코스피와 일평균 수출금액으로 주가를 이야기합니다. 코스피하고 상관계수가 이렇게 높은 경제 변수는 없습니다. 우리나라가 수출 의존도가 높아서 거의 같은 방향으로 움직입니다.

흔히 주식시장을 산책 나온 개와 주인에 비교합니다. 산책할 때 보통 개가 앞서고 주인이 뒤따라가죠. 개가 코스피고, 일평균 수출금액이 주인이라고 할 수 있습니다. 2021년 4월에는 개가 주인의 40% 앞서갔습니다. 코스피가 40% 정도 일평균 수출금액에 대비해서 과대평가됐다는 겁니다. 똑똑한 개라면 늦어지는 주인을 따라 뒷걸음질 칠 수도 있겠죠. 코스피가 저평가 영역에 들어선 겁니다. 그런데 지금은 주인과 거의 보조를 맞추고 있어요. 그래서 과대평가 영역이 거의 다 해소됐다는 겁니다.

우리나라 주가가 그동안 두 번에 걸쳐서 과대평가됐습니다. 2006년과 2007년을 보겠습니다. 금리가 떨어지기 시작하니 모든 은행이 주식형 펀드 캠페인을 해서 2008년 8월에 144조 원까지 모아줬습니다. 자산운용사들이 이 돈으로 주식을 많이 샀죠. 그런데 2007년 말 2008년 위기가 오면서 급락합니다. 주식형 펀드가 한때 72조 원까지 떨어졌습니다. 은행의 주식형 펀드

캠페인으로 만들어진 과대평가였습니다.

그런데 이번에는 누가 이렇게 과대평가를 만들었을까요? 다양한 증권 관련 유튜버들이 이렇게 과대평가되게 만들었다고 생각합니다. 그런데 결국 모든 자산 가격은 제자리에 오기 마련입니다.

제가 말씀드리는 것은 명목GDP 그다음에 유동성에 비해서 저평가 영역이 있고, 일평균 수출금액에 비해서 고평가가 완전히 해소됐다는 겁니다. 이런 의미에서 2023년부터 계속 주식 비

선행지수순환변동치와 코스피 추이

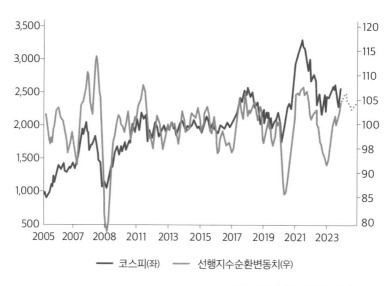

자료: 한국거래소, 내일희망경제연구소

2024 대한민국 제테크 트렌드

중을 늘리라고 말씀드렸습니다.

현재는 경기가 나쁘지만 선행지수가 증가하면서 경기가 앞으로 회복될 것입니다. 아래 그래프는 제가 만든 선행지수인데 통계청 선행지수하고 거의 같습니다. 주가가 미리 반영해 올라가고 있습니다. 선행지수가 올라간다는 건 경기가 회복된다는 겁니다. 물론 과거처럼 고성장하는 시대는 지났습니다. 단기 사이클상으로 회복 국면이라는 겁니다. 그래서 주가가 오른 거죠.

그런데 2024년 대세 상승은 아닐 겁니다. 2024년에 선행지수를 예측해보니, 특히 1분기 후반 2분기에서는 좀 올라가도 조정을 거칠 듯합니다. 그래서 1분기 중·후반 2분기에는 리스크 관리를 조금 하시는 게 좋을 것 같습니다. 아마 미국 쪽에서 실물 충격이 올 겁니다.

지금 미국 FOMC에서 금리를 인하한다고 해서 주가 많이 오르고 있는데, 미국이 금리를 인하한다는 것은 미국 경제가 그만큼 나빠진다는 겁니다. 미국 3분기 경제성장률이 4.9%로 조정됐지만 아마 4분기에는 1% 약간 넘게 성장할 거고요. 2024년 1분기와 2분기에는 마이너스 성장할 겁니다. 경제가 마이너스 성장하면 소비가 줄어든다고 했고, 소비가 줄어들면 기업 매출도 줄어들고 이익도 줄어들 겁니다. 그러면 경영자 입장에서 고용을 갑자기 줄여버릴 수 있습니다.

한국 국고채 3년 수익률

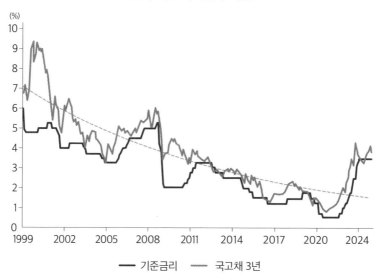

자료: 한국은행

미국 경제는 정말 탄력적입니다. 2020년 3~4월에 코로나19로 소비가 위축되고 미국 경제가 나빠지니까 미국 기업들이 두 달 사이에 일자리 2,194만 개를 줄였습니다. 10년 동안 늘어난 일자리를 단 두 달 사이에 줄여버린 겁니다. 2024년 상반기에 그런 일이 벌어질 가능성이 있습니다. 그래서 금리는 떨어지더라도 기업 이익 증가율이 떨어져 주가가 떨어질 수 있습니다.

우리나라 국고채 수익률을 보면 장기적으로 하락했습니다. 아까 보험회사에서 매월 받는 돈이 줄어든 이유로 채권 수익률이 장기적으로 줄어들었기 때문이라고 했습니다. 3년 국고채가 기준금리 밑으로 떨어졌습니다. 시장은 한국은행이 기준금리를 인하하리라 기대합니다. 이 시장금리가 기준금리가 선행화입니다. 빠르면 2024년 2월, 늦으면 2024년 4월부터 금리를 인하하리라고 보고 있습니다. 금리가 인하하면 또 시장금리는 한 단계 더 떨어지죠. 그래서 멀리 내다보면 계속해서 채권 투자를 할 시기라고 할 수 있습니다.

개인 자산의 적정 자산 배분

끝으로 자산 배분을 살펴보겠습니다. 우리나라 가계 자산 중에서 부동산 비중이 76%, 금융자산은 17%밖에 안 됩니다. 특히 60대 이상 80% 이상이 부동산입니다. 주택연금제도 등을 활용해 유동화할 필요가 있습니다.

가계 금융자산이 5천조가 넘었습니다. 그런데 최근에 은행으로 돈이 많이 몰렸습니다. 금리를 많이 주기 때문입니다. 저 같은 증권 관련 일했던 사람들은 은행 예금에 가입 안 합니다. 그런데 제가 2022년에 금융자산의 10%를 은행 예금에 넣었어요. 1년 만기 5%, 5년 만기 4.5%입니다. 아까 금리를 결정하는 요인

개인 부문의 자금 운용 비율(단위: 조원, %)

구분	2018	2019	2020	2021	2022	2023.2Q
금융자산	3,735	3,982	4,533	4,924	4,988	5,079
현금 및 예금	1,655	1,783	1,967	2,139	2,290	2,384
비중	44.3	44.8	43.4	43.4	45.9	46.9
보험 및 연금	1,229	1,308	1,399	1,498	1,545	1,372
비중	32.9	32.8	30.9	30.4	31.0	27.0
채권	157	142	148	113	129	160
비중	4.2	3.6	3.3	2.3	2.6	3.1
주식 및 투자펀드	675	722	985	1,134	982	1,123
비중	18.1	18.1	21.7	23.0	19.7	22.1

자료: 한국은행

을 봤을 때 제가 살아있는 동안 확률적으로 과연 은행이 5% 금리 주는 시대가 다시 있을 것인가 하는 생각이 들었습니다. 그럴 확률은 굉장히 낮다고 봐요. 그래서 예금에 가입한 거죠. 얼마 전에 다시 보니 제일 높은 게 3.7%입니다. 이것도 높습니다. 금리는 계속 떨어질 텐데 과연 은행이 어떻게 운용해서 이 금리를 줄지 참 궁금합니다.

은행 예금이 늘어난 만큼 보험 비중이 줄었습니다. 보험 비중이 줄었다는 것은 가계가 그만큼 먹고살기가 여유가 없다는 의미입니다. 최근 보험회사 자산을 보니까 2021년까지 늘었는데 2022년, 2023년 상반기에 감소하고 있습니다.

그런데 현금 및 예금 비중이 너무 높습니다. 차라리 채권이나 주식 비중을 늘리라는 말씀을 드립니다. 여러분이 2023년 채권에 투자했다면 돈 많이 버셨을 거예요. 저도 제 금융자산의 20~30% 채권에 투자하고 있습니다. 한 3개월 전에 산 30년 만기 국채 ETF 수익률이 무려 26%나 됩니다. 채권에서도 26%의 수익률을 얻을 수 있다는 겁니다. 채권 투자를 꼭 하셔야 합니다.

주식 비중은 23%에서 22%로 조금 떨어졌습니다. 앞에서 말했지만 2020년은 명목GDP 유동성 일평균 수출금액에서 주가가 과대평가된 시절이었습니다. 그때 적극적으로 주식시장 참여하신 분들이 지금은 저평가됐는데 왜 관심을 덜 두시는지 안타까운 생각이 듭니다.

물론 채권이나 주식 비중은 투자 목적에 따라 다릅니다. 안정적으로 돈을 지키는 게 중요한 분들은 채권 투자를 늘리시는 게 좋겠고, 오래오래 투자하고 살아야 하는 젊은 분들은 주식 투자 비중을 좀 더 늘려주는 게 좋겠습니다.

금융으로 부자가 될 수 있도록

정리하겠습니다. 최근 금리 상승은 물가 상승 때문에 일어난 현상입니다. 우리나라 경제는 구조적으로 저성장 저금리 시대에 접어들었습니다. 이럴 때는 '직'을 가지면서 근로소득 얻는 게 정말 중요합니다. '직'을 가지고 있는 동안 공부해서 하나의 '업'을 만드는 것이 중요합니다. 그리고 금융자산 측면에서는 은행 예금의 비중을 줄이고 채권이나 주식 비중을 늘려야 할 시기라고 보고 있습니다.

저는 '금융민주주의'라는 단어를 굉장히 좋아합니다. 예일대 로버트 실러 교수가 한 이야기로, 금융으로 모든 국민이 부자가 되어야 한다는 겁니다. 쉽지 않은 일이지만 공부하면 가능합니다. 근로소득만으로는 노후를 준비할 수 없습니다. 무역보다 금융으로 돈을 더 많이 버는 나라가 된 것처럼 개인도 마찬가지라고 생각합니다. 금융을 공부해서 부를 늘리고 이를 나눌 수 있는 사회가 되길 바랍니다.

2024 KOREA
FINANCIAL PLANNING
TRENDS

2024년
경제전망 및 투자전략

홍춘욱

프리즘투자자문 대표

2024년 세계경제는 1990년대 중반을 다시 떠올릴 것 같습니다. 연준의 금리 인상에도 불구하고 미국 경제가 가파른 성장을 보이지만, 유럽과 아시아 경제가 어려움을 겪을 것으로 보이기 때문입니다. 미 연준의 고금리 정책이 유지되는 가운데 한국 경제는 상대적인 부진이 이어질 전망입니다. 이런 상황에서 어떻게 2024년 투자전략을 세울지 알려드리겠습니다.

지금부터 2024년 세계경제 더 나아가서 우리나라 경제에 대해 이야기하고자 합니다. 이 이야기가 여러분들의 2024년 재산 형성에 큰 도움이 됐으면 하는 바람입니다.

제가 2020년에도 재테크 박람회에서 발표를 했습니다. 그때 강연장이 가득 차서 서서 듣는 분들도 계셨는데, 제가 뭐라고 초를 쳤냐 하면 "여러분 버블이 눈앞에 왔습니다."라고 했어요. 왜 그랬을까요? 당시도 한파에 눈이 와서 바닥이 꽝꽝 얼어 있었는데 강연장에 들어오려고 줄을 서 있었어요. 이것이 뭐냐면 고점 신호입니다. 재테크 강의에 대한 관심이 떨어지고 사람들이 투자보다는 있는 돈이나 잘 지켜야지 하는 생각을 할 때 재테크에 공격적이어야 합니다. 반대로 재테크가 쉬워 보이면 재테크 입장에서는 긴 불황이 오는 거예요.

당시 가장 인기 있었던 강의는 부동산 강의였습니다. 저는 경제분석가니까 부동산은 부업이라고 할 수 있죠. 그런데 당시 다들 "지금 부동산 사도 되나요?" 질문을 하시더라고요. 최근에는 거의 없어요. 이게 뭘 뜻할까요? 2024년이 좋아질 거라고 기대하는 사람이 없습니다. 다시 말해 2023년 고생한 것보다는 2024년 상반기가 나아진다는 이야기입니다.

2024년에 어디가 제일 좋아질까요? 저는 미국이라고 합니다. 우리나라 아니에요. 뒤에 설명하겠지만 2024년에 제일 좋은 데는 미국과 일본입니다. 한국은 재미없을 겁니다. 왜 우리나라 시장이 재미없냐 하면 2024년에도 모멘텀이 없기 때문입니다. 매력 있고 좋은 시장은 미국, 값도 되게 싸고 환율도 좋은 시장은 일본, 쪽박 아니면 대박을 노린다면 중국, 한국은 그 사이 어디쯤 있습니다. 지금부터 좀 더 자세하게 알아보도록 하겠습니다.

왜 미국일까?

왜 미국이 좋을까요? 그래프에서 진한 선이 실질금리(명목금
리에서 인플레이션율을 뺀 값)입니다. 예를 들어볼게요. 우리나라 정
책금리가 3.5%인데 소비자물가상승률이 3%예요. 그러면 예
금을 하기 좋은 환경이 아니죠. 물가상승률이 3%인데 예금금
리 3.5%밖에 안 되니까 실질금리는 0.5%잖아요. 그런데 미국은
2%, 곧 3% 됩니다. 물가가 뚝뚝 떨어지거든요. 물가상승률을 감

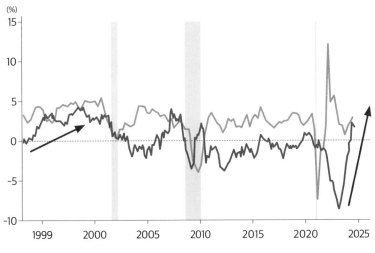

미국 실질정책금리와 경제성장률의 관계

(%)

— 실질정책금리(실질적책금리-소비자물가상승률)　　　— 경제성장률(전년동기대비 증가율)

자료: 세인트루이스 연은, 프리즘 투자자문 작성

안한 실질금리도 2% 더 주는데, 경제도 좋습니다. 경제성장률 4.9%가 발표됐죠.

이런 나라를 빼고서 투자한다면 이상하지 않나요? 이렇게 좋은데 좀 비싸면 어때요. '버핏의 오른팔'로 불린 고 찰리 멍거 버크셔 해서웨이 부회장은 "형편없는 회사를 싸게 사는 것보다 어마어마하게 좋은 회사를 제값 주고 사는 게 낫다."라고 말했습니다. 찰리 멍거가 평생 보유한 주식이 하나 있습니다. 바로 코스트코입니다. 불황에는 물건이 싸니까 코스트코에 가고, 호황에는 좋은 물건을 보러 갑니다. 경기가 좋으나 나쁘나 상관없이 우리는 코스트코에 갑니다. 그렇게 좋은 회사니 싸게 거래가 안 돼요. 이런 회사를 싸게 사려면 못 삽니다. 적정한 가격에 사는 게 나은 선택이죠.

중국과 비교해볼까요? 중국은 그저 그런 회사지만 정말 싸면 한번 사볼 만한 거고, 미국은 정말 좋은 회사니까 적정 가치를 지불하지 않고서는 살 수 없는 거죠. 그렇다고 중국보다 미국이 더 더 좋다가 아니라 우리가 가진 투자의 성향을 이야기한 거예요. 물론 둘 다 괜찮다고 느끼는 사람도 있을 겁니다. 그러면 둘 다 사면 됩니다. 대신 사더라도 중국 주식보다 미국 주식을 좀 더 사는 게 좋겠습니다.

미국은 왜 이렇게 좋을까요? 차트를 하나 보겠습니다. 전 세

컴퓨터와 전기전자 산업이 제조업 관련 건설 투자 주도

— 미국에서 시행되는 제조 건설 가치(계절 조정 연간 요율)

자료: 인구조사국

계 주요국이 미국 가서 공장을 지은 금액을 나타낸 것입니다.

참고로 2023년에 한국 기업이 미국에서 공장을 얼마나 지었을까요? 370억 달러, 한화로 따지면 50조 원입니다. 2023년은 거의 100조 원 가까이 될 거예요. 우리나라에 그 돈이 투자됐으면 일자리가 10만 개 이상 늘었겠죠. 그런데 그게 미국에 지어지고 있는 겁니다. 애리조나, 텍사스, 루이지애나, 테네시, 조지아, 플로리다 같은 지역에요. 이 지역에는 세 가지 특성이 있습니다. 첫 번째, 땅값이 쌉니다. 두 번째, 노동조합이 없습니다. 세 번째,

태양광 발전이 쉬워 전력 요금이 쌉니다.

그런데 공장이 지어지는 곳에는 기반시설이 없습니다. 집도, 도로도, 항만도, 학교도 없죠. 거기에 어마어마한 돈이 투입되니 도시가 만들어지는 겁니다. 삼성전자가 만들고 있는 테일러 시설, LG에너지솔루션이 완공한 테네시 공장 등 모두 황무지에 지어졌습니다. 생활에 필요한 모든 건물을 복합적으로 개발하는 중이니 경기가 나쁠 수가 없죠.

더군다나 다음 대통령으로 도널드 트럼프가 유력해 보입니다. 대선이 끝나면 현재 바이든 대통령이 추진하는 정책은 폐지될 가능성이 커요. 바이든 정부의 각종 혜택이 없어질 수도 있다는 겁니다. 그러니 혜택이 있을 때 재빨리 들어가야 합니다.

현재까지 주어진 정보로만 본다면 바이든 입장에서 공장 유치가 최대의 업적입니다. 지금 바이든이 정책을 펼치는 이유로 첫 번째는 경기 부양과 두 번째는 친환경 정책을 쓰기 위함이겠지만 마지막 세 번째는 트럼프의 지지 기반인 남부 지역에 젊은 사람을 거주시켜 자신의 지지 기반을 확충하는 중이기도 한 겁니다.

답이 다 나왔어요. 미국은 건설 경기가 좋아지고 있습니다. 한국, 중국, 일본, 대만 돈으로 건설 경기가 좋아지고 있는 거예요. 다시 말해 미국 경제성장률이 잘 나오는 이유는 외국인 직접 투자 때문입니다. 이게 2024년에도 계속될 겁니다.

그러면 미국에서 뭐 사야 하는지 감이 올 겁니다. 바로 리츠 (REITs; Real Estate Investment Trusts)죠. 특히 남부 지역에 있는 주거용 리츠나 인프라 리츠에 주목해야 합니다. 고르기 어렵다면 시장 전체에 투자하는 ETF를 사면 되겠죠.

그럼 중국은 어떨까?

그럼 중국은 어떨까요? 중국은 정말 큰일 났어요. 소비가, 소비자의 마음이 죽었습니다. 일본이 그렇게 30년 불황이었다가 아베노믹스 10년으로 이제 살아났잖아요. 이렇듯 사람들이 한번 경제에 대한 신뢰를 잃어버리거나 정부에 대한 신뢰를 잃어버리면 돌이키기 어려워요. 중국은 지난 3년 동안 제로 코로나를 겪으면서 경제 구조가 망가졌습니다.

다음 페이지 차트에서 진한 선은 중국의 수입 증가율이고, 연한 선은 국제유가 상승률입니다. 중국의 수입이 2020년 잠깐 회복되다가 만 2년째 계속 안 좋습니다. 경제를 살리려면 어떻게 해야 할까요? 중국 정부가 돈 좀 풀고 국민들에게 돈을 쓰는 분위기를 만들어줘야 하는데 안 되고 있죠. 제로 코로나로 사람들의 마음이 죽은 거예요. 소비가 안 되니 수입이 감소하고, 수입이

중국의 수입증가율 vs. 국제유가 상승률

자료: 미국 세인트루이스 연은, 프리즘 투자자문 작성

감소하면 국제유가가 빠집니다.

2024년에 미국 경기가 좋아지는 두 번째 이유가 나왔습니다. 앞서 첫 번째 이유로 외국인 직접 투자를 말했죠. 두 번째는 국제유가가 빠지면서 구매력이 개선됩니다. 그러니까 전 세계 인플레이션이 앞으로 어떻게 되냐, 물가가 어떻게 되냐고 물으면 국제유가가 빠질 것 같다고 답할 수 있습니다.

물론 전쟁 나면 국제유가는 오르죠. 그런데 이스라엘 하마스 전쟁이 나도 국제유가가 한 보름 오르다가 끝났습니다. 이번에

홍해에 있는 예멘 후티 반군이 드론을 이용해 공격한다고 해서 며칠 오르더니 또 요새 잠잠하잖아요. 결국 원자재 먹는 하마인 중국의 경기가 안 좋으니 국제유가가 영향을 받는 겁니다.

그래서 아까 이야기했습니다. 세계경제가 2024년에 화끈하게 좋아질 거라고 생각하면 중국을 사세요. 죽었다 살아나니까 오를 가능성이 높아요. 대신에 그전에 마음고생이 심할 수 있습니다. 강조하지만 지금 투자하기가 너무 좋은 해입니다. 시장이 식었을 때 꽉 깨물고 들어가야 하고, 시장이 뜨거울 때 팔아야 합니다. 제일 좋은 게 어디고 미국이고 크게 무너졌지만 중국 정부가 경기를 부양한다고 생각하면 분할 매수하면 됩니다.

2024년에 물가가 떨어지고, 물가가 떨어지는 가장 큰 이유는 유가가 빠지기 때문입니다. 국제유가가 빠질 때는 물가가 안정될 것이고 물가가 안정될 때는 미국 중앙은행이 금리를 인하해줄 겁니다. 언제 인하할지는 모릅니다. 경기가 좋으니 금리를 인하해줄 필요가 있을까 싶어요. 저는 6월 정도 예상합니다.

제 전망은 6개월 정도가 시한이에요. 2024년 상반기까지 좋다 그랬지 하반기도 좋은지는 모릅니다. 만약 트럼프가 대통령이 된다면 화력발전소를 가동한다고 하죠. IRA(인플레이션 감축법)는 폐지하고요. 그러니까 2024년 하반기는 저도 전망이 어렵습니다. 다만 지금부터 6개월 정도는 금리 인하도 있을 것 같고 물가도 빠질 것 같으니까 주식시장이 나쁠 수가 없습니다. 특히 미국 시장은 좀 빠지더라도 과열에 따른 조정이니 버텨볼 만하다고 이야기를 하겠습니다.

외환시장 전망: 일본

외환시장, 일본 이야기를 해보겠습니다. 차트에서 파란선이 달러에 대한 일본 엔화 환율입니다. 낮을 때 80엔이었는데, 지금 얼마냐 하면 150엔입니다. 토요타, 캐논, 닌텐도, 신일본제철(신일철) 등 수출 기업에게 좋을 수밖에 없습니다. 우리나라로 이야기하자면 환율이 2천 원까지 간 거예요. 수입은 안 하겠죠. 해외에서 수입하는 물건을 안 쓰고 국내에 남아도는 물건을 해외로 보내 달러를 벌어오는 겁니다. 그 결과 일본 기업들의 실적이 역사상 최대 이익이 기록했어요.

일본을 두 번째로 추천하는 이유가 바로 이겁니다. 기업 실적만 보면 일본이 최고예요. 1990년 버블이 붕괴됐을 때 기록했던 이익의 3배가 나오고 있습니다. 그런데 종합주가지수 일본의 닛케이지수는 아직도 1990년 주가가 안 됩니다. 1990년 주가에 비해서 아직 싼데 그때보다 기업 이익이 3배라는 겁니다. 주가가

일본 엔화와 중국 위안화 환율 추이

(엔) (위안)

— 달러에 대한 엔화 환율　— 달러에 대한 위안화 환율

자료: 세인트루이스 연은, 프리즘 투자자문 작성

그때보다 3분의 1, 4분의 1 가격이라는 거죠. 절대주가가 아닌 이익 대비 주가를 봐야 합니다.

환율이 현 수준 유지한다면 기업 실적이 좋을 테고, 결국 주가는 오를 것입니다. 트럼프 당선 직전 일본 중앙은행이 금리를 인상할 가능성이 커요. 그러면 환율이 떨어질 테고 환차익이 날 겁니다. 일본 투자는 양손에 떡을 들고 있는 것과 비슷해요. 둘 다 먹을 수 있다면 좋겠지만 둘 중 하나라도 가능성이 크니 투자 매력이 있어요.

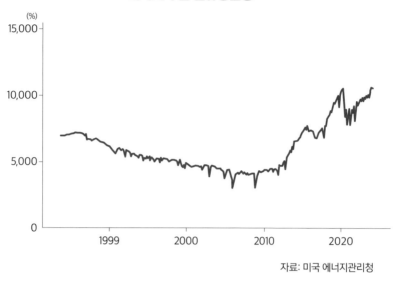

미국의 주간 원유생산량

(%)

15,000

10,000

5,000

0

1999   2000   2010   2020

자료: 미국 에너지관리청

그러면 유가는 어떨까요? 중동의 전쟁도 있고 2024년에도 지정학적 리스크들이 커질 텐데 유가가 오르지 않을까요? 또 우리나라가 무역 적자를 기록하지 않을까요? 가능성은 크지 않습니다. 미국의 주간 원유생산량에서 답을 얻을 수 있습니다. 최근 1,500만 배럴에 가까워지고 있네요. 전 세계 하루 석유 소비량이 1억 배럴이에요. 15%를 셰일오일 하나로 만들고 있습니다.

그런데 셰일오일은 새로운 유정을 뚫지 않고 있는데 생산량이 올랐습니다. 신기술을 개발해 비용은 크게 늘지 않는데 생산량은 늘었습니다. 국제 원유 시장에서 사우디가 감산하면 미국이 생산량을 그만큼 늘려요.

그러면 우리나라 무역 수지가 어떻게 될까요? 이 유가가 유지된다면 2024년에 1천억 달러 정도 무역흑자가 납니다. 그러면 환율은 내려가겠죠. 해외에서 돈이 1천억 달러가 들어오는데 외국인 좀 팔고 나간들 환율은 내릴 겁니다. 겨울 난방 수요가 많은데도 지금 80억, 100억 달러 무역 흑자가 나고 있습니다. 환율이 내려가면 어떻게 될지 생각해봅시다.

경제 전망

환율이 내려가면 금리가 인하됩니다. 1,200원대 안착하면 금리가 인하됩니다. 얼마까지 인하될까요? 저는 3% 가능성을 높게 봅니다. 현재보다 두 번 정도 인하하되 총선 이후에 할 것 같습니다.

왜 금리를 인하할까요? 지금 돈줄을 너무 쪼였어요. 통화 공급 증가율인데 지금 이대로 가면 마이너스예요. 중앙은행의 금리 인상이 약발이 잘 들어서 경기가 안 좋아요. 부동산 PF 문제도 있고 하니 금리를 인하할 가능성이 높습니다.

2024년 2분기부터는 돈이 좀 풀리면서 경기가 조금 살아날

한국 통화 증가율 추이

(전년동월대비, %)

자료: 한국은행

— M2(광의통화)　　— Lf(금융기관 유동성)　　— L(광의유동성)

겁니다. 그렇다고 경제가 엄청나게 좋아진다고는 말 못 하겠어요. 정부가 2024년 예산안을 긴축해서 돈을 안 쓰기 때문입니다. 정부가 경제성장에 -0.5%를 기여했어요. 2분기에 정부가 돈을 안 써서 성장률을 갉아 먹은 건 역대 거의 처음이에요. 2024년 우리나라 명목성장률이 4~5% 나옵니다. 물가상승률 2%, 경제성장률 2% 정도 나올 테니까 그럼 4~5%죠. 그런데 재정지출 증가율은 2%입니다. 경제의 외형은 4~5% 느는데 정부의 재정지출은 2% 늘었습니다. 엄청난 긴축이죠. 이런 일이 2024년에도

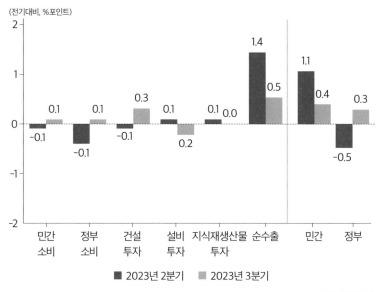

GDP에 대한 성장기여도

(전기대비, %포인트)

- 민간소비: -0.1 / 0.1
- 정부소비: -0.1 / 0.1
- 건설투자: -0.1 / 0.3
- 설비투자: 0.1 / 0.2
- 지식재생산물투자: 0.1 / 0.0
- 순수출: 1.4 / 0.5
- 민간: 1.1 / 0.4
- 정부: -0.5 / 0.3

■ 2023년 2분기　■ 2023년 3분기

자료: 한국은행

계속될 것입니다.

2024년 우리나라 성장률은 미국보다 못하다는 게 명쾌하죠. 수출도 좀 회복되고 환율도 좀 안정되고 무역흑자도 나니까 우리나라 2024년 성장률은 2023년보다 무조건 좋아져야 하는데 미국보다 못하다고 이야기할 수밖에 없는 이유는 '재정을 안 쓴다'라는 겁니다. 금리밖에 기댈 게 없어요. 앞에서 제가 왜 한국 주식 시장이 3순위나 4순위라고 했는지 아셨죠?

부동산 전망

차트는 주택 착공과 주택 가격 상승률에 관한 것입니다. 이 차트를 통해 우리나라 경기 사이클을 설명드리려고 합니다.

2001년 집값이 갑자기 엄청나게 올랐어요. 카드 버블입니다. 그러는 순간 착공도 증가합니다. 단순하게 말해서 땅을 파는 거예요. 주택 가격이 오르면 땅을 파고, 그 땅을 파고 난 다음에 입주까지 2~3년 정도 걸립니다. 요새는 공사비 문제 때문에 더 걸

주택 착공과 주택 가격 상승률의 관계

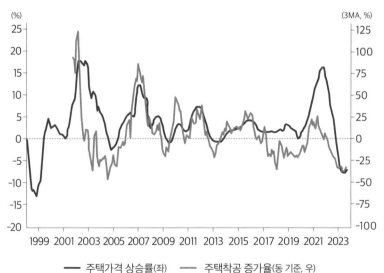

자료: 통계청, KB부동산, 프리즘 투자자문 작성

리기는 하지만요. 아무튼 착공이 폭발적으로 증가하고 난 다음 3년 뒤에 주택 공급 물량이 쏟아지겠죠. 수요는 일정한데 공급이 쏟아지면 집값이 빠질 수밖에 없습니다. 우리나라는 주택 공급이 폭발한 다음에 3년 지나서 집값이 빠져요. 경기도 안 좋고 금리도 여전히 높은데 2023년에 주택 시장 반등이 강하게 나왔는지 이유를 아시겠죠?

핵심은 이거예요. 제가 부동산 시장에서 이야기할 수 있는 거는 금리 인하 후에 좋아진다는 겁니다. 다만 착공이 줄어들어서 2년 후 입주 물량이 없어요. 신축이 귀해질 거니 분양 기회가 있으면 잡으셔야 합니다. 지금 쓰지 않으면 몇 년 안에 기회는 없을 겁니다. 분양의 기회를 잡는다면 입주하게 되는 2년 뒤에 잘했구나 싶을 거예요. 갈아타는 입장에서는 2024년 상반기가 기회입니다. 금리 여건이 중요하잖아요. 2024년 상반기에는 상당히 대출 금리가 빠지지리라고 생각해볼 수 있겠습니다.

Q. 안정적인 투자를 위해 자산을 다양화하려고 합니다. 2024년 경제 전망을 고려했을 때 자산 배분을 어떻게 하는 게 좋을까요?

A. 개인적으로 3분의 1은 미국 주식, 4분의 1은 중국 주식, 4분의 1은 일본 주식, 13% 정도 남은 것은 현금으로 보유하겠습니다. 2024년 장이 순탄하게 쭉 간다는 보장이 없으니 물타기 용도로 현금을 들고 있을 필요는 있을 것 같아요. 그래서 글로벌 통화 배분에서 본다면 미국 자산이 제일 많고, 그다음은 일본, 중국, 한국 순서로 분산해놓으면 2024년 장에 대해서 스트레스는 크게 받지 않지 않고 갈 수 있을 듯합니다.

Q. 2024년에 특별히 주목해야 할 산업이 무엇이 있을까요?

A. 세 가지, 바로 반도체, 정보통신기기, 조선입니다. 우리나라에서 산업 분석을 제일 잘하시는 분들이 바로 세종시 산업연구원의 박사님들입니다. 각 산업을 평균 20년 정도 연구하신 분들이죠. 최근에 그분들과 식사 자리를 가졌는데 그때 보고서를 받았어요. 2023년 말에 전망한 '2024년 경제·산업 전망'였습니다. 당연히 인터넷에서 찾을 수 있는 자료예요. 사실 유망 산업이라는 거 별거 없어요. 우리나라에서 산업 분석을 제일 잘하는 분들의 의견을 확인하면 됩니다. 이 세 산업이 우리나

라 경제에서 시가총액도 크고 고용도 많습니다. 그러니까 2023년보다 2024년이 좋을 겁니다.

2024년
글로벌 금융 이슈 점검

오건영

신한은행 WM본부 팀장

2024년 주목해야 할 글로벌 금융 이슈는 어떤 것들이 있을까요? 먼저 2023년 경제 상황을 정리하고, 인플레이션이 언제까지 이어질지 분석해보겠습니다. 미국 연준은 "높은 금리를 오래 유지하겠다."라고 선언했는데, 가능성이 얼마나 있을까요? 연준의 금리 인하, 언제쯤 현실화될지 제시합니다.

2023년 시장이 참 재미있었습니다. 2023년 12월 기준 환율이 1,300원 정도 하더라고요. 2022년 12월 말부터 2023년 초에 원달러 환율이 한 1,303~1,304원 정도 했습니다. 그럼 2023년 초하고 말이 비슷하네요. 그런데 2023년 2월, 딱 두 달 만에 1,215원까지 급락했습니다. 더 내려갈 줄 알았는데 갑자기 방향을 틀어 확 밀어 올리며 2023년 여름에는 1,360원까지 갑니다. 이제 더 올라가는구나 싶더니 지금 1,300원으로 돌아왔습니다. 돌고 돌아 원위치네요.

만약 2022년 초에 우리가 환율을 전망한다고 해보죠. 정답이 무엇일까요? 내린다고 했으면 처음에는 맞혔다며 박수를 받았겠죠. 그런데 1,360원으로 올라갔을 때는 사기꾼 소리를 들었을 수도 있습니다. 그렇다고 오른다고 했으면 어땠을까요? 제가 미래를 보고 와서 정답을 말씀드린다고 해도 사기꾼 느낌이 난다고 하실 거예요.

그러면 어떻게 하면 정답을 맞힐 수 있을까요? 이게 참 어렵습니다. 금융시장에서 뚜렷한 방향성이 나타나는 경우 예측이 맞아떨어질 때가 있습니다. 그런데 방향성이 나타나지 않고 변동성이 높으면 답이 안 나오는 경우가 더 많습니다. 예를 들어서 환율이 1,300원에 시작해서 연말까지 1,310원이 됐다고 해도, 환율이 크게 올랐다 크게 떨어졌다 하면서 요동쳤으면 그 방향성이 제대로 살아나지 않는 경우가 많죠. 참고로 이런 흐름이 2024년 한 해에도 이어지게 될 것 같습니다. 즉 무언가에 쏠려다닐 때 그 순간 반대로 돌아가는 신기한 경험을 자주 할 수 있다는 이야기입니다.

꽃게와 유동성

이런 현상이 나타나는 이유는 무엇일까요? 예를 한 번 들어보겠습니다. 제가 아이들이 어렸을 때 갯벌 체험에 함께 간 적이 있습니다. 강화도 갯벌이었는데, 여기는 경운기를 타고 들어갑니다. 들어가는 중에 운전하시는 분이 옆을 가리키더라고요. 딱 보니까 조그마한 꽃게들이 정말 많은 거예요. 저 많은 걸 다 잡을 수 있다고 생각하니 신나더라고요.

그런데 경운기에서 내려 한 발 내딛는 순간 갯벌을 보니 한 마리도 보이지 않았습니다. 그 많던 꽃게들이 순식간에 죽기는 않았겠죠. 한순간 어디론가 다 숨어버린 겁니다. 오후 서너 시 정도 되니 조개도 많이 캤고 슬슬 지쳐서 집에 가야겠다 싶어서 양동이를 들고 돌아갈 준비를 했어요. 그랬더니 아까는 안 보이던 꽃게들이 나와 있더라고요. 논리적으로 제가 가야지 다시 나타나야 할 것 같은데 제가 가기 전에 이미 나와서 먹이를 찾고 있습니다. 왜 그럴까요?

꽃게의 입장을 한번 생각해볼게요. 숨어 있는 곳에는 먹을 게 없죠. 갯벌로 나와야 먹을 게 있을 겁니다. 그런데 꽃게가 저 혼자만 있는 게 아니라 수많은 꽃게가 함께 있습니다. 먹이를 많이 먹으려면 누구보다 먼저 갯벌로 나와야 합니다. 갯벌을 장악하고 있던 사람이 사라진 다음 나오면 제가 먹을 먹이는 없을 겁니다. 게들도 수많은 경험을 통해 저 사람은 집에 갈 거라는 걸 알고 있습니다. 그리고 집에 갈 때쯤 되면 잡지 않는다는 것도 알고 있죠. 그러면 두려움이 사라지고 사람이 있든 없든 먹이를 언고자 더 빨리 갯벌에 나올 겁니다.

제가 집에 5시에 간다고 해보죠. 옛날에 4시 반에 나오던 꽃게들이 이제는 4시에 나옵니다. 그러다가 3시 반, 이렇게 시간을 점점 당겨올 거예요. 그러면 어느 순간 사람과 꽃게가 공존하는 시간이 생깁니다. 많은 꽃게가 모두 나와 있는 겁니다. 그런데 갑자기 제가 태세 전환을 합니다. 옛날 같으면 집에 가야 하는데 갑자기 양동이를 내려놓고 꽃게를 잡기 시작하는 거죠. 당연히 꽃게들은 놀라서 한순간에 숨어버릴 겁니다.

요즘 글로벌 금융시장의 유동성이 이런 분위기입니다. 사람의 역할을 하는 게 연준이죠. 중앙은행이 나서서 금리 인상이라는 칼을 들고서 휘두르려고 하잖아요. 그러면 싹 꽃게가 숨듯이 유동성이 숨어버립니다. 다 죽은 것으로 보이죠. 시중에 돈이 없어지는 겁니다. 돈은 먹을 게 필요합니다. 먹을 게 있어야 하는데 중앙은행이 휘젓고 다니니까 감히 나오지 못하는 거죠. 그런데 중앙은행이 집에 갈 것 같아요. 그럼 돈도 튀어나와야죠.

그런데 중앙은행이 가끔 "나 조금 이따 집에 갈 거야."라는 신호를 줍니다. 유동성은 신나서 흘러나오겠죠. 그게 2023년 11월과 12월을 보여주는 흐름입니다. 숨어 있던 돈이 흘러나온 거죠. 팬데믹 이전에 풀어놨던 돈이 여전히 많은 겁니다. 이 많은 돈이 꽃게처럼 확 숨었다 한순간에 등장했다가 하면서 대단히 큰 변동성을 주고 있습니다. 지금의 시장 흐름을 보여주는 모습이기도 합니다.

이스라엘-하마스, 금융 시장에 어떤 영향을 줄까?

이제 관심 밖으로 좀 멀어진 것 같은데, 이스라엘-하마스 이야기를 해보겠습니다. 최근에 예멘 쪽에 있는 후티 반군이 수에즈운하 쪽에서 민간 선박을 공격한다고 합니다. 수에즈운하를 통한 선박 운송이 20%나 감소하며 공급망에 문제를 낳는 거 아니냐는 이야기가 나오고 있죠. 저는 이런 말씀을 드려보고 싶어요. 2024년에도 비슷하게 영향을 줄 것 같은데요.

잠깐 예를 들어보겠습니다. 우리가 옛날 남자 고등학교의 한 반에 있다고 해보죠. 여기에 『우리들의 일그러진 영웅』의 엄석대 같은 사람이 있는 겁니다. 압도적인 무력을 가진 대장이 있으면 그 아래 사람이 나서지 못합니다. 순식간에 제압당해요. 오히려 이 대장을 중심으로 평화가 찾아올 수도 있습니다. 참 아이러니한 일이죠. 그런데 만약에 그 엄석대가 사라지면 어떻게 될까요? 고만고만한 힘을 가진 세력들이 일어나면서 이른바 춘추전국시대가 열릴 겁니다.

중동 지역에도 미국을 중심으로 해서 1극 체제가 만들어진 지역이 있습니다. 1극 체제가 만들어진 가장 큰 이유가 1979년 이란의 호메이니 혁명이었습니다. 호메이니 혁명 이전에 이란에는 친미 정권인 팔라비 왕조가 있었죠. 팔라비 왕조를 내쫓고 호메이니가 들어와 미국 세력을 내보내버린 겁니다. 미국 입장에서는 화가 났겠죠. 그래서 미국에서는 이란을 견제하기 위한 방법을 찾습니다. 이란 옆 이라크의 수장이 된 사담 후세인에게 무기를 지원해줄 테니 이란과의 전쟁을 부추기죠. 그렇게 이란-이라크 전쟁이 시작됩니다.

전쟁은 1980년부터 7년간 이어집니다. 그런데 이란과 이라크 모두 아무것도 얻는 것 없이 전쟁이 끝납니다. 이라크 같은 경우는 재정도 힘들 수밖에 없죠. 그래서 후세인이 난국을 돌파하기 위해 새로운 유전을 가져오려고 합니다. 다만 쿠웨이트의 유전이었기에 1990년 쿠웨이트를 점령해버리죠. 그런데 그때 미국이 왜 그런 짓을 하냐고 합니다. 이라크 입장에서는 7년 동안 미국을 도와서 싸웠으니까 '설마 나를 탓하겠어?' 하며 쳐들어갔던 건데 갑자기 나오라고 하니까 당황스러운 거예요. 당연히 이라크는 거절했고 미국이 이라크를 공격하기 시작하며 발생한 것이 1991년 걸프 전쟁입니다.

미국은 세계 1위 국가였지만, 당시 이라크도 군사력 세계

4위였습니다. 여기에 7년 전쟁을 겪으며 실전 경험이 풍부했고, 전쟁이 일어난 곳은 이라크의 홈그라운드였죠. 스포츠 경기도 홈그라운드가 유리한 것처럼 미국에게 만만치 않은 상대가 될 거라는 분위기가 생겼어요. 그런데 불과 40일 만에 바그다드를 함락해버립니다. 그게 1차 걸프전이었습니다. 그리고 2003년에 2차 걸프전을 해서 후세인 정권을 완전히 축출시켜버리죠. 무언가 미국에게 덤비면 순식간에 제압돼버리는 겁니다. 이걸 본 나라들이 미국의 정권에 감히 도전했을까요? 그래서 중동 지역에 억제된 평화가 유지되었던 겁니다.

그런데 2021년에 아프가니스탄에서 미군이 철수합니다. 그 다음 해인 2022년 2월 24일, 러시아-우크라이나 전쟁이 터졌습니다. 다들 이 전쟁은 짧게 끝날 거라고 생각했는데 아직까지 진행 중입니다. 그 상황에서 2023년 이스라엘-하마스 전쟁도 터졌습니다. 이 전쟁도 꽤 오래갈 듯합니다.

미국 입장에서는 전선이 넓어지는 겁니다. 러시아-우크라이나만 상대하는 게 아니라 이스라엘-하마스까지 넓어졌죠. 우크라이나를 지원하기도 벅찬데, 이스라엘까지 지원하려니 미국 재정이 안 좋아집니다. 미국 의회에서는 우크라이나 지원을 그만하고 이스라엘을 지원하자고 하는 측과 우크라이나 지원을 안 하면 러시아만 좋은 일 아니냐는 측의 논쟁이 일어난 거예요.

미국이라는 원톱(one top)이 사라지면서 점점 분쟁들이 드러나고 있습니다. 지정학적 분쟁이 옛날보다는 많이, 나타나더라도 쉽게 해결이 되지 않아 오래 이어지는 모습이 수시로 나타날 수 있다는 이야기입니다. 분쟁이 언제 나타날지는 모르지만, 만약에 지정학적인 분쟁이 나타났을 때 투자자는 어떻게 대응하면 좋을까요?

일단 금을 자산으로 가지고 있는 게 유리합니다. 금 가격 추이를 보면 러시아-우크라이나 전쟁 때 한 차례, 이스라엘-하마스 전쟁 당시에도 한 차례 크게 치솟았던 적이 있습니다. 전쟁을 수행하면 해당 국가의 재정 상태는 나빠집니다. 종이 화폐는 국가가 재정으로 보장해주는 것이니 전쟁이 나면 종이 화폐의 가치는 떨어질 수밖에 없습니다. 당연히 종이 화폐보다는 막 찍어낼 수 없는 실물 화폐가 훨씬 가치 있을 겁니다.

과거 금본위 화폐제에서 사람들은 금으로 거래했습니다. 그런데 금괴로 거래하면 너무 불편하지 않을까요? 금괴를 무 썰 듯이 자를 수는 없잖아요. 그래서 금을 담보로 화폐가 등장합니다. 그게 바로 종이 화폐입니다.

금은 고정되어 있는데 종이 화폐는 찍혀 나옵니다. 그럼 어떤 일이 벌어질까요? 참고로 1945년에는 금 1온스당 35달러까지 찍을 수 있었습니다. 금은 가만히 있는데 달러를 많이 찍는다

국제 금 가격 추이

자료: 블룸버그

고 해봅니다. 200개를 찍으면 1온스당 200달러, 500개를 찍으면 1온스당 500달러죠. 만약 양적 완화를 해서 1천 개를 찍으면 1온스당 1천 달러가 됩니다. 금 가격이 오르는 것은 즉 종이 화폐의 가치가 떨어지는 것입니다.

지금까지 이야기를 전쟁 나니까 금 사라고 받아들이시면 안 됩니다. 전쟁이 언제 또 일어날지 어떻게 알겠습니까? 다른 이야기를 해볼게요. 코로나19를 겪으면서 마스크를 집에 쟁여놓게 되었습니다. 이 마스크는 당장 쓰는 게 아니죠. 언제 쓸지 모르니까 사두는 겁니다. 이렇듯 마스크에 대한 예비 수요가 생겨났습니다.

우리가 포트폴리오를 운용할 때 지정학적 분쟁이 언제 어떻게 닥쳐올지 모릅니다. 리스크 관리를 위해 금을 포트폴리오에 담아놓는다고 생각해보세요. 이런 예비 수요가 생겨나면 금에 대한 수요가 예전보다 탄탄하게 올라올 겁니다. 금 가격이 하방을 단단하게 받치는 이유도 이런 데서 찾을 수 있습니다.

금이라는 자산에 투자할 때는 전쟁이 나니까 금 가격이 엄청나게 뛸 거라는 관점에서 접근하는 게 아닙니다. 우리가 생각하지 못했던 이슈가 터졌을 때 그 자산이 내 포트폴리오에 들어가 있으면 됩니다. 그래서 금을 조금씩 미리미리 깔아나가는 전략을 쓰시는 게 포인트입니다.

환율 시장의 변동성, 언제까지 이어질까?

가끔 "달러 지금 살까요?" 하고 물어보는 분이 계십니다. 그분에게 공식적으로 뭐라고 말씀드리냐면 "환율은 귀신도 모른다."라고 답해드립니다. 앞서 환율이 널뛴다는 말씀을 많이 드렸었죠. 환율을 맞추면서 따라가려고 하지 말고 개인이 달러를 어떤 식으로 사야 하는지에 대해서 한번 이야기해보겠습니다.

달러는 참 독특한 자산입니다. 우리가 미국에 갔을 때 원화를 들이밀면 미국 사람들이 원화는 안 받아주거든요. 그런데 필리핀이나 태국 같은 데 갔을 때는 원화를 쓰는 것보다 달러를 쓰는 걸 좋아합니다. 달러는 전 세계에서 공용으로 쓰입니다. 그런데 달러 가치가 떨어지게 된다면 어떻게 될까요? 다른 자산으로 예를 들어볼게요. 집값이 떨어질 거 같으면 집을 안 사죠. 떨어진 다음에 사잖아요. 그런데 달러는 가치가 떨어질 것 같으면 수요가 늘어납니다. 왜 수요가 늘어나는지 알아보죠.

달러는 국제통화라서 달러로 대출을 받을 수가 있습니다. 제가 1달러에 1천 원일 때 100달러를 대출을 받았다고 해볼게요. 환전하면 10만 원이죠. 10만 원으로 공장을 지었어요. 공장을 지어놨는데 1년 후에 대출을 갚으랍니다. 그런데 보니까 달러가 약해져서 1달러에 500원이 됐어요. 저는 100달러만 갚으면 되니 5만 원만 갚으면 됩니다. 이렇듯 달러가 약해지면 원금이 반토막 납니다. 달러로 내는 이자도 반토막이 나겠죠. 그러니 달러가 약해질 것 같으면 너도나도 달러 대출을 받습니다. 그런데 문제가 하나 생깁니다. 모두가 대출을 받아 투자하니 설비 과잉, 공급 과잉이 발생합니다. 그리고 불황이 찾아오죠.

불황은 저뿐만 아니라 모든 사람에게 동시에 닥칩니다. 불황으로 불안해진 미국 은행은 달러 대출이 있는 사람들에게 돈을

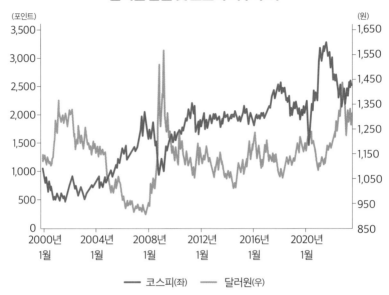

달러원 환율 및 코스피 지수 추이

(포인트)
3,500
3,000
2,500
2,000
1,500
1,000
500
0

(원)
1,650
1,550
1,450
1,350
1,250
1,150
1,050
950
850

2000년   2004년   2008년   2012년   2016년   2020년
1월   1월   1월   1월   1월   1월

— 코스피(좌)   — 달러원(우)

자료: 블룸버그

갚으라고 합니다. 달러 대출을 갚으려면 달러를 사야 합니다. 모두가 달러를 사러 가니 달러 가치가 올라가는 겁니다.

진한 선이 코스피, 연한 선이 달러원 환율(원달러 환율)입니다. 전체적으로 두 선이 데칼코마니 같습니다.

큰 금액의 달러를 투자하면 그분은 세상이 망하기를 기대해야 해요. 코스피가 무너지라고 계속 기도하는 거죠. 그런데 코스피가 2000포인트 넘어서 모두 행복한 표정을 지으면 너무 우울한 거예요. 대체 왜 달러를 샀지 하면서 달러를 팔고 코스피를 삽니다. 그러면 기가 막히게 크로스가 됩니다. 앞서 달러는 약해질 때 더 많은 수요가 생긴다고 했습니다. 그런 다음에 한꺼번에 갚아야 되는 문제가 생기면 금융위기가 옵니다.

그러면 달러를 어떻게 투자해야 될까요? 가장 좋은 방법은 달마다 조금씩 사는 겁니다. 언제까지? 위기가 찾아오는 그날까지 사면 됩니다. 말이 안 되는 소리 같나요? 잠깐 보험 이야기를 해보겠습니다. 보험은 언제 가입하시는 게 좋을까요? 다치기 전날 가입하는 게 가장 이익입니다. 다치는 날은 당연히 모르죠. 그럼 위기를 찾아오는 날은 아나요? 위기가 찾아오면 포트폴리오의 변화가 급격히 나타납니다. 위기가 찾아오는 그 순간이 언젠간 있을 수 있죠. 그걸 대비해서 보험을 가입한다고 생각하는 겁니다.

포트폴리오의 보험 자산으로 두 가지를 말씀드렸습니다. 첫 번째는 금, 두 번째는 달러입니다. 변동성이 큰 시장에서 휘청휘청할 수 있는 포트폴리오의 바닥을 받쳐줄 자산입니다. 비중은 보험을 생각하면 됩니다. 100만 원 버는 사람이 100만 원 전부를 보험에 가입하지는 않죠. 5만~10만 원이면 충분합니다. 달마다 조금씩 쌓아가면 내 포트폴리오의 변동성을 잡아줍니다. 조금씩 모아나가다 환율이 한 번씩 오르면 일부 비중을 정리해 다른 자산을 담는 전략도 함께 생각해보면 좋겠습니다.

금리 인하를 바라보는 연준과 시장의 동상이몽

본격적으로 연준에 대해 이야기해보겠습니다. 2023년 12월 점도표를 보겠습니다. 연준이 공개하는 점도표는 FOMC 위원들이 생각하는 향후 금리전망을 취합한 도표입니다. 점 하나가 FOMC 위원 한 명이 응답한 향후 적정 금리라고 생각하시면 됩니다. 점도표는 향후 연준이 얼마나 금리를 올릴 것인지 예측할 수 있는 중요한 정보입니다.

2023년 9월에는 한 번 정도 인하한다고 나왔었어요. 그런데 12월에는 지금보다 세 번 정도 인하한다는 쪽이 다수를 차지합니다. 그래서 기준금리가 4.5%에서 4.75% 사이에 형성될 것이다라고 전망하는 게 주류를 이루었죠.

지난 2022년부터 보면은 중앙은행은 금리를 계속 올리려고 해요. 그런데 시장에서는 그렇게 많이 올리면 힘드니까 올리지 말라고 하죠. 그래서 항상 중앙은행은 점도표를 시장이 기대하는 것보다 위에 찍었습니다. 중앙은행이 끌고 시장이 딸려오는 그림이었어요. 그런데 이번에 처음으로 중앙은행이 밑을 찍어준 겁니다. 시장은 쾌재를 불렀어요. 마침내 중앙은행이 시장에 딸려가 주는 거예요.

여기서 좀 지켜봐야 할 게 있습니다. 지난 11월에 시장 분위

12월 FOMC 점도표

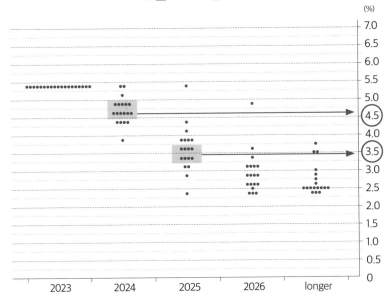

자료: 블룸버그

기가 어땠냐면 미국이 2024년 6월부터 기준금리 인하에 돌입하고 2024년 동안 네 차례 금리 인하를 할 거라고 예상했어요. 중앙은행에서는 한 번 인하할 거라고 이야기하고 있었고요. 둘이 괴리가 있지 않습니까? 원래 시장이 연준을 따랐겠지만, 이번에는 연준이 시장을 따랐죠. 그런데 시장은 여기에 그치지 않고 연준이 여섯 번 인하할 거라고 예상합니다.

과거의 사례를 보겠습니다. 미국의 성장이 한순간에 주저앉는 경우를 많이 봤습니다. 중앙은행의 목표는 두 가지입니다. 성장과 물가입니다. 이 두 가지를 영어와 수학이라고 해볼게요. 영어와 수학이 필수인데 둘 다 90점을 넘어야 합니다. 그런데 한 학생이 영어는 91점인데 수학이 70점이에요. 그럼 수학에 집중하는 전략을 짜야겠죠. 영어(성장)가 탄탄하니 수학(물가)을 잡기 시작합니다. 열심히 공부해서 수학 점수가 84점까지 올라왔어요. 그다음부터는 이제 영어도 함께 보기 시작하는 겁니다.

여태까지 미국의 성장은 너무 좋다가 한순간에 확확 나빠졌습니다. 그래서인지 최근에도 2024년에 미국 경기 침체가 온다고 예상하는 사람들이 꽤 많아요. 그러면 이런 거죠. 수학이 84점. 영어가 90점인데 영어 점수가 언제 80점 아래로 떨어질지 몰라서 두려워요. 그럼 이제 수학 공부를 덜하고 영어 공부를 시킵니다. 태세 전환, 피보팅(Pivoting)한다고 하죠. 과거 연준은 물가만 봤는데 이제 물가뿐만 아니라 성장을 같이 움켜쥐겠다는 피보팅이 일어납니다.

그리고 2019년의 기억이 있습니다. 2018년 기준금리 인상을 통해 실물경제 금융시장이 망가지고 나니까 시장이 굉장히 힘들어하고 있었어요. 들어온 지 1년밖에 안 됐던 연준 파월 의장은 계속 금리를 올리겠다고 했습니다. 그랬더니 시장이 진짜 주저앉아버렸어요. 너무 주저앉으니까 파월 의장도 놀랐습니다. 실물경제가 확실히 침체로 접어들 것 같으니 걱정이 되기 시작하죠. 그래서 이제 금리 인상을 멈추겠다고 합니다. 그런데 시장은 여기서 금리 인하를 해달라고 하죠. 시장이 자해극을 벌이니까 금리를 도합 세 번을 낮춥니다. 2019년 금융시장 사례에서 연준이 시장에 끌려오는 걸 봤습니다. 그러니까 이번에 세 번 인하를 맞추려고 내려가니 여섯 번 인하로 멀어지는 겁니다.

2000년부터 시작됐던 연준의 금리 인하 과정을 보겠습니다. 금리가 올라갈 때는 되게 천천히 올라갑니다. 그런데 내려올 때는 수직으로 급하강을 합니다. 내려갈 때는 전의 저점보다 더 밑

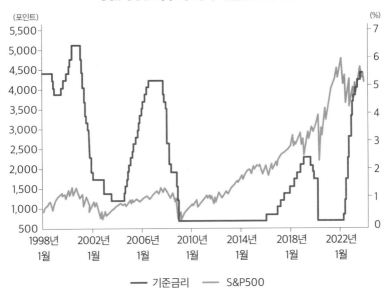

S&P500 지수와 미국 기준금리 추이

자료: 블룸버그

으로 내려와 있습니다. 0이라서 더 못 내리는 경우에는 양적 완화를 해서 따로 돈을 풉니다. 오를 때는 완만한 기울기로 내려올 때는 급격한 기울기로, 내릴 때는 예전보다 더 많이 내립니다. 왜일까요? 금리 인하도 여러 번 하면 효과가 예전처럼 나타나지 않습니다. 더 많이 낮춰줘야 기대한 효과가 나타나기 때문에 더 많이 내리는 겁니다.

그리고 마지막 금리 인상을 한 다음 금리 인하로 돌아설 때까지 걸리는 평균 기간이 7~8개월입니다. 2000년 5월 16일 마지막 금리 인상을 하고 2001년 1월부터 긴급 금리 인하해서 쫙 잡아 내립니다. 한 7개월 정도 걸렸죠. 또 2018년 12월까지 금리를 올린 다음에 2019년 7월부터 낮췄습니다. 딱 7개월이네요. 금융위기 때 2006년 6월까지 올리다가 2007년 9월에 인하해요. 예외적으로 1년 3개월 정도 걸렸습니다.

마지막 금리 인상에서 인하로 돌아설 때 평균 7~8개월 정도 걸렸답니다. 그럼 우리는 마지막 금리 인상이 언제였는지 확인해야 합니다. 2023년 7월에 마지막 금리 인상을 했죠. 공식대로라면 2024년 3월입니다.

시장에서는 2024년 3월부터 인하가 시작될 거라고 보고 2024년 말까지 여섯 차례 기준금리 인하를 예상하고 있습니다. 이게 현재까지의 포인트입니다. 2024년 연준은 세 차례 인하를 예고하고 있고 2025년까지 추가로 네 차례, 내후년 말까지 일곱 차례 인하를 예상하고 있습니다. 시장은 2024년 말까지 여섯 차례 인하를 예상하니 연준보다 많이 앞서 있습니다.

금리가 많이 내려가면 자산 시장은 어떨 것 같나요? 그럼 금리 인하하기 전에 사야 하나요, 한 다음에 사야 하나요? 당연히 하기 전에 사야죠. 그럼 얼마나 전에 사야 할까요? 금리 인하하기 전에 몇 개월 전에 사야 하죠? 핵심은 지금 사야 한다는 겁니다. 앞서 꽃게 사례 들었을 때도 그랬듯이 가능한 빨리 나와야

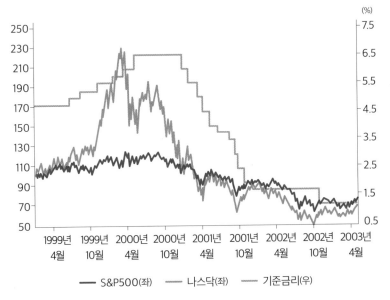

S&P500 / 나스닥 및 미국기준금리 추이

자료: 블룸버그

먹이를 많이 먹습니다. 금리 인하가 언제 될지 모르지만 인하된 다면 지금이 제일 늦은 거 아닌가요? 그러니 FOMC 발표 이후 금융시장이 뜨겁게 반응을 보이기 시작한 겁니다.

조금만 더 과거의 사례들을 이야기해보겠습니다. 2000년 5월에 마지막 금리 인상을 한 다음에 7개월이 지나서 금리를 내렸습니다. 나스닥 버블이 붕괴됐을 때입니다. 2000년 말이 되니 고점 대비해서 나스닥이 40% 빠졌어요. 나스닥이 밀어 올릴 때, 저 꼭대기에서 사람들이 제일 많이 들어갔습니다. 여기에 물린

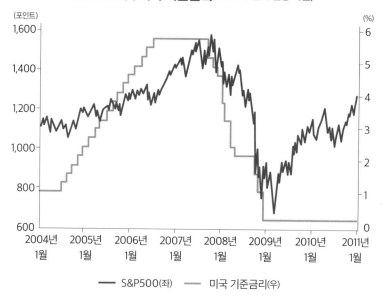

S&P500 및 미국 기준금리(2004년 금리 인상 국면)

자료: 블룸버그

많은 사람의 소비는 위축되면서 실물경기가 둔화돼요. 당시 연준은 긴급하게 금리 인하를 실시합니다. 6.5%부터 1%까지 인하합니다. 이게 포인트입니다. 7개월이 지났기 때문에 금리 인하를 한 건 아니에요. 나스닥 버블이 깨졌기 때문이 금리 인하를 한 것입니다.

금융위기 당시의 금리 인상 과정을 보겠습니다. 2004년 6월부터 기준금리 인상이 시작됐고, 2006년 6월에 5.25%까지 끌어올립니다. 그 상태를 2007년 9월까지 유지합니다. 왜 7개월이 지나도 내리지 않았을까요? S&P500 시장은 안정적이었습니다. 그런데 이때는 서브프라임모기지 버블이 문제였습니다.

2006년 5~6월부터 부동산 가격이 급락하기 시작해서 미국의 부동산 가격이 무너집니다. 그럼에도 버틸 수 있었던 것은 2005~2007년 중국 투자 붐 때문이었습니다. 당시 신흥국의 성장이 탄탄했기에 부동산 가격이 떨어지면서 나타나는 충격을 상쇄하고 남을 정도였던 겁니다. 그런데 부동산 가격이 무너지니 부동산 관련 파생 상품까지도 걷잡을 수 없이 무너졌습니다. 2007년 3월, 2007년 8월 두 번 선이 움푹움푹 들어가죠. 그걸 보면서 연준에서 이대로 두면 큰일 날 거라는 걸 알게 된 겁니다. 그래서 2007년 9월 긴급하게 금리 인하에 들어갔지만, 금융위기의 파고를 막지 못했습니다. 그럼 2006년 7년의 스토리는 어

떻죠? 부동산 시장이 무너졌기 때문에 금리 인하에 나섰죠. 이
때도 7개월이 지나서 낮춘 것이 아니라 부동산이 무너져서 낮춘
겁니다.

마지막으로 보겠습니다. 2018년에 과하게 금리 인상을 하니
까 S&P가 빠집니다. 그러면서 연준에서는 금리 인상을 멈추고
2019년 금리 인하로 돌아섭니다.

지금까지의 사례를 통해 공식처럼 '금리 인상이 끝나면 7개

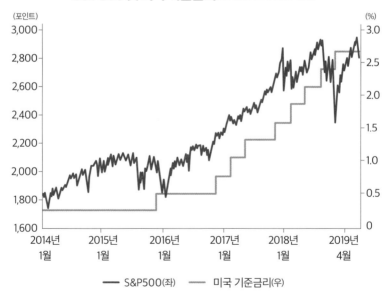

S&P500 및 미국 기준금리(2015년 금리 인상 국면)

자료: 블룸버그

월 후엔 금리를 내릴 거야.'라고 생각할 수도 있겠지만 이유를 살펴보는 게 더 도움이 됩니다. 2024년 12월에 연준이 피보팅을 한 다음 주식시장만 뜨거운 것이 아닙니다. 미국의 주택 경기, 주택 거래가 빠르게 일어나고 있다고 합니다. 주택 가격이 사상 최고치까지 올라갔을 때 금리 인하로 빠르게 돌아서는 것은 어렵지 않을까요?

인플레이션이 안정되면 현재의 높은 금리가 이어지게 됐었을 때 보험적으로 금리 인하가 가능합니다. 그런데 시장이 바라

달러원 환율 추이

자료: 블룸버그

보는 것처럼 크게 금리 인하를 하게 되면 버블이라는 다른 문제가 생겨날 수도 있습니다.

중앙은행은 시장에 맞춰서 금리를 세 번을 낮춰준다고 합니다. 그랬더니 시장은 여섯 번 낮출 거라고 예상하죠. 아마 중앙은행이 여섯 번을 외치면 시장은 아홉 번을 외칠 겁니다. 괴리가 해소가 안 된다는 이야기죠. 중앙은행은 시장을 계속 따라갈까요? 아니면 한 번 정도는 당기려고 할까요?

2023년 원달러 환율 차트를 보겠습니다. 2022년 미국이 기준금리 인상을 하니까 원달러 환율이 1,440원까지 치솟았습니다. 그런데 기준금리 인상이 계속되고 있고 금리 인하가 없었음에도 불구하고 환율이 주저앉아요. 2023년 2월에 1,215원까지 환율이 빠졌습니다. 두 달 만에 벌어진 일이다 보니 바닥이니 올라간다는 생각보다는 계속 빠질 거 같다는 생각이 듭니다.

이게 왜 내려왔을까요? 2023년 초 경기 침체가 온다고 했었습니다. 경기 침체가 오면 중앙은행이 금리를 인하해야 하죠. 시장에서는 금리 인하를 하는데 2023년 9월부터 금리 인하를 시작해서 2%를 낮춰서 2024년 연말 금리를 3%로 맞출 거라고 예상했어요. 미국 금리가 5%에서 3%까지 내려간다는 이야기가 1,215원이라는 환율을 미리 만든 가장 큰 요인입니다.

2023년 환율이 되게 종잡을 수 없었어요. 어느 한순간

1,280원으로 내려갔다가 더 내려가나 싶으면 1,350원으로 올라갔다가 또 올라가나 하면 1,270원 내려왔다가 어느 순간 보면 1,330원에 와 있고 돌고 돌아 1,300원에 와 있었습니다. 왜냐하면 중앙은행과 시장의 괴리가 있기 때문입니다. 그 괴리는 아직 해소되지 못하고 조금 남아 있으리라 생각됩니다.

2024년 상반기에는 시장에서는 많이 낮출 걸 기대하고 연준은 시장을 조금 늦게 따라가려는 흐름을 보일 거라고 생각합니다. 다시 말해 연준은 시장이 기대하는 것보다는 조금 더 늦게, 시장이 예상하는 것보다는 조금 더 적게 낮추려고 할 듯합니다.

미국 10년 국채 금리를 보면 2023년 초하고 똑같습니다. 금리가 내렸다 폭등했다 주저앉아서 원위치했죠. 미국 2년짜리 단기 금리도 올랐다 주저앉았다 다시 올랐다 왔는데 원위치입니다. 달러인덱스도 2023년 초 대비 지금 수준이 비슷합니다. 이게 변동성입니다.

그러면 이런 변동성이 나타날 때는 우리는 어떤 대응을 해야 할까요? 금리의 변동성이 높으면 우리가 예금을 할 때도 굉장히 다양한 전략을 쓸 수 있습니다. 2010~2020년은 금리가 2~2.5% 사이였으니 한 달짜리를 하든 3개월짜리를 하든 1년을 하든 전혀 상관이 없었습니다. 그런데 2022년 상반기에 정기예금 1년짜리 금리가 2.5% 정도 했어요. 2022년 하반기에 레고랜드 사태

미국채 10년 금리

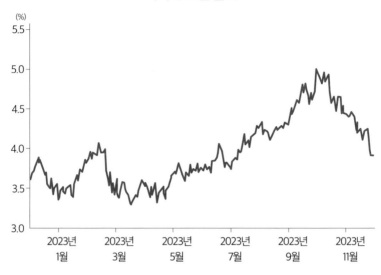

자료: 블룸버그

미국채 2년 금리

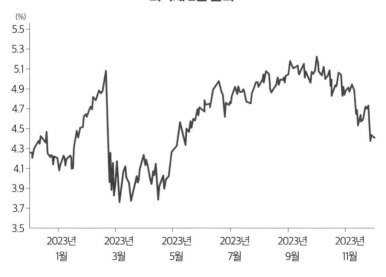

자료: 블룸버그

달러인덱스

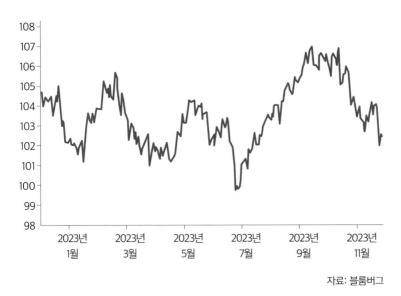

자료: 블룸버그

때 정기예금 1년짜리 금리가 5%까지 뛰었어요. 2023년 상반기에 3%까지 내려왔고, 하반기에는 정기예금 금리가 4.5%까지 왔다가 최근 4% 밑으로 내려왔습니다. 금리가 변화무쌍하게 떨렸습니다.

그러면 금리가 옆으로 기고 있을 때와 변화무쌍하게 떨릴 때 우리는 어떤 전략을 쓸 수 있을까요? 옛날에는 예금을 할 때도 무조건 짧게 가져가는 게 좋았거든요. 그런데 앞으로는 금리가 일시적으로 치솟았을 때는 장기 예금을 할 수 있는 유연성을 발휘할 필요가 있습니다. 그래야 장기적으로 돈을 확보할 수 있는 높은 이자를 빨리 확보하는 전략을 씀과 동시에 단기 예금에서 계속해서 현재 쓸 수 있는 생활비를 갖다가 충당하는 방법을 쓸 수가 있겠죠.

2024년을 바라보며

처음 시작할 때 꽃게의 비유를 했었죠. 한순간에 사라졌다가 한순간에 확 나타납니다. 대단히 큰 변동성을 주고 있습니다. 변동성에는 지정학적인 리스크도 굉장히 큰 영향을 주고요. 지정학적 리스크를 이야기할 때 핵심은 이를 대비해서 보험을 들어두자는 것이었습니다. 여기서 보험은 금과 달러 자산을 말합니다. 이런 보험성 자산을 내 포토폴리오에 담아두는 전략이 필요합니다.

2024년에는 금리가 인하될 것 같습니다. 중요한 건 얼마나 빠른 속도로, 어느 정도 레벨까지 인하될 것인가가 중요하죠. 다만 시장이 기대하는 것보다는 늦게, 시장이 기대하는 것보다는 적게 금리 인하가 예상됩니다.

마지막으로 시장이 떨리는 환경 속에서는 기존하고 달리 새로운 기회들 이 룸들이 생겨날 수 있다는 말씀드렸죠. 축구도 보시면 탄탄한 수비를 하는 팀이 있는데 이거 흔들어 놓으려면 어디 한 공간으로 계속해서 쏠리게 만들어줘야 돼요. 그래야 공간이 생겨야 기회가 생기죠. 변동성이 높으면 참 난도는 높지만 공간은 분명히 생겨나기 마련입니다. 우리는 그런 공간을 파고드는 투자에 대해서 조금 더 고민해보시면 어떤가 그런 조언을 드리면서요. 마치도록 하겠습니다.

PART 2

2024년
부동산 투자

2024년 부동산 전망 및 주목할 핵심 지역

이상우

인베이드투자자문 대표

연말이면 찾아오는 내년 부동산 시장에 대한 부정적 전망, 정답은 어디에 있을가요? 객관적이고 합리적인 분석을 통해 부정적인 전망의 모순을 지적하고, 2024년 주목해야 할 핵심 지역까지 제시해드립니다.

연말이면 내년에 대해서 희망찬 이야기를 해야 할 것 같은데, 요즘 언론을 보면 2024년에 경제가 어렵고 투자도 안 될 거 같다는 생각이 들죠. 패배주의에 찌들게 만듭니다. 여기에 휘둘리지 않고 2024년 시장을 바라보는 눈을 가지면 좋겠습니다.

올바른 마음가짐

자유라는 키워드가 지난 2년간 매우 중요했습니다. 남들 따라다니지 말고 내 자유 의지에 따라서 결정할 수 있는 걸 고르면

이전 정부가 추구하는 가치와 현 정부가 추구하는 가치

권위 청산	권력 분산	갈등 해소

기회는 평등, 과정은 공정, 결과는 정의 소통, 겸손, 상식, 약속, 깨끗		

vs.

과학 혁신	지성(≠반지성)	**자유**

어떤 개인의 자유가 침해되는 것이 방치된다면 우리 공동체 구성원 모두의 자유마저 위협받게 됨		

되는데, 이전 정부에서의 투자 방식에서 벗어나지 못하는 사람들이 있습니다.

권위 청산, 권력 분산, 갈등 해소 등을 중시하는 분위기 때 하던 투자 방식으로 지금 투자하면 당연히 안 된다는 사실을 지난 2년 동안 깨달으셨어야 합니다. 내가 생각하는 자유 판단으로 내가 생각하는 좋은 걸 해야지 남들 따라서 했다가는 망합니다. 빨리 결정해서 내가 잘못한 것 같으면 자유 의지대로 끊고 다른 걸 하세요. 아니다, 난 계속 가져가는 게 맞는 것 같다 하시면 가져가세요. 모두 자유입니다. 자유에 맡기되 아닌 것 같으면 빨리 갈아타야 한다는 게 이번 정부 집권 동안 가져가야 할 마음가짐입니다.

과학과 혁신과 지성이라는 단어가 우리 삶에 어떤 영향을 미치는지도 한번 생각해보세요. 지성이 중요합니다. 무지성으로 따라다니지 말고 꼭 내가 생각해서 자유 의지대로 판단해야 합니다. 이렇게 해버리면 결정 선택지가 매우 많아 보이지만 몇 개 안 남습니다. 세상에 주어지는 답안지는 몇 개 없고 그 답안지를 선택하시는 게 그냥 답입니다. 이렇게 선택이 나오는 순간이 지성에 의한 판단의 결과라고 봅니다. 이것만은 놓치지 않고 가셨으면 좋겠습니다.

연말 연초에는 좀 침착할 필요가 있어요. 언론 보도나 정부의 여러 언급이 매우 부정적인 상황에서 나의 마음은 항상 차분해야 하거든요. 적어도 부동산 투자자라면 좀 침착해야 합니다. 스스로 침착함을 가져갈 수 있는 게 뭐냐면 '내가 확실하게 생각해서 이것만은 절대 죽지 않고 잘 될 거다'라고 확신이 드는 것들을 사셨을 때 이런 침착함이 가능합니다. 등 떠밀려 남이 사자는 거 같이 사면 무조건 불안하거든요. 주식도 마찬가지입니다. 침착한 마음을 가질 수 있는 자산을 가져가시는 게 답입니다.

2024년에 어떤 일이 벌어질지는 아무도 모릅니다. 하지만 우리는 시나리오를 세워서 정말 최악의 상황은 무엇일지, 정말 긍정적인 상황은 무엇일지 양극단을 두고 내가 생각한 시나리오는 양극단의 어디쯤일지 생각해봐야 합니다. 그리고 이 시나리오가 이루어질 확률은 몇 퍼센트일지 생각하며 거기에 맞춰 활동하면 됩니다. 지나친 비관론도 낙관론도 필요 없습니다. 생각을 해서 확률이 높은 쪽으로 베팅을 하자는 겁니다. 선동 당하기 쉽고 부화뇌동하기 쉬운 상황에서 확실하게 마음을 가다듬어야 합니다.

연말이 매수하기 제일 좋은 시점이라는 점은 변함이 없습니다. 모두가 헷갈리는 시점이 매수하기 제일 좋고 남들이 다 같이 해야겠다 싶을 때는 팔기 좋을 때입니다.

최근 불거지는 재건축 이슈

상계주공5단지 재건축 이슈를 한 번 보고 넘어가겠습니다. 상계주공5단지가 행정적인 요소는 모두 통과했습니다. 이제 재건축을 잘하면 될 줄 알았는데 갑자기 시공사랑 계약이 해지됐어요. 이유가 뭐냐면 10평대 아파트를 재건축해서 30평대 아파트를 받는 과정에 분담금 5억 원이 나온다는 이야기가 나오니 조합원들이 동요했습니다. 문제는 조합원뿐만 아니라 시공사도 애매하다는 겁니다. 5억 원이 돈을 내는 사람 입장에서도 많아 보이지만 시공사에서는 이만큼을 받지 않으면 공사에 들어가기

상계주공5단지 사례

가 어렵습니다.

서로 좋아지려면 용적률이 확 올라서 일반 분양분이 많아져야 합니다. 그럼 조합원 분양가도 내려가면서 분담금이 적어지면서 수월하게 재건축이 이루어지겠죠. 그런데 지금 몇몇 지역은 허가상으로 문제없이 진행되더라도 마지막에 이런 경제적인 이유로 정비사업이 안 될 수도 있다는 상황들이 막 펼쳐지고 있다는 거죠.

11평에서 34평 가는데 지금 아파트에서 5억 원을 내면 지금 동네 시세랑 비슷하다고 합니다. 그럼 돈 버는 게 없잖아요. 이런 심리가 시장에 심어지는 순간 정비사업에 대한 대부분의 생각은 바뀌는 겁니다. 오래됐다고 무조건 정비사업을 한다는 게 아니라 사업성이 나빠서 못할 수도 있어요.

또 여기서 제가 생각하는 키워드는 '이웃'입니다. 분담금이 좀 많이 나와도 이웃들이 모두 여유가 있어서 좀 내더라도 하자고 하면 정비사업을 할 수 있는 거고 아니면 못한다는 겁니다. 이웃들이 돈이 없으면 정비사업을 하려고 해도 할 수가 없음을 심각하게 받아들여야 합니다. 공사비는 계속 올라갈 가능성이 높은 상황에서 분담금이 낮아질 가능성은 없을 겁니다. 상계주공5단지 사례를 허투로 보면 안 되는 이유입니다.

재개발도 요즘 이런 일들이 벌어지고 있어요. 이제까지 재개

대조1구역 사례

[단독] 현대건설, 대조1구역 공사 중단한다

입력: 2023-12-20 11:33   박순원 기자

🖨 ⓕ ⓨ 🗨   🔠 폰트   Ⓝ 기자 구독

| 이날 오후 조합에 "공사 중단" 공문 발송 예정
| 2024년 1월 1일부로 대조1구역 건설현장 올스톱

현대건설이 서울 은평구 재개발 최대어 '대조1구역 재개발(힐스테이트 메디알레)' 공사를 중단한다. 대조1구역 조합이 집행부 공백 등을 이유로 현대건설에 공사비를 지급하지 않았기 때문이다.

20일 정비업계에 따르면 현대건설은 이날 오후 대조1구역 조합에 힐스테이트 메디알레 공사를 중단하겠다는 내용의 공문을 전달했다. 대조1구역 공사 중단 예정 날짜는

발은 웬만하면 잘 됐습니다. 조합 사람들끼리만 싸우지만 않으면 잘 됐죠. 대조1구역 사례를 보겠습니다.

일반 분양을 안 하면 조합이 돈이 없어서 공사비를 줄 수 없는데, 지금 공사비를 하나도 못 내서 시공사에서 공사 못 한다는 거잖아요. 공사 멈춤 이슈를 둔촌주공 재건축에서 정말 뼈저리게 봤습니다. 1년 공사가 멈추면 분담금 확 늘어나죠. 그런데 재개발에서, 그것도 서울에서 이런 일이 벌어질 줄은 몰랐습니다.

이제 정비사업은 행정적인 절차 때문에 오래 걸리는 게 아니라 그 뒤에 돈이 문제가 될 수 있다는 것, 이렇게 어려워지기 시작한다면 정비사업이야말로 확률이 높은 데를 지목해서 들어가지 않는 한 정말 힘들 수 있다는 것을 이제는 깨달을 필요가 있습니다.

2024년 시장은 어떨까?

2024년 서울 매매가는 한 2.4% 정도 오를 거라고 보고 있습니다. 주간 데이터로 보자면 2023년 5월 15일부터 서울 평균이 오르기 시작했습니다. 그때부터 서울이 3.57%, 경기도가 4.13%

2024년 매매가 전망

서울	송파	성동	양천	강남	서초	도봉
+3.57%	+7.41%	+7.16%	+5.09%	+3.52%	+1.95%	+1.21%
-10.87%	-9.07%	-11.65%	-13.62%	-13.68%	-10.85%	-11.61%
경기	하남	화성	성남(분당)	광명	이천	양주
+4.13%	+16.64%	+14.76%	+9.56%	+7.86%	-3.75%	-5.44%
-12.03%	-14.19%	-16.01%	-12.33%	-9.40%	-7.68%	-16.15%

2024년 서울 매매가 +2.4% 상승 전망
(2023년 5월 15일부터 서울 상승률 +3.57%)

상승했습니다. 다만 그 이전까지 10% 이상 하락해서 지금은 상승 추세이지만 연간 평균은 마이너스입니다. 하지만 오르는 속도가 빠르죠. 경기 하남과 화성 등은 16%, 17%씩 올라오고 있고, 서울 송파와 성동 등은 7% 가까이 올랐습니다.

2024년에 시장이 약할 가능성은 그다지 없습니다. 지금 시점에서 고민해야 하는 건 '속도'입니다. 상승 속도가 매우 다르다는 점에 주목해야 합니다. 경기도가 평균 4% 올라가는 동안에 하남과 화성은 15% 가까이, 성남과 광명은 8% 내외로 올랐지만 이천이나 양주는 여전히 하락입니다.

경기도 부동산 매매가가 시사하는 바가 큽니다. 이전 정부에서는 오르면 다 우르르 오르고 센터보다는 외곽이 더 많이 오르

2024년 전세가 전망

서울	성동	송파	양천	강남	서초	종로
+3.45%	+7.13%	+6.11%	+4.81%	+2.48%	+2.11%	+1.63%
-10.76%	-11.62%	-7.96%	-13.40%	-12.80%	-11.00%	-8.72%
경기	하남	화성	성남(분당)	광명	이천	양주
+4.29%	+14.50%	+13.85%	+8.55%	+7.30%	-3.26%	-2.40%
-12.16%	-12.59%	-15.34%	-11.52%	-8.93%	-8.16%	-18.75%

2024년 서울 전세가 +5% 상승 전망
(2023년 6월 19일부터 서울 상승률 +3.45%)

는 일들이 벌어졌는데, 이번 정부 들어서면서부터는 오르는 지역과 안 오르는 지역이 완전 양분화되고 있습니다. 서울을 보면 양천구나 강남구까지가 평균 이상으로 올랐는데 서초구나 도봉구는 별로 안 올랐습니다.

이런 양극화는 2024년에 더 심해지리라 생각합니다. 그러니 평균 2.4%를 생각하기보다 내가 사는 지역에 주목해야 합니다.

전세가는 5% 이상 오를 것 같습니다. 매매가와 마찬가지로 상반기에 거의 두 자릿수 가까이 빠졌다가 하반기 때 크게 상승했습니다.

다음 페이지 도표에 상저하고 현상이 명확하게 보입니다. 문제는 시장의 반등이 강하게 나오는 하반기에도 하락하는 지역들

전국 아파트 매매가격 상승률

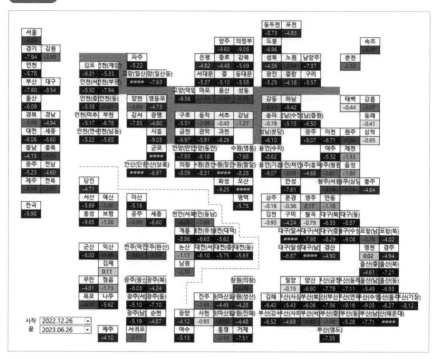

시작 2022.12.26
끝 2023.06.26

입니다. 이 지역에 주택 문제가 있음을 보여주는 거예요. 공급 이 슈가 아니라 수요가 없어졌음을 생각해야 합니다. 실수요가 없는 지역에 호재가 있다는 이유만으로 투자하는 실수를 범하면 안 됩니다. 인구가 계속 감소하고 있고 외곽 지역부터 실제 수요가 사라지고 있습니다. 지금 강하게 반등하는 지역들이 2024년에 더 강할

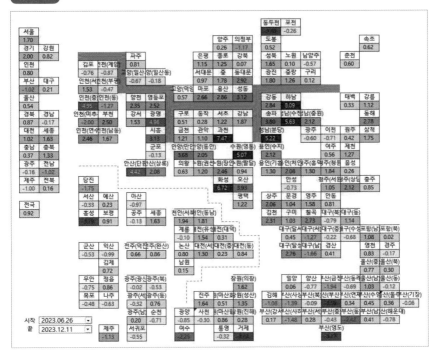

가능성이 큽니다. 매매가와 전세가가 모두 강한 데가 강할 겁니다.

강하게 반등한 지역은 대부분 학군지입니다. 아이 키우기 좋은 동네가 매매가도 전세가도 강합니다. 그 지역의 새 아파트는 더 좋겠죠. 이렇게 기본으로 돌아가고 있는 것 같습니다.

실거주 선호 지역이 강세

아래의 오른쪽 표는 하락한 지역을 왼쪽 표는 상승한 지역을 정리했습니다. 하남, 과천, 화성, 성남, 수원, 광명 등 강하게 반등한 지역은 실거주 선호 지역입니다. 아이를 키우기 좋은 지역이죠. 지난 7년간처럼 다주택 규제가 반복된다면, 즉 실거주 외의 주택을 많이 살 방법이 없는 상황이면 무조건 실거주하기 좋은 동네만 오르게 돼 있습니다. 이런 특정 지역만 오르는 상황을 바

매매가와 전세가 흐름

지역	2023년 상반기		2023년 하반기		지역	2023년 상반기		2023년 하반기	
	매매	전세	매매	전세		매매	전세	매매	전세
하남	-9.42	-11.45	+8.09	+13.03	홍성	-9.65	-11.82	-3.79	-3.86
과천	-6.26	-16.97	+7.47	+5.31	부산	-7.36	-7.25	-3.59	-4.01
화성	-9.25	-14.73	+6.72	+13.04	동두천	-8.73	-11.35	-3.46	-2.23
성남 (수정)	-5.15	-5.47	+5.63	+5.28	거제	-7.51	-7.37	-3.42	-2.01
성남 (분당)	-6.10	-10.78	+5.22	+7.65	부산 (영도)	-7.55	-5.93	-3.17	-1.98
수원 (영통)	-7.68	-11.90	+5.07	+5.69	부산 (동)	-5.28	-6.64	-2.42	-2.48
광명	-4.80	-8.52	+4.96	+6.81	여수	-5.13	-6.08	-2.25	-0.72

꾸려면 다주택 규제가 완화되어야 합니다.

과거 실거주 선호 지역은 직주근접이 강조됐었습니다. 여기서 핵심은 교통이죠. 광역버스 정류장보다는 지하철역에 가까워야 합니다. 요즘 들어서는 직주근접에 아이도 키우기 좋아야 한다는 인식이 강해졌습니다.

성남, 과천, 화성, 성남 수원, 광명의 초등학생 수를 살펴보겠습니다. 2008년, 2015년, 2019년 2023년을 봤을 때 하남, 과천, 화성은 증가 추세고 성남, 광명, 수원은 감소 추세입니다. 이걸 해석을 잘해야 합니다.

하남, 과천, 화성은 새 아파트 공급이 매우 많았습니다. 과천

초등학생 수(단위: 명)

구분	2008년	2015년	2019년	2023년	2019년 대비
하남	8,939	7,861	16,083	21,231	+5,148(+32.0%)
과천	5,057	3,665	2,826	4,550	+1,724(+61.1%)
화성	35,377	44,842	63,581	70,104	+6,523(+10.3%)
성남(수정)	15,537	8,747	9,366	8,506	-860(-9.2%)
성남(분당)	32,738	27,687	28,202	26,471	-1,731(-6.1%)
수원(영통)	25,780	24,136	25,134	23,950	-1,184(-4.7%)
광명	24,203	20,718	18,420	15,015	-3,405(-18.5%)

은 재건축, 하남과 화성은 신도시였습니다. 아파트가 공급이 늘어나니 학생 수도 바로 늘어납니다. 아이를 키우기 좋은 동네라는 걸 안 거죠. 그럼 새 아파트만 많으면 될까요? 아닙니다. 기존의 인프라가 좋았는데 여기에 새 아파트가 등장하면 좋은 거고, 아파트가 정말 많이 지어져서 새롭게 아이를 키우기 좋은 동네로 변모했다면 주변 지역으로도 이사를 오니까 학생 수가 늘어나는 겁니다.

하남은 최근 4년 동안 31%가 늘었고, 화성은 10%, 과천은 61%가 늘었습니다. 이런 지역에 투자하면 편합니다. 표의 아래 지역은 편견이 있어 투자하는 게 조금 어렵습니다. 하지만 저 지역들은 다 인기 지역입니다. 그런데 왜 초등학생 수가 저렇게 줄었을까요? 집이 낡았기 때문입니다. 아이를 키우기 좋은 환경이라는 건 바뀌지 않았지만 집이 낡아서 살기 싫은 거예요.

그래도 「노후계획도시 정비 및 지원에 관한 특별법」이 통과되었습니다. 정비사업을 통해 과거의 영광을 찾을 수 있는 동네는 여전히 투자 요인이 있습니다. 다만 그러기 위해서는 정비사업이 빨리 이루어져야 합니다. 아이들이 줄어드는 속도가 빠르기 때문입니다. 개선의 여지가 있는가가 중요합니다. 아이들이 빠르게 줄어들고 있지만 지금도 괜찮은 지역이라면 개선만 빨리되면 되는 거죠.

경기 광명의 아파트 공급

2022년		2023년			
철산주공 8, 9	광명 10R	광명 1R	광명 4R	광명 2R	철산주공 10, 11
철산자이 더헤리티지	호반써밋 그랜드 애비뉴	자이더샵 포레나	센트럴 아이파크	트리우스 광명	철산자이 브리에르
1.8 대 1 (3,028만 원/평)	1.5 대 1 (2,497만 원/평)	10.5 대 1 (2,853만 원/평)	18.9 대 1 (3,361만 원/평)	4.7 대 1 (3,420만 원/평)	11.9 대 1 (3,534만 원/평)
3,804호	1,051호	3,585호	1,957호	3,344호	1,490호

총 14,231호

경기 광명의 사례를 보겠습니다. 2022년과 2023년에 6개 단지, 1만 4,231호가 공급됐습니다. 기존 인프라도 나쁘지 않았는데 이렇게 새 아파트 공급까지 많아지면 좋아지는 건 시간 문제입니다. 다만 2022년 과천에서처럼 단기일 내로 입주가 많으면 전세가가 밀릴 수 있다는 우려는 있습니다.

광명의 사례가 앞으로의 수도권 모습이라고 생각합니다. 아주 빠른 정비사업만이 도시를 살리는 길입니다. 살린 결과물은 학생이 많아졌느냐로 판단할 수 있을 겁니다.

초등학생 수 변화에 주목하자

경기 분당을 보겠습니다. 늘푸른초, 내정초, 낙생초, 초림초의 4개 학교가 분당에서 학생 수 제일 많은 학교입니다. 보통 한 반에 20명도 안 될 텐데 학생이 1천 명이 넘는 초등학교가 그렇게 많지 않습니다. 심지어 2019년보다도 학생 수가 계속 늘고 있습니다. 전반적인 학생이 줄어드는 상황에서도 늘어나는 학교들은 계속 늘어난다는 게 중요합니다.

그런데 분당 안에서도 학생 수 100명이 안 되는 학교가 무려 세 군데나 있습니다. 앞으로 학교를 유지하기도 어려운 실정이죠. 이 주변은 특이할 정도로 아파트가 없습니다. 신도시 내에 있어도 근생과 단독주택만 있어서 아파트가 없는 동네의 학교는 인기가 없습니다. 아파트가 있다 하더라도 사람들이 선호하는 아파트가 아니라면 학생 수는 매우 빠르게 줄어듭니다.

어느 학교는 학생 수가 늘고 어느 학교는 학생 수가 줄고 있습니다. 학생을 뺏고 뺏기는 과정이에요. 학생 수가 줄어드는 학교는 지하철역에서 멀거나 아파트가 드문드문 있다는 특징이 있습니다.

수원 영통구를 보겠습니다. 망포동에 아파트를 많이 지었습니다. 신설된 학교는 2023년 학생 수가 2천 명이 넘었습니다. 아

경기 분당의 초등학생 수 변화: 증가(단위: 명)

구분	2008년	2015년	2019년	2023년	2019년 대비
늘푸른초	1,629	1,337	1,258	1,287	+29(+2.3%)
내정초	1,297	1,057	1,162	1,182	+20(+1.7%)
낙생초	-	885	1,211	1,180	-31(-2.6%)
초림초	1,409	1,053	1,061	1,138	+77(+7.3%)

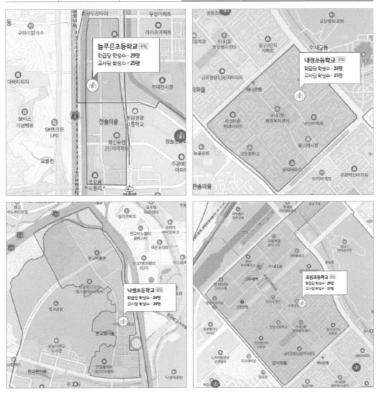

경기 분당의 초등학생 수 변화: 감소(단위: 명)

구분	2008년	2015년	2019년	2023년	2019년 대비
백현초	554	137	135	91	-44(-32.6%)
한솔초	623	251	147	105	-45(-30.6%)
오리초	571	158	124	113	-11(+8.9%)
양영초	594	288	250	203	-47(-18.8%)

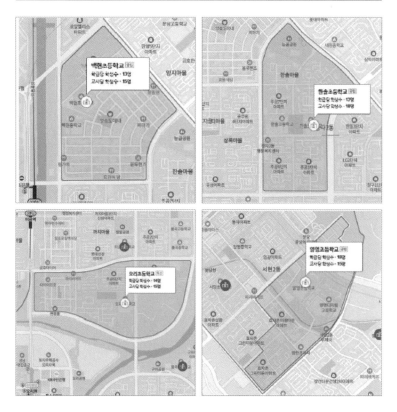

경기 수원 영통구 초등학생 수 변화(단위: 명)

구분	2008년	2015년	2019년	2023년	2019년 대비
망포초	-	-	1,021	2,146	+1,125(+110.2%)
산의초	-	1,724	1,827	1,497	-324(-17.8%)
매원초	28	558	1,332	1,341	+9(+0.7%)
신풍초	-	1,686	1,520	1,255	-265(-17.4%)

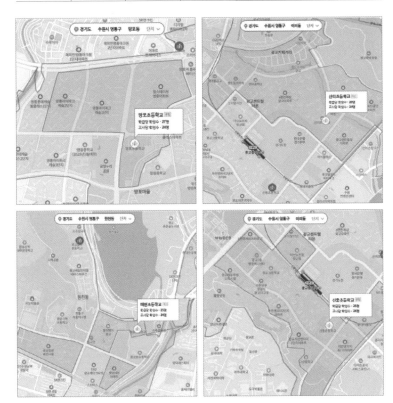

파트는 많이 지었는데 학교를 많이 안 지었으니까 과밀되는 건 어쩔 수 없습니다.

수원 구도심 쪽은 학생 수가 줄었습니다. 분명 인기 아파트인데 학생 수는 줄고 있습니다. 수도권에서 아파트가 조금이라도 낡으면 인기 있는 데로 옮겨간다는 사실을 알 수 있죠. 우리 아파트 인기 아파트고 여전히 살기 좋은데, 아이들이 없다면 고민해봐야 합니다. 내가 팔고 싶을 때 아이 키우기 별로 안 좋은 동네라는 생각이 들면 잘 안 팔립니다. 학군에 속해 있음에도 초등학생 수가 적다면 투자에 고민해봐야 합니다.

집을 압도적으로 많이 지으면 새로 지어지는 학교도 명문 학교가 되고 아이들이 많아집니다. 원래도 인기 있는 동네였으면 빨리 재건축을 하면 또 좋아집니다. 앞으로의 실거주 선호 지역은 이렇게 압도적, 매우 빠른 속도가 꼭 붙어야 합니다. 역세권도 몇 호선 역세권이냐가 중요하고 초품아도 학생 수 몇 명인 초품아냐가 중요합니다. 이 두 개를 따로따로 생각하지 말고 공통 분모가 있냐를 봐야 합니다.

초품아였는데 학교가 사라질 수도 있습니다. 앞으로 4~5년 간은 계속 벌어질 수 있는 일이에요. 이미 대부분 학교의 1학년 수는 많이 줄었습니다. 서울에서도 타 도심부에 있는 강서구나 이렇게 광진구에 있는 학교들도 이미 폐교됐어요. 이게 폐교가 먼 이야기가 아닌 게 역세권이어도 폐교됩니다.

정비사업 사업성을 고민하자

「노후계획도시 정비 및 지원에 관한 특별법」이 통과되어 행정 처리가 빨라지겠지만 앞서도 말했듯이 이제는 안전진단이 중요한 게 아닙니다. 사업성이 있어야 합니다. 신축했을 때 시세가 어느 정도겠다 눈에 보이면 사업성이 있는 거고 안 보이면

'노후계획도시 정비 및 지원에 관한 특별법, 주요 내용

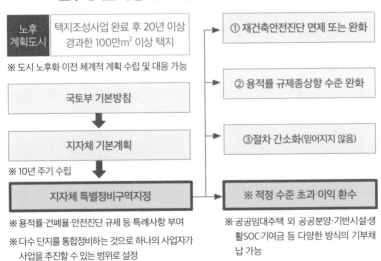

노후 계획도시	택지조성사업 완료 후 20년 이상 경과한 100만m² 이상 택지

※ 도시 노후화 이전 체계적 계획 수립 및 대응 가능

국토부 기본방침

※ 10년 주기 수립

지자체 기본계획

지자체 특별정비구역지정

① 재건축안전진단 면제 또는 완화

② 용적률 규제종상향 수준 완화

③절차 간소화(믿어지지 않음)

※ 적정 수준 초과 이익 환수

※ 용적률·건폐율·안전진단 규제 등 특례사항 부여
※ 다수 단지를 통합정비하는 것으로 하나의 사업자가 사업을 추진할 수 있는 범위로 설정

※ 공공임대주택 외 공공분양·기반시설생활SOC·기여금 등 다양한 방식의 기부채납 가능

1만m² 이상 노후 택지

목동	4,375,416	성남 분당	19,639,219
수서	1,335,246	고양 일산	15,735,711
상계	3,308,270	안양 평촌	5,105,904
중계	1,592,617	부천 중동	5,455,778
중계2	1,344,918	군포 산본	4,203,187
신내	1,247,726		
인천 연수	6,135,676	안영 포일	1,051,797
인천 구월	1,252,767	고양 능곡	1,261,852
인천 계산	1,614,008	고양 화정	2,035,503
인천 삼산	1,189,421	수원 영통	3,260,534
		의정부 금오	1,288,877
광명 하안	2,007,545	남양주 호평	1,094,975

없는 겁니다. 택지 조성 이후 20년 이상 된 100만m² 전국적으로 많을 텐데 거기서 사업성이 있는 토지는 얼마나 될지 생각해보세요.

「노후계획도시정비법」은 약간 불안전합니다. 용적률 규제와 종상향 수준 완화가 붙어 있지만 '적정 수준 이상의 초과이익 환수' 때문에 사업성이 떨어집니다. 이 부분을 주의해서 봐주세요.

1만m² 이상 노후 택지를 정리한 표를 보겠습니다. 목동은 사업성이 좋으니까 재건축 지구단위 계획도 다 나와서 진행하고 있고, 분당과 일산 같은 1기 신도시도 잘 알고 있으실 겁니다. 수서는 강남에 있는 몇 안 되는 노후 택지 중 하나죠. 이 표를 눈여겨보면 좋겠습니다.

슬프게도 무조건 오른다는 건 없습니다. 부동산 시장의 평균치가 몇 퍼센트니 모두 함께 오른다는 건 없습니다. 얼마 전에 만난 분이 "저희 동네는 9호선 역세권이고 주변 환경으로 뭐도 있고 뭐도 있고, 그런데 왜 아파트 값이 안 오르죠?" 묻더라고요. 지금까지 말했죠. 개인적으로도 조목조목 안 오르는 이유를 짚어드렸습니다. 생각보다 하나하나 짚어서 생각해야 하는 포인트가 매우 많아졌으니 안 될 것 같으면 빨리 갈아타는 게 답입니다.

아이 키우기 좋은 곳으로 바꾸면 오를 수 있습니다. 지자체장과 정치인뿐만 아니라 주민들이 나서서 빨리 돈을 들이는 방법이라도 적극적으로 검토해야 합니다. 60대 이상이 생각하는 육아 시각으로는 절대 도움 안 됩니다. 요즘 20~30대가 원하는 방식을 고민해야 합니다. 방 4개짜리 아파트에서 신혼을 시작하라는 메시지를 줘야 아이를 낳을까 말까예요.

이런 생각에서 정부가 국민주택이라는 말도 없애고 전용면

전국 아파트 전세가격 상승률

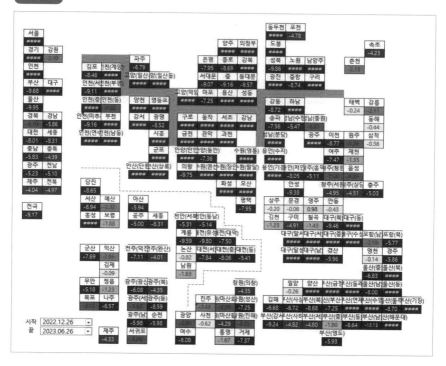

적 85m^2 아파트에 세금을 부과하는 것도 좀 뺐으면 합니다. 방 4개 이상이 많이 공급되면서 아이를 키우기 좋은 집이 공급됐으면 하는 것이 제 생각입니다.

전국 아파트 전세가격 상승률 도표를 보겠습니다. 앞서 본 매매가격 상승률과 같아요. 전세가가 높은 지역이 매매가도 높습니다. 전세가가 낮은 지역이 매매가도 낮습니다. 거주할 니즈가

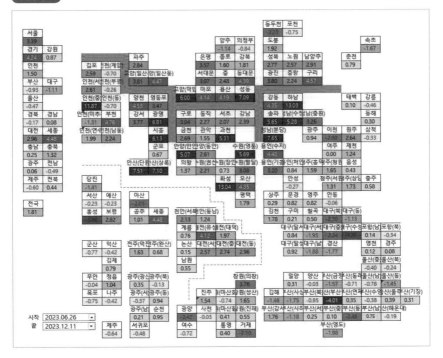

약하기 때문입니다.

　투자자가 있을 수가 없어요. 다주택 규제 때문입니다. 양도 세, 취득세만 걱정하지만 집을 많이 못 갖고 있는 이유는 종부 세입니다. 종부세가 아무리 낮아졌다 해도 집이 많으면 엄청 높게 나와요. 다주택자에 대한 생각이 나빠질수록 전세 공급자 는 점점 줄어들고, 그러다 보니 인기 지역의 전세가는 더 올라갑니다. 전세 공급자가 줄어드는 것이 시장에 나쁜 시그널이라고 봅니다. 해당 지역에 거주하는 방법이 매매밖에 없다고 상상해보세요. 이런 이유에서 다주택자 규제가 풀려야 한다고 생각합니다.

그런데 제가 봤을 때 규제가 풀릴 거 같지 않아요. 그래서 저는 다주택은 2채까지만 권합니다. 그러다 보니 갭 투자가 재미없어집니다. 하는 사람들도 별로 없죠. 정부 입장에서는 전세 보증금 문제 때문에 싫어하는 것은 알겠는데, 결국 이런 이유로 상대적으로 인기가 적은 지역의 집값이 힘들어집니다.

투자자가 많이 가지고 있는 지역에서 매매도, 전세도 잘 안되고 있어요. 주택임대사업자 등록하셨던 다주택자 중 자동 말소가 돼서 팔아야 하는 분들도 많을 거예요. 전세는 비우고 매매도 안 되고. 이런 지역은 상급지가 아니라 하급지일 가능성이 높습니다.

정부가 말하는 무분별한 갭투자는 지양해야 합니다. 그러면 분별 있는 갭투자를 하면 되겠죠? 거주할 집 말고 하나 정도 사는 게 좋을 것 같고, 앞서 말했던 아이 키우기 좋은 동네 혹은 통근하기 좋은 동네 이 두 조건이 맞물리는 지역에 집 하나만 더 투자하면 좋겠습니다. 그럼 차분한 마음을 가질 수 있습니다.

병품아, 병원을 품은 아파트

사람이 아파봐야 건강함의 가치를 느낍니다. 그리고 아파봐야지 압니다. 병원이 가까워야 한다는 것을요. 병원이 멀면 병원을 못 갑니다. 이건 비단 환자만의 이슈가 아니라 가족들도 마찬가지입니다. 그 환자 있는 병원이 가까워야지 멀면은 가보기가 너무 힘들어요.

2021년 기준으로 전국에 72만 개의 병상이 있고, 그중 종합병원에 15만 개 정도가 있습니다. 비율로 보면 서울에 22%, 경기도에 17%가 있어요. 경기도에 인구 대비 병상 수가 적으니 종합병원, 대학병원을 더 짓자는 이야기가 나옵니다. 서울에도 종합병원이 없는 지역이 있습니다. 그러니까 자꾸 더 짓자는 이야기가 나와요.

2014년, 2017년, 2020년지의 외래 진료 비율을 보니 병원과

전국 입원병상 수(단위: 개)

전국	종합병원	서울	인천	경기
722,813	156,783	33,806	8,410	27,190
		21.6%	5.4%	17.3%
	인구대비	18.3%	5.8%	26.4%

외래 진료 비율(단위: %)

구분	2014년	2017년	2020년
종합병원	11.28	11.49	12.53
병원	7.16	6.89	6.51
의원	60.25	59.42	57.60
치과의원	6.91	7.61	8.77
한방병원	0.36	0.23	0.81
한의원	11.61	11.87	12.02

대규모 주택 공급지역과 병원

병원	병상	지역	병원	병상	지역	병원	병상	지역
가톨릭대 은평 성모병원	781	은뉴 1.7만 호	한림대 동탄 성심병원	813	화성 동탄 15.2만 호	-	-	남양주 다산 3.2만 호
이화여대 부속 서울병원	802	마곡 1.2만 호	-	-	파주 운정 8.0만 호	-	-	인천 송도 8.4만 호
-	-	위례 4.6만 호	-	-	김포 한강 5.9만 호	-	-	인천 청라 3.1만 호
-	-	강남 보금자리 3.2만 호	-	-	하남 미사 3.6만 호	-	-	인천 영종 4.5만 호

대학병원 수도권 분원 설립 예정지(단위: 개)

최소 6,600개 병상 증가 전망

병상수	경기 파주
아주대 500	
인하대 700	경기 김포
서울아산 800	인천 청라
연세세브란스 800	경기 시흥
서울대 800	인천 송도
한양대 미정	경기 안산
고려대 500	
아주대 500	경기 평택

경기 남양주 · 고려대 500
경기 하남 · 경희대 500
경기 과천 · 가천대 길병원 1,000
서울 송파 (위례 신도시)

자료: 한국보건사회연구원 신현웅 연구위원

의원의 진료 비율은 점점 내려가고 종합병원 진료 비율이 늘어나고 있습니다. 치과, 한방병원 및 한의원 비율은 다 늘어나는데 병의원 비율만 낮아지고 있습니다. 그러니 종합병원을 더 짓자는 이야기에 찬성하는 분위기가 되고 있는 겁니다.

대규모 주택 공급지역으로 은평뉴타운, 마곡, 위례, 그리고 강남 보금자리 주택지구 우면동, 자곡동과 세곡동 등이 있죠. 여기에 각각 1만 7천 호, 1만 2천호, 4만 6천 호, 3만 2천 호를 공급했어요. 그런데 종합병원이 들어온 곳은 은평뉴타운과 마곡뿐입니다.

앞서 아파트를 압도적으로 많이 지으면 학생 수가 확 늘어난다고 했습니다. 그런데 학생 수만 늘어나는 게 아니라 병원도 생길 가능성이 큽니다. 화성 동탄, 파주 운정, 김포 한강, 하남 미사, 남양주 다산, 인천 송도, 인천 청라, 인천 영종에 종합병원이 없어요. 이렇게 큰 도시를 지어놨는데도요. 그러니까 병원을 짓자는 겁니다.

대학병원 '수도권 분원' 설립 예정지가 나와 있습니다. 앞에서 본 것처럼 수요가 있으니까 지어지는 겁니다.

상대적으로 서울은 병원 이슈에서 조금 자유로워 보입니다. 하지만 서울은 병원이 많다 보니까 사람들이 더 인기 있는 병원과 덜 인기 있는 병원으로 병원을 나눕니다. 아파트의 급을 나누는 것처럼 병원도 급이 나눠지고 있습니다.

2022년 뉴스위크에서 국내 병원 순위를 발표했습니다. 이렇게 순위를 매기니 사람들은 이 자료로 판단하겠죠. 종합병원, 대학교, 부동산 등 이 세 개를 바라보는 눈이 순위를 매긴 것처럼 모두 비슷해집니다. 1등 지역, 2등 지역이 생깁니다. 교육은 어디가 좋다, 병원은 어디가 좋다, 부동산은 어디가 좋다는 식으로요. 다주택 규제를 풀어주지 않는 한 이것들이 몰리는 지역의 아파트가 더욱 강해질 수밖에 없습니다. 특히 지금처럼 출산율이 낮아지고 노령화가 가속되는 사회에서는 더욱 그럴 겁니다.

2022년 국내 병원 순위

순위	병원	점수 (%)	구분	분류	관련의대	소재지	작년 순위
1	서울아산병원	97.76	협력병원	사립	울산대	서울	1
2	삼성서울병원	95.68	협력병원	사립	성균관대	서울	3
3	서울대병원	91.86	대학병원	국립	서울대	서울	2
4	신촌세브란스병원	88.85	대학병원	사립	연세대	서울	4
5	가톨릭대 서울성모병원	84.98	대학병원	사립	가톨릭대	서울	6
9	분당서울대병원	84.63	대학병원	국립	서울대	성남시	5
7	아주대병원	82.94	대학병원	사립	아주대	수원시	8
8	고려대안암병원	81.40	대학병원	사립	고려대	서울	7
9	강남세브란스병원	81.35	대학병원	사립	연세대	서울	10
10	중앙대병원	81.33	대학병원	사립	중앙대	서울	11
11	가톨릭대 여의도성모병원	81.29	대학병원	사립	가톨릭대	서울	13
12	강북삼성병원	81.24	협력병원	사립	성균관대	서울	12
13	이화여대의료원	80.02	대학병원	사립	이화여대	서울	22
14	인하대병원	80.00	대학병원	사립	인하대	인천	15
15	충남대병원	79.66	대학병원	국립	충남대	대전	18
16	건국대병원	79.17	대학병원	사립	건국대	서울	16
17	대구 가톨릭대병원	79.00	대학병원	사립	대구 가톨릭대	대구	32
18	경희대병원	78.96	대학병원	사립	경희대	서울	9
19	전남대병원	78.75	대학병원	국립	전남대	광주	14

20	영남대병원	78.75	대학병원	사립	영남대	대구	20
21	가톨릭인천 성모병원	78.61	대학병원	사립	가톨릭대	인천	17
22	부산대병원	78.49	대학병원	사립	부산대	부산	19
23	한림대평촌 성심병원	78.45	대학병원	사립	한림대	안양시	29
24	동아대병원	78.43	대학병원	사립	동아대	부산	24
25	한림대성심병원	78.38	대학병원	사립	한림대	화성시	23

자료: 뉴스위크

국가철도망 구축이 촘촘하게 계획되고 있습니다. 고속철도가 연결되기도 하고, 고속철도가 아니더라도 예전보다 빠르게 이동할 수 있습니다. 고속철도만 연결되면 서울 2시간 접근권이 되고 있습니다. 그러면 지방에서도 서울의 학교, 병원을 이용하게 되겠죠. 그러다 보면 집도 서울에 사는 게 낫잖아요? 교통이 발달하니 오히려 서울로 집중되는 현상이 심해지고 있는데, 피할 수 없는 현실 같아 보입니다. 어쩔 수가 없는 상황을 지난 30년간 지방 균형 발전이라는 말로 눌러놓았던 거라고 보여요.

2008년에서 2022년의 인구변화를 조사했는데, 1만 명 이상 줄어든 지방 도시가 많습니다. 이렇게 인구가 줄어들고 있어서

제4차 국가철도망 구축 계획안

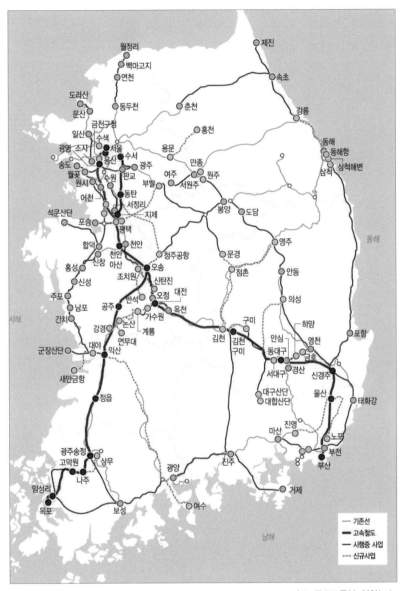

자료: 국토교통부, 연합뉴스

2008년 → 2022년 인구 변화(단위: 만 명)

공주	12.5 → 10.3	안동	16.7 → 15.5	익산	30.7 → 27.4
부여	7.7 → 6.2	영주	11.3 → 10.0	정읍	12.2 → 10.5
서천	6.1 → 5.0	상주	10.5 → 9.5	김제	9.5 → 8.1
예산	8.8 → 7.7	의성	6.0 → 5.0	부안	6.0 → 5.0
하동	5.4 → 4.2	해남	8.1 → 6.6	고흥	7.5 → 6.2
합천	5.6 → 4.2	태백	5.1 → 3.9	보성	4.9 → 3.8

각 지역에 필요한 인프라를 다 구현한다는 게 힘들어질 수 있으니 고속철도 계획을 촘촘히 짜는 거 같기도 합니다. 작은 도시는 주변 큰 도시의 인프라를 사용할 수 있게요.

이 이야기가 얼마 전부터 자주 들리는 메가시티입니다. 서울만이 아니라 대구도 부산도 광주도 대전도 모두 메가시티 하라는 거거든요. 사람이 없어서 어쩔 수 없는 거죠. 제 사무실이 역삼동에 있는데, 역삼동에만 7만 명 살아요. 역삼동 인구에도 못 미치는 지방 도시도 많습니다.

뉴스에도 자주 들리는 소식이지만, 산천군에서 의사를 뽑는데 연봉 3억 6천만 원을 준대도 사람이 안 뽑힌다고 합니다. 누군가는 그 돈으로 의사를 뽑을 게 아니고 고속 앰뷸런스를 운행하는 게 낫지 않겠냐고 그러더라고요. 저도 그렇게 생각했습니다. 이렇듯 인구가 감소한 지자체에 대한 변화도 필요하지 않을까 생각합니다.

뉴스에서 75세 이상 운전자의 면허 반납에 대한 기사를 어렵지 않게 찾아볼 수 있습니다. 이걸 보며 나이 들고 신체 능력이 떨어지면 앞으로 내가 아픈데 병원을 운전해서 다니는 게 힘들 수 있겠다는 생각이 들더군요. 운전이 힘들면 걸어가거나 지하철이나 버스 같은 대중교통을 이용해야 합니다. 그러니까 나이가 많을수록 가까운 곳에 큰 병원이 하나 있어야 한다는 겁니다.

우리 집 근처에 종합병원도 있어야 하고 초등학생 엄청 많은 학교도 있어야 하고 이 두 개가 동시에 있으면 더 좋습니다. 답은 생각보다 쉽게 나옵니다. 만약 둘 다 힘들다면 교통이라도 좋아합니다. 대중교통으로 이용할 수 있는 곳이어야 합니다. 그러니 수도권에서는 큰 병원이 생기는 곳에 주목할 필요가 있습니다.

우리나라 톱 병원들을 선호하니 병원이 선택의 기준이 될 수 있습니다. 생각보다 병원 근처에 아파트 많은 동네가 없습니다. 서울대병원만 하더라도 주변에 아파트가 별로 없죠. 세브란스병원도 주변에 아파트 많이 없습니다. 주변 시설을 갖추고 있는데 아파트가 없는 동네라면 빨리 재개발을 해서 우리 동네를 아주

수도권 대형병원 현황

대학병원 분원 설립 추진 현황

- 아주대병원 경기 평택·파주
- 을지대병원 경기 의정부 (2021년 개원)
- 인하대병원 경기 김포
- 서울아산병원 인천 청라
- 중앙병원 경기 광명 (2022년 개원)
- 가천대길병원 송파 위례
- 연세의료원 인천 송도
- 서울대병원 경기 시흥
- 고대 의료원 경기 과천·남양주
- 한양대병원 경기 안산

병원	의사	병상
서울아산병원	1,717	2,764
서울대병원	1,604	1,803
연세세브란스병원	1,443	2,462
삼성서울병원	1,399	1,981
서울성모병원	896	1,370
분당서울대병원	808	1,335

2024년 부동산 투자 관점

인구감소	학령인구 유지	병품아
교통	아파트로 가득	갭투자 노노

인기 있는 동네로 만들어야 하고 아닌 동네라면 병원을 유치해서 더 좋은 동네로 만들면 됩니다.

6개 조합이 중요합니다. 인구 감소, 학령인구가 유지되는 동네, 병원이 있는 병품아 아파트, 편리한 교통, 아파트가 모여 있는 곳, 갭투자보다는 실거주로 접근할 방법을 찾는 편이 좋겠습니다. 이런 조건을 놓고 투자처도 골라보고 현재 가진 자산도 평가해보면서 좋은 판단을 내리셨으면 좋겠습니다.

**2024 KOREA
FINANCIAL PLANNING
TRENDS**

2024년
재개발·재건축 옥석 가리기

김제경

투미부동산컨설팅 소장

재개발·재건축 투자에 관심을 가진 분들이 많습니다. 예전처럼 정비사업을
한다고만 하면 다 오르던 시기는 끝났다고 봅니다. 고금리, 건자재 인상으로
예전에는 가능했던 현장도 사업성이 떨어져서 위험한 곳들이 나오고 있습니
다. 앞으로는 옥석 가리기가 중요합니다. 사업성을 체크하고 리스크를 고려
해 현명하게 투자하는 방법을 알려드리겠습니다.

정비사업이라고 하면 좀 막연한 감이 있습니다. 좋다고는 들었는데 투자해도 되나 안 되나 싶죠. 또 정비사업 이슈를 항상 접하다 보면 사건 사고들도 많은 것 같아요. 또 내가 재개발 투자를 하려고 결심하니 인근에서 뭐라고 하나요? "왜 그런 걸 사냐." "그거 잘못 샀다간 20년 물린다." "저 옆에 있는 동네도 10년째 아무것도 못 하고 있다." 이런 이야기를 듣다 보니 '이거 잘못 사면 큰일 나는 거 아닌가.'라는 생각들을 해요.

앞으로 정비사업은 계속 이슈가 될 것입니다. 정비사업에 투자하냐 안 하냐를 떠나서 준비가 되어 있어야 기회를 잡을 수 있습니다. 2024년 경제 전망이 엇갈리고 있죠. 여러분들은 내년 부동산 시장이 안 좋다고 가정했을 때 부동산 공부를 잘해놔야 합니다.

딱 1년 전으로 돌아가 봅니다. 비관론이 팽배했었죠. 둔촌주공 미분양 이슈가 있었죠. 저는 둔촌주공이 대장 단지에다 이만한 가격이 나오기 어려우니 받아야 한다고 주장했는데 엄청난 비난을 받았습니다. 결과는 말을 안 해도 아시죠. 당시 주요 입지의 신축 아파트가 가치 있다는 확신만 있었으면 투자하는 겁니다.

저 역시도 비관론이 팽배한 1월에 두 채 더 투자했습니다. 제일 바닥일 때 잡았다는 제 자랑을 하려는 게 아닙니다. 당시에는 상반기 좀 더 떨어지더라도 이 정도 가는 있다고 보기 때문에 투자를 결심했던 겁니다.

시장에 대한 전망은 각자 생각하는 게 다를 거예요. 투자가 성공했는지 실패했는지 아무도 책임져주지 않습니다. 결국 준비된 자만이 투자를 결심하고 실행할 수 있습니다. 아무런 공부 없이 부정적인 생각만 하면 답이 없습니다.

부동산 시장이 좋든 나쁘든 돈을 버는 시장은 항상 있었습니다. 단적으로 2008년 금융위기 당시 서울 수도권은 다 무너졌지만 지방 시장은 그때 돌았었거든요. 모든 시장이 다 무너지지 않습니다. 주식 역시 진짜 곡소리 나오는 장에서도 올라가는 주식 종목이 있는 것처럼, 투자 기회는 분명히 옵니다.

재개발·재건축이 어렵고 복잡한 것은 사실입니다. 2024년은 더 어려울 거예요. 왜일까요? 예전에는 재개발한다 재건축한다 말만 돌아도 가격이 다 올랐습니다. '재개발 예정지 추진'이라는 말만 돌아도 가격대가 1~2억 원씩 뛰어올랐고, '안전진단 통과' 현수막이 걸리는 순간 가격대가 또 올라갑니다. 그런데 지금은 달라졌습니다. 안전진단을 통과해도 가격이 안 올라가요, 분명 호재인데 왜 안 움직일까요?

재개발·재건축이 모두 돈을 번다는 것은 틀렸습니다. 돈 버는 현장과 돈을 못 버는 현장을 구별하는 게 중요합니다. 사업성과 정비사업 현장에 대해 한번 이야기해보겠습니다.

재건축과 재개발의 차이 알기

정비사업에 투자할 때 우선 정비사업에 대한 기준을 잡아야 합니다. 노후 불량 주거지를 멸실시키고 신축 아파트를 짓는 게 재개발, 아파트를 허물고서 신축 아파트를 짓는 게 재건축, 95%는 이 정도로 구별할 수 있습니다. 한데 세밀한 5%의 차이가 있습니다.

재개발과 재건축 비교

재개발	재건축
정비기반이 열악 노후불량건축물이 밀집 단독, 다가구 주택지역	정비기반시설이 양호 노후불량건축물이 밀집 아파트

도시 및 주거환경정비법

제2조(정의) 이 법에서 사용하는 용어의 뜻은 다음과 같다. 〈개정 2017. 8. 9., 2021. 1. 5., 2021. 1. 12., 2021. 4. 13., 2023. 7. 18.〉

1. "정비구역"이란 정비사업을 계획적으로 시행하기 위하여 제16조에 따라 지정·고시된 구역을 말한다.

2. "정비사업"이란 이 법에서 정한 절차에 따라 도시기능을 회복하기 위하여 정비구역에서 정비기반시설을 정비하거나 주택 등 건축물을 개량 또는 건설하는 다음 각 목의 사업을 말한다.

   가. 주거환경개선사업: 도시저소득 주민이 집단거주하는 지역으로서 정비기반시설이 극히 열악하고 노후·불량건축물이 과도하게 밀집한 지역의 주거환경을 개선하거나 단독주택 및 다세대주택이 밀집한 지역에서 정비기반시설과 공동이용시설 확충을 통하여 주거환경을 보전 정비 개량하기 위한 사업

   나. 재개발사업: 정비기반시설이 열악하고 노후·불량건축물이

밀집한 지역에서 주거환경을 개선하거나 상업지역 공업지역 등에서 도시기능의 회복 및 상권활성화 등을 위하여 도시환경을 개선하기 위한 사업. 이 경우 다음 요건을 모두 갖추어 시행하는 재개발사업을 "공공재개발사업"이라 한다.

다. 재건축사업: 정비기반시설은 양호하나 노후·불량건축물에 해당하는 공동주택이 밀집한 지역에서 주거환경을 개선하기 위한 사업. 이 경우 다음 요건을 모두 갖추어 시행하는 재건축사업을 "공공재건축사업"이라 한다.

「도시 및 주거환경정비법」에 재개발과 재건축의 정의를 찾아보겠습니다. 노후 불량 건축물이 밀집한 곳이라는 것은 공통점입니다. 도시 기반시설이 열악한 게 재개발, 도시 기반시설이 양호한 것은 재건축이라고 하고 있습니다.

예를 들어보겠습니다. 압구정 현대아파트는 건축물이 낡고 오래되었지만 기반시설이 부족하다고 말하는 사람들은 없을 겁니다. 3호선 압구정역과 수인·분당선 압구정로데오역, 갤러리아백화점과 현대백화점, 동호대교와 성수대교를 끼고 있고, 학군은 말할 것도 없죠. 이렇다 보니까 누구나 원하는 곳인데 아파트가 오래됐습니다.

한남뉴타운은 어떤가요? 한남동 하면 부촌의 상징처럼 느껴

지지만 한남뉴타운 쪽은 다릅니다. 이태원역 뒤쪽 단독주택촌과 한남더힐, 유엔빌리지, 나인원한남 쪽은 비싸지만 한남뉴타운 쪽은 밤에 가기 무서울 정도입니다. 하지만 지도에서 보는 입지는 더할 나위 없이 좋습니다. 이 구역을 싹 밀고 아파트가 들어선다면 좋아지겠다는 생각이 듭니다.

재개발과 재건축의 차이를 아시겠나요? 첫 번째, 기반시설이 열악하냐 양호하냐에 대한 차이점입니다. 더 공부하다 보면 재건축보다 재개발 기회가 좀 더 많습니다. 압구정, 여의도, 동부이촌동, 목동 등 누가 봐도 좋은 동네에 신축 아파트가 들어서면 더 좋아지겠다는 것은 눈에 그려집니다. 예상하기 쉬우니까 사람들이 들어가겠죠. 반면 재개발은 '그 동네가?'라고 생각되는 곳이 많습니다. 한남뉴타운이라는 쉬운 케이스로 예를 들었지만, 실제 재개발은 진짜 쓰러져가야 정비가 됩니다.

재개발과 재건축 비교

구분	재건축 사업	재개발 사업
초과이익환수제	O	×
~~거주조건~~	~~O~~	~~×~~
조합원지위 양도 금지	조합설립 인가 후	관리처분 인가 후

※ 재개발 조합원 전매금지: 2018년 1월 24일 이후 사업시행인가를 신청하는 조합부터 적용
※ 재건축 거주 요건: 2021년 7월 21일 국회 국토교통위원회에서 백지화 결정

두 번째 차이점, 규제가 다릅니다. 재개발·재건축마다 규제가 정말 많아요. 대표적인 규제 중 하나가 재건축 초과이익환수제(재초환)를 들 수 있습니다. 재초환은 재건축만 대상이지 재개발은 대상이 아닙니다. 왜일까요? 재개발에는 공공성이 있기 때문입니다.

재건축 초과이익환수제가 앞으로 재건축의 발목을 크게 잡을 겁니다. 그럼 어떻게 해야 할까요? 이 규제를 피하는 곳으로 가면 됩니다.

첫 번째 키워드, 2017년 12월 31일까지 최초 관리처분 인가 신청을 한 정비사업 지역은 재건축 초과이익환수제 대상이 아닙니다. 이런 데 좋은 거 알지만 다 비싸다고 생각하죠. 그러나 정비사업의 규제 차이를 이용하다 보면 기회가 있습니다.

조합원지위 양도 금지 규정도 차이가 있습니다. 재건축은 조합 설립 인가로부터 소유권 이전 등기 시까지, 재개발은 관리처분 인가로부터 소유권 이전 등기 시까지 조합원지위 양도 금지입니다. 이는 투기과열지구를 대상으로만 합니다.

정말 중요한 팁입니다. 여러분이 투자할 데가 없다고 하는 것은 시장에 관심을 잘 안 가져서 그렇습니다. 이런 규제가 투자자들, 이제 진입하려는 사람들 입장에서는 기회를 만들어줍니다. 단적으로 반포주공 1단지 3주구는 재건축 초과이익환수제에 걸

재건축 초과이익환수제

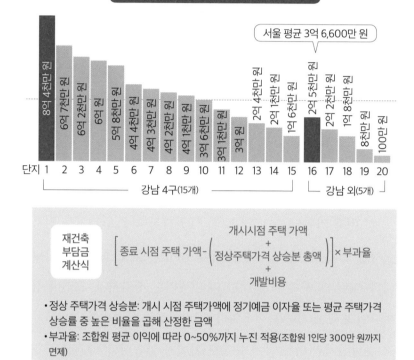

재건축 단지에 부과될 부담금 시뮬레이션 결과

서울 평균 3억 6,600만 원

단지 1: 8억 4천만 원
2: 6억 7천만 원
3: 6억 2천만 원
4: 6억 원
5: 5억 8천만 원
6: 4억 4천만 원
7: 4억 3천만 원
8: 4억 2천만 원
9: 4억 1천만 원
10: 3억 6천만 원
11: 3억 1천만 원
12: 3억 원
13: 2억 4천만 원
14: 2억 1천만 원
15: 1억 6천만 원
16: 2억 5천만 원
17: 2억 2천만 원
18: 1억 8천만 원
19: 8천만 원
20: 100만 원

강남 4구(15개) ——— 강남 외(5개)

재건축
부담금
계산식

$$\left[\text{종료 시점 주택 가액} - \left(\begin{array}{c}\text{개시시점 주택 가액}\\ +\\ \text{정상주택가격 상승분 총액}\\ +\\ \text{개발비용}\end{array}\right)\right] \times \text{부과율}$$

• 정상 주택가격 상승분: 개시 시점 주택가액에 정기예금 이자율 또는 평균 주택가격 상승률 중 높은 비율을 곱해 산정한 금액
• 부과율: 조합원 평균 이익에 따라 0~50%까지 누진 적용(조합원 1인당 300만 원까지 면제)
• 개시시점: 조합설립추진위원회 설립 승인일
• 종료시점: 재건축 준공인가일

자료: 2018년 국토교통부

리는데 반포주공 1단지 1, 2, 4주구는 피했습니다. 가격 차이가 10억 원 넘게 나죠. 똑같이 서초구라 하더라도 차이가 있다는 겁니다. 방배 5구역, 6구역, 13구역, 14구역의 공통점이 뭐죠? 재건축 초과이익 환수제를 피한 곳이라는 겁니다. 그런데 방배 5구

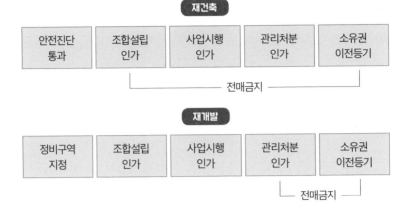

정비사업 조합원 지위 양도 금지 기간(현행)

재건축

안전진단 통과	조합설립 인가	사업시행 인가	관리처분 인가	소유권 이전등기

전매금지

재개발

정비구역 지정	조합설립 인가	사업시행 인가	관리처분 인가	소유권 이전등기

전매금지

※ 투기과열지구 대상, 2018년 1월 24일 전 최초 사업시행인가 신청 재개발 조합은 전매금지 미적용

역과 6구역은 어마어마하게 비싸고 물건도 없습니다. 전매 금지 요건에 걸려서 거래할 수 있는 물건이 없기 때문입니다.

전매 금지 규제를 피할 수 있는 예외 사항이 있습니다. 대표적인 게 1세대 1주택자로서 10년 보유 5년 거주를 한 사람들은 피할 수 있어요. 또 조합 설립 인가로부터 3년 내에 사업시행 인가 신청을 안 한 조합, 사업 시행 인가로부터 3년 내에 착공을 안 한 조합, 착공부터 3년 내에 준공이 안 난 조합은 예외적으로 거래를 할 수 있어요. 소유자가 최소 3년 이상 보유했었을 때 거래할 수 있습니다.

방배 5구역, 6구역은 다 착공했죠. 방배 5구역 청약이 나오기를 기다리시는 분들도 있을 겁니다. 그런데 방배 13구역과 14구역은 이주 철거 중입니다. 그렇다 보니 착공하기 전까지가 전매할 기회죠. 그렇다 보니까 유일무이하게 방배 13구역, 14구역은 급매물이 있어요. 급매물 매매 금액이 17억~18억 원 정도인데, 강남이잖아요. 강남을 아는 사람이라면 이런 기회를 잡는 것입니다.

한남 3구역도 한때 급매물들이 쏟아졌었습니다. 전매 금지 직전에 15억~16억 원으로 투자할 수 있는 33평 매물들이 있었어요. 그때 기회를 못 잡은 사람들은 후회하죠. 지금은 다 20억이 넘어갑니다. 한남 3구역이 제일 큰데 여기 매물들이 잠겨버리니까 나머지 2구역, 4구역, 5구역에도 물건 희소성이 높아집니다.

이번에는 송파구 마천 4구역을 이야기해보겠습니다. 관리처분 총회를 했고 2024년 상반기면 인가가 날 예정이에요. 그래서 급매물들이 나오는데 7억~6억 선 투자 금액으로 가능합니다. 마천 1구역, 3구역도 조합 설립 인가가 났는데 여기도 7억~8억 원 합니다. 지금 관리처분을 앞두고 있는 물건이 더 싸다는 게 포인트입니다. 마천 4구역은 디에이치(THE H)로 들어갔고, 1만 2천~3천 세대 대단지로 싹 정비됩니다. 그래도 송파구인데 위례보다 비싸지지 않을까요? 그런 틈새시장을 노리면 기회가 있

사업진행단계

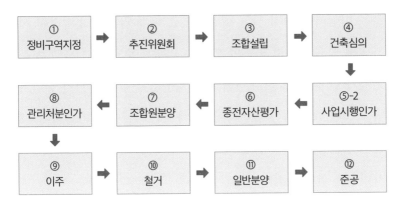

다는 겁니다.

정비사업 투자 시 절차를 간단하게 살펴보겠습니다. 이때 조합 설립 인가, 사업 시행 인가, 관리 처분 인가 딱 세 개 키워드를 잡아가야 합니다.

조합 설립 인가로부터 사업 시행 인가까지 보통 2~3년 걸리고, 사업 시행 인가로부터 관리 처분 인가까지 2~3년, 사업 시행 인가로부터 이주 및 철거하는 데 2년, 착공하면 준공까지 3년 정도로 시간을 잡습니다. 조합 설립 인가로부터 완공까지 적어도 10년이 걸린다는 겁니다. 변수가 있으면 플러스알파로 더 걸립니다.

이 이야기를 하는 이유는 나의 라이프 사이클에 맞춰서 투자하라고 말씀드리고자 하는 겁니다. 부동산 사장님이, 조합장이 하는 이야기를 믿지 말고 실질적으로 내가 입주를 희망하는 시간대를 맞춰보세요. 5~6년 안에는 입주해야 한다면 관리 처분 인가가 난 걸 사야 하고, 3년 안에 입주하고 싶다면 철거 중이거나 착공한 데를 가야 합니다. 물론 빠르면 빠를수록 비쌉니다. 그래서 좋은 입지에 싼 데를 찾으면 조합 설립 인가보다도 더 전에 가버리는 일이 생깁니다.

재개발·재건축을 비교했을 때 재개발이 더 오래 걸린다는 인식이 있어요. 조합 설립 인가 이후로는 속도도 비슷하고 절차도 비슷합니다. 그런데 재개발은 조합 설립 인가가 진짜 오래 걸려요. 상대적으로 주민들이 정비사업에 대한 이해도가 떨어지는 경우가 많기 때문입니다. 또한 분담금 문제가 생기는 경우도 많고요. 그러니 조합 설립 인가도 안 난 곳들이 갈 때는, 특히 재개발은 더욱 조심해야 합니다.

재개발·재건축 투자 시 유의사항

재개발·재건축 투자를 할 때 어떤 거를 유의해야 할까요? 재개발도 재건축도 그렇고 기술도 중요하지만 정론을 알아둬야 합니다. 다음 세 가지가 중요합니다.

1. 사업성

2. 입지

3. 분담금 납부 능력

　내가 관심 있는 지역, 내가 조합원인 지역이 셋 중 하나라도 충족이 안 되면 정비사업은 엎어집니다. 청사진을 아무리 그려 봐도 안 됩니다. 조금 애매한데 하면 빨리 팔고 갈아타시기를 추천합니다. 하나씩 설명해보겠습니다.

　그전에 왜 옥석 가리기를 해야 하는지 알아봅시다. 재개발과 재건축 규제가 생각보다 많이 풀려 왔습니다. 자세한 사항은 다음 페이지 재개발 정책 흐름표를 봐주세요. 6대 정비사업 규제 완화, 신속통합기획, 모아주택 등이 있었죠. 2022년 12월 안전진단 합리화 방안도 나오면서 안전진단 통과도 쉬워집니다. 모아타운, 신통부지에 선정된 곳만 해도 100군데가 넘어가고, 안전진단 통과도 많아졌습니다. 그러다 보니 이제 실질적으로 정비사업 추진 동력이 있느냐 없느냐를 따져봐야 하는 겁니다.

재개발 정책 흐름표

2020년

2월 20일 — 2·20대책

5월 6일 — 5·6대책
공공재개발 발표

6월 17일 — 6·17대책
재건축 2년
실거주 요건 발표

7월 10일 — 7·10대책
취득세 강화

8월 4일 — 8·4대책
공공재건축
발표

9월 21일 — 공공재개발
후보자 모집 공고

11월 3일 — 공시가격
현실화
계획발표

12월 9일 — 변창흠
국토부장관
취임

2021년 상반기

1월 15일 — 공공재개발 1-1차 지정
(공동시행자방식)

2월 4일
2·4대책
직접시행자방식 발표

2월 5일 — 서울역 쪽방촌 지정
(공공주택특별법)

2월 24일
3차신도시 추가지정
(광명·시흥)

3월 29일 — 공공재개발1-2차 지정
(공동시행자방식)

3월 31일
도심공공주택
복합사업 1차 지정

4월 7일 — 서울시장 선거
오세훈 당선
공공재건축
선도사업 발표
(공동시행자방식)

4월 14일
도심공공주택
복합사업 2차 지정

4월 22일 — 서울시
토지거래
허가구역 지정
(성수, 여의도, 압구정, 목동)

5월 12일
도심공공주택
복합사업 3차 지정

5월 14일 — 노형욱 국토부장관 취임

5월 26일
서울시 6대
재개발 규제 완화
(주거 정비지수제 폐지)
도심공공주택 복합사업
4차 지정

6월 10일
서울시 토지거래
허가구역 재지정
(삼성, 청담, 대치, 잠실)

6월 9일
서울시/국토부
정비사업 전매금지
강화 발표

6월 16일
2·4대책
현금청산 기준
변경 발표

6월 23일
도심공공주택
복합사업
5차 지정

6월 29일
2·4대책
현금청산 기준 변경
(국회 본회의 의결)

8월 7일
도심공공주택
복합사업
6차 지정

10월 28일
도심공공주택
복합사업 7차 지정

12월 28일
신통기획
1차 발표

12월 30일
공공재개발
2차 공모

1월 13일
서울시 모아주택
발표

1월 24일
서울시 신통후보지
37곳 토지 거래
허가구역 지정

1월 26일
도심공공주택
복합사업 8차 지정

3월 3일
서울시 2040
도시기본계획
발표

3월 9일
제20대
대통령 선거
윤석열 당선

5월 16일
원희룡
국토부장관
취임

6월 1일
제8회 전국동시
지방선거
오세훈 당선

6월 21일
서울시 모아주택
1차 지정
분양가상한제 개편

8월 16일
8·16대책
270만 호 공급공약

8월 26일
공공재개발
2차 지정
(공동시행자방식)

10월 13일
1차 신도시
정비 방침 발표

10월 21일
모아주택
2차 지정

12월 30일
신통기획
2차 발표

용도지역

구분		건폐율				용적률		
주거지역	전용 제1종	70% 이하	50% 이하	50% 이하	500% 이하	50~100% 이하	100% 이하	
	전용 제2종		50% 이하	40% 이하		100~150% 이하	120% 이하	
	일반 제1종		60% 이하	60% 이하		100~200% 이하	150% 이하	
	일반 제2종		60% 이하	60% 이하		150~250% 이하	200% 이하	
	제3종		50% 이하	50% 이하		200~300% 이하	250% 이하	
	준주거		70% 이하	60% 이하		200~500% 이하	400% 이하	
상업지역	중심산업	90% 이하	90% 이하	60% 이하	1,500% 이하	400~1,500% 이하	1,000% 이하 / 800% 이하	
	일반산업		80% 이하			300~1,300% 이하	800% 이하 / 600% 이하	
	근린산업		70% 이하			200~900% 이하	600% 이하 / 500% 이하	
	유통산업		60% 이하			200~1,100% 이하	600% 이하 / 500% 이하	
공업지역	전용공업	70% 이하	70% 이하	60% 이하	400% 이하	150~300% 이하	200% 이하	
	일반공업					200~350% 이하	200% 이하	
	준공업					200~400% 이하	400% 이하	
녹지지역	보전녹지	20% 이하	20% 이하	20% 이하	100% 이하	50~80% 이하	50% 이하	
	생산녹지					50~100% 이하		
	자연녹지					50-100% 이하		

(상업지역 용적률 우측: 서울특별시 기준)

첫 번째, 사업성은 보통 용적률로 많이 이야기합니다. 용도지역이 중요하죠. 현재 용적률은 낮을수록 좋고 미래에 받을 수 있는 용적률은 높을수록 좋습니다. 이거는 꼭 재개발·재건축을 떠나서 일반 부동산 투자에도 적용됩니다.

아파트와 주상복합을 비교해보죠. 신축일 때는 가격대가 비슷하다가 5년 차를 넘어가고 10년 차를 넘어가면 가격 격차가 벌어집니다. 용적률 때문입니다. 아파텔도 마찬가지입니다. 용적률 때문에 아파트보다 저렴합니다.

주상복합 사례를 보겠습니다. 타워팰리스 용적률은 923%입니다. 재건축은 불가능에 가깝죠. 물론 1인당 분담금 10억 원씩

주상복합 사례: 타워팰리스

내서 일대일 재건축을 하면 가능할 수도 있습니다. 그런데 '굳이?'라는 생각이 들죠. 타워팰리스는 그래도 상징성을 가지고 있지만 이런 상징성을 못 가지고 있는 주상복합들은 10년 차 넘어가면 아파트와 가격대가 확 벌어집니다. 오피스텔도 마찬가지입니다. 사업성이 안 나오니까 그렇습니다.

상계주공5단지 관련해 분담금 5억 폭탄이 나왔다는 뉴스가 나옵니다. 사업성과 관련해 한번 이야기해보겠습니다. 1980년도에 강남, 여의도 등에 조성된 단지를 0기 신도시라고 부르면 목동, 상계동, 중계동 일대를 0.5기 신도시라고 부릅니다. 이런 0.5기 신도시 가운데 상계동, 중계동은 솔직히 말해서 베드타운

상계동, 중계동 일대 용적률

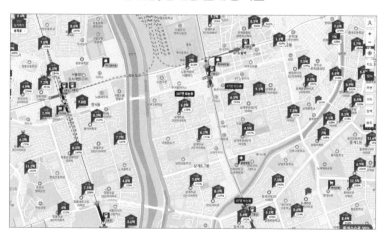

대지지분 비교

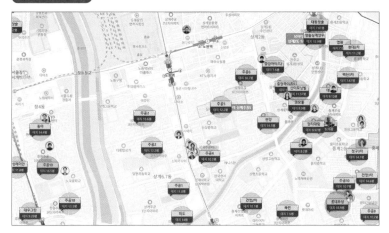

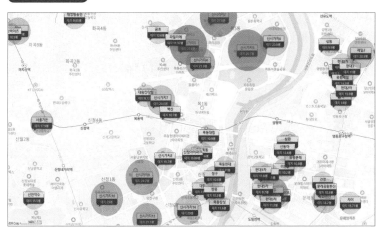

성격으로 조성된 게 사실입니다. 그렇다 보니까 중층 재건축의 상징이죠. 상계주공5단지는 5층짜리인데, '5층짜리는 사업성 좋은 거 아니야?'라고 생각하면 안 됩니다.

용적률은 프롭테크 사이트에서 확인해볼 수 있습니다. 상계동, 중계동 일대 용적률은 대부분 200% 전후입니다. 그러면 대지지분은 어떨까요? 비교를 위해 먼저 목동 신시가지를 보겠습니다. 똑같은 1980년대 아파트인데 목동은 용적률도 100%대 초반에다가 평균 대지지분도 20평이 훌쩍 넘어갑니다. 그러니까 목동은 사업성이 좋다고 합니다. 반면 상계주공의 대지지분은 10평 초반이 대부분입니다. 상계주공5단지는 12평입니다. 그러니까 사업성이 떨어지는 거죠. 대지지분이 부족하다 보니까 일반 분양 세대 수가 없고 분담금 폭탄을 맞는 겁니다.

상계주공5단지의 용적률은 93%인데 재건축 시 299%로 최대한 꽉꽉 눌러 담았어요. 200%나 용적률이 높아졌는데 왜 문제일까요? 주택 유형 때문입니다. 1.5룸이라 본인 평수를 늘리는 데 용적률을 쓴 겁니다. 건축 계획을 보면 996세대로 늘어납니다. 공공분양이 156세대, 분양주택이 840세대입니다. 그러나 종전 840세대라서 일대일 재건축이나 다름없습니다. 일반 분양을 만들려고 하면 어떻게 해야 했을까요? 30평대가 아닌 20평대로 만들면 일반 분양이 나왔을 겁니다. 하지만 주민들은 다른 선

상계주공5단지 정보

단지 정보　서울시 건축물 대장 정보 ⟩

단지 정보			
세대수	840세대(총19개동)	저/최고층	5층/5층
사용승인일	1987년 11월 17일	총주차대수	340대(세대당 0.4대)
용적률	93%	건폐율	19%
건설사	대한주택공사		
난방	개별난방, 도시가스		
관리사무소	02-931-1005		
주소	서울시 노원구 상계동 721 도로명 서울시 노원구 동일로216길 47		
면적	37㎡		

재건축 정보

사업단계	구역지정	선정시공사	-
예상세대수	996세대	예상배정면적	-
예상용적률	299%	추진회/조합전화	-

단지 내 면적별 정보

37㎡

공급/전용	37.38㎡/31.98㎡(전용률 86%)
방수/욕실수	1개/1개
해당면적 세대수	840세대
현관구조	계단식

택을 한 거죠.

분당이나 일산도 비슷한 경우를 볼 수 있습니다. 평균 대지지분은 높을 수 있어도 대형 평수가 높은 거지 소형 평수가 많으면 분양 세대 수가 안 나오는 겁니다. 소형 평형이 너무 많은 재건축 단지들은 난항이 있을 수 있음을 생각해야 합니다.

「노후계획도시 정비 및 지원에 관한 특별법」이 본회의를 통과했으니 2024년에 더 주목받을 텐데, 이것도 이해득실을 잘 따져봐야 합니다. 좋은 내용은 많아요. 대상지도 많습니다. 그런데 과연 청사진대로 잘 갈지가 문제입니다.

대표적인 케이스로 일산과 분당을 살펴보겠습니다. 지금 가격 격차가 큰데 왜 벌어졌을까요? 강남 접근성 문제도 있지만 100점짜리 답변은 도시 연담화입니다. 분당 일대는 개발할 데가 없어요. 강남부터 쫙 내려왔을 때 빈 땅이 없고, 더 내려가면 동탄까지 개발할 만한 땅이 없습니다. 주변 신축이 비싸니 일대일 재건축을 해서라도 정비사업을 진행할 수도 있다는 겁니다.

반면 일산은 주변에 개발할 데가 많습니다. 파주 운정, 검단 한강, 3기 신도시 창릉, 대곡 역세권 등 크고 작은 택지 개발 지역이 많습니다. 심지어 농지도 많죠. 인근 신도시에 4억~5억에 분양하고 있는데 분담금 5억 내면서 정비사업이 될까요? 안 될 겁니다. 물론 일산도 다 같은 일산이 아닙니다. 킨텍스 주변은 GTX A도 곧 개통할 테니 그 와중에서 사업성 좋은 일산의 재건축 단지들도 있어요. 그런 특수성을 잘 찾아보면 역발상 기회를 잡을 수도 있을 겁니다.

「노후계획도시 특별법」의 혜택을 받는 곳은 어디가 될까요? 이주 대책 문제도 있고 집값 자극이 될 수 있다는 이야기도 많으니까요. 제가 봤을 때는 역세권만 인센티브를 줄 가능성이 높습니다. 이미 서울에서 보이는 모습이죠. 역세권에서는 용적률 인센티브를 많이 주지만 비역세권에선 안 됩니다.

그러니까 투자할 때 「노후계획도시 특별법」만 믿고 투자한다

래미안 원 펜타스(위)와 청담 르엘(아래)

면 하수입니다. 특별법이 없이도 정비사업이 진행될 수 있는 지역을 공부해서 투자해야 합니다. 앞에서 본 것처럼 분당은 가능성이 높겠죠. 일산이 안 된다는 게 아닙니다. 신축 아파트와 비교했을 때 사업성이 좋으면 가능한 겁니다. 비관론이 팽배해 있을 때 저평가된 단지를 찾을 수 있습니다. 착각하면 안 되는 게 저평가와 싼 거는 구별해야 합니다. 비관론에서 옥석을 가려내서 가려서 투자 대상을 찾아야 합니다.

신반포 15차 재건축 래미안 원 펜타스는 일반 분양이 300세대도 안 됩니다. 청담삼익 재건축 청담 르엘 역시 일반 분양이 200세대도 안 됩니다. 앞선 사례와 다르죠. 일반 분양을 적게 해도 분양가가 다르기 때문입니다. 강북에서 500세대 분양한 것보다 지방에서 1천 세대 분양한 것보다 여기가 분양 수입이 더 좋을 수 있습니다.

입지와 사업성을 따졌을 때 분담금을 많이 내더라도 고급화를 원하는 사람이 많다면 정비사업은 진행될 수 있습니다. 동부이촌동 래미안 첼리투스의 경우 일대일 재건축으로 진행되기도 했고요. 이런 부분까지 따져봐야 합니다.

강남구 대지지분

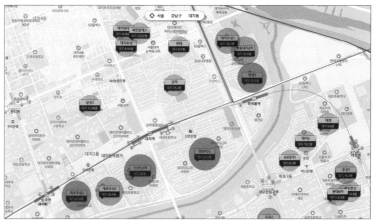

은마아파트 관련 기사

강남 쪽 재건축에서 대지지분 30평짜리는 끝났습니다. 20평의 시대예요. 그런데 은마 아파트가 15평이다 보니 사업성이 애매하다고 합니다. 예상 분양가 평당 7,700만 원이라 만약 30평대로 이동한다면 분담금이 4억, 더 키우겠다면 7억을 넘을 거라는 예상이 나옵니다. 하지만 청사진과 실제 분담금의 차이는 항상 나옵니다. 그러면 대지지분 15평도 쉽지 않겠죠.

그런데 특이점이 있습니다. 바로 상가입니다. 재건축은 상가 동을 조합 정관에 의해서 1 이하로도 정할 수 있습니다. 은마아파트가 0.1로 합의했습니다. 그래서 쪼개기된 상가들도 아파트를 받을 수 있어요. 그렇게 되면 일반 분양이 많이 적어지겠죠.

노량진 1구역 시공사 유찰 기사

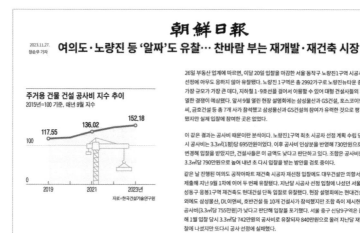

朝鮮日報

2023.11.27.
장순우 기자

여의도·노량진 등 '알짜'도 유찰… 찬바람 부는 재개발·재건축 시장

주거용 건물 건설 공사비 지수 추이
2015년=100 기준, 매년 9월 지수

117.55 · 136.02 · 152.18
(2019 · 2021 · 2023년)
자료=한국건설기술연구원

26일 부동산 업계에 따르면, 이달 20일 입찰을 마감한 서울 동작구 노량진1구역 시공사 선정에 아무도 응하지 않아 유찰됐다. 노량진1구역은 총 2992가구로 노량진뉴타운 중 가장 규모가 가장 큰 데다, 지하철 1·9호선을 걸어서 이용할 수 있어 대형 건설사들의 치열한 경쟁이 예상됐다. 앞서 9월 열린 현장 설명회에는 삼성물산과 GS건설, 포스코이앤씨, 금호건설 등 총 7개 사가 참석했고 삼성물산과 GS건설의 참여가 유력한 것으로 평가됐지만 실제 입찰에 참여한 곳은 없었다.

이 같은 결과는 공사비 때문이란 분석이다. 노량진1구역 최초 시공자 선정 계획 수립 당시 공사비는 3.3㎡(1평)당 695만원이었다. 이후 공사비 인상분을 반영해 730만원으로 변경해 입찰을 받았지만, 건설사들은 이 금액도 낮다고 판단하고 있다. 조합은 공사비를 3.3㎡당 790만원으로 높여 내년 초 다시 입찰을 받는 방안을 검토 중이다.

같은 날 진행된 여의도 공작아파트 재건축 시공자 재선정 입찰에도 대우건설만 의향서를 제출해 지난 9월 1차에 이어 두 번째 유찰됐다. 지난달 시공사 선정 입찰에 나섰던 서울 성동구 응봉1구역 재건축도 현대건설 단독 입찰로 유찰됐다. 현장 설명회에는 현대건설 외에도 삼성물산, DL이앤씨, 호반건설 등 10개 건설사가 참석했지만 조합 측이 제시한 공사비(3.3㎡당 755만원)가 낮다고 판단해 입찰을 포기했다. 서울 중구 신당9구역은 올해 1월 입찰 당시 3.3㎡당 742만원의 공사비로 유찰되자 840만원으로 올려 지난달 재입찰에 나섰지만 또다시 공사 선정에 실패했다.

이게 재건축 사업을 가로막는 악의 축입니다. 사실 당시는 이게 당위성이 있고 다수의 횡포를 막으라고 만든 건데 오히려 소수가 갑질을 하는 게 되어버렸죠. 과도하게 쪼갠 상가는 규정을 박탈할 필요도 있다고 봅니다. 개인적으로는 그게 아니면 이게 재건축 사업이 못 갑니다.

무엇보다 공사비가 다 올랐어요. 평당 공사비가 2년 전만 해도 300만~500만 원 선이었는데 지금은 기본 700만~800만 원이라고 합니다. 노량진 1구역이 시공사 선정이 유찰됐어요. 노량진 1구역은 약 3천 세대 가까이 됩니다. 노량진뉴타운의 대장이에요. 공사비가 700만 원 중반이었는데 이 공사비로도 힘들다는 거죠. 이제 사실상 평당 800만 원이 기본이 될 가능성이 큽니다.

공사비 인상을 감당할 수 있는 조합만 제대로 진행될 수 있습니다. 일반 분양가로 공사비가 전가가 안 되면 조합원이 부담하는 분담금이 높아집니다. 일반적으로 재개발·재건축을 할 때 예전에는 보통 3억~4억씩 분담금 내던 데가 지금은 4억~5억씩 내는 데가 늘어나고 있습니다. 사업성이 떨어지는 곳은 5억~6억이 표준이 될 수 있습니다. 이걸 부담을 못 하면 사업은 엎어지는 겁니다.

정비사업이 지연된다면

정비사업은 지연돼도 어떻게든 진행되는 줄 아는 사람들이 많습니다. 과연 그럴까요? 「도시정비법」 제20조에 정비구역 등의 해제에 대한 내용이 나옵니다.

도시 및 주거환경정비법

제20조(정비구역등의 해제) ① 정비구역의 지정권자는 다음 각 호의 어느 하나에 해당하는 경우에는 정비구역등을 해제하여야 한다.

<개정 2018. 6. 12〉

1. 정비예정구역에 대하여 기본계획에서 정한 정비구역 지정 예정일부터 3년이 되는 날까지 특별자치시장, 특별자치도지사, 시장 또는 군수가 정비구역을 지정하지 아니하거나 구청장등이 정비구역의 지정을 신청하지 아니하는 경우

2. 재개발사업·재건축사업[제35조에 따른 조합(이하 "조합"이라 한다)이 시행하는 경우로 한정한다]이 다음 각 목의 어느 하나에 해당하는 경우

   가. 토지등소유자가 정비구역으로 지정·고시된 날부터 2년이 되는 날까지 제31조에 따른 조합설립추진위원회(이하 "추진위원회"라 한다)의 승인을 신청하지 아니하는 경우

   나. 토지등소유자가 정비구역으로 지정·고시된 날부터 3년이 되는 날까지 제35조에 따른 조합설립인가(이하 "조합설립인가"라 한다)를 신청하지 아니하는 경우(제31조제4항에 따라 추진위원회를 구성하지 아니하는 경우로 한정한다)

   다. 추진위원회가 추진위원회 승인일부터 2년이 되는 날까지 조합설립인가를 신청하지 아니하는 경우

   라. 조합이 조합설립인가를 받은 날부터 3년이 되는 날까지 제50조에 따른 사업시행계획인가(이하 "사업시행계획인가"라 한다)를 신청하지 아니하는 경우

3. 토지등소유자가 시행하는 재개발사업으로서 토지등소유자가
   정비구역으로 지정·고시된 날부터 5년이 되는 날까지 사업시행
   계획인가를 신청하지 아니하는 경우

토지 등 소유자가 정비구역 지정 고시된 날로부터 2년 만에 추진위원회 승인 신청 안 하면 정비구역 해제, 추진위원회 승인으로부터 2년 안에 조합 설립 인가 신청을 하지 않으면 정비구역 해제, 조합 설립 인가로부터 3년 내에 사업시행 인가 신청을 하지 않으면 해제입니다.

왜 처음 들어보는 사람이 많을까요? 부칙에 해당 규정이 2012년 이후로 정비 계획이 수립되는 곳들부터 적용된다고 적혀 있기 때문입니다. 그래서 예전에 하던 사업장들은 대부분 오래 걸려도 그냥 진행됐습니다.

신규 사업 현장들은 지지부진하다 보면 엎어질 수가 있다는 것이고, 정비구역이 해제되면 프리미엄이 날아갈 수 있습니다. 옥석 가리기가 중요한 이유입니다.

주목해야 하는 것은 희소성=신축

2023년 중반이 되니 주요 신문사에서 주택 시장이 바닥을 찍었다고 합니다. 부동산을 사라는 기사가 나옵니다. 이제 중요한 것은 무엇을 사느냐죠. 재개발·재건축, 공공분양, 민간분양… 정리하면 신축이나 신축을 받을 권리입니다. 신축 아파트가 살아남는 장이 옵니다. 중장기적으로 봤을 때 살아남은 희소성이 있는 상품이 신축이라는 겁니다.

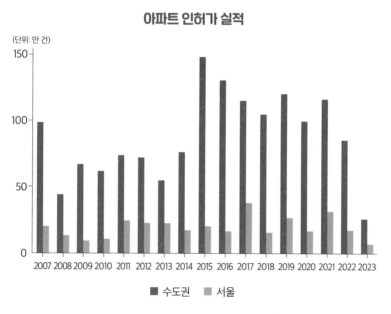

아파트 인허가 실적

(단위: 만 건)

자료: 통계청 KOSIS

공급량이 계속 줄어들고 있습니다. 당장도 문제지만 5년 뒤가 더 문제입니다. 인허가가 전년 동월 대비 3분의 1 수준입니다. 더 무서운 것은 인허가를 받아도 바로 실착공으로 이어지지 못하는 현장들이 과반수라는 점입니다. 공급 절벽이 오리라는 게 눈에 보입니다. 결국 '희소성'이라는 키워드가 중요합니다. 사람들이 원하는 곳이 어딘지, 여기에 신축이 얼마나 나올지 보면 정답은 나와 있습니다.

꾸준히 공부하고 옥석 가리기를 해서 대비해놔야 기회가 있을 때 잡을 수가 있습니다. 여러분의 투자를 응원하겠습니다.

PART 3

2024년
금융 투자

슈퍼개미 투자 철학,
2024년 투자 포인트

남석관
베스트인컴 회장

2024년 투자 포인트는 금리 인상 종료, 경기 회복에 대한 기대감, 반도체 수요 증가를 비롯해 AI 시장 확대로 요약됩니다. 물론 녹록지 않은 투자 시장이 될 것입니다. 이럴 때일수록 투자원칙이 중요합니다. 37년의 투자 경험을 통해 깨달은 '손실 없는 투자원칙' 알려드립니다.

저는 1천만 원으로 시작해 주식 투자로 큰돈을 번 전업 투자자입니다. 올해도, 내년에도 벌고 있습니다. 이제부터 제 투자 철학을 이야기 후 2024년 투자 포인트에 관해 말씀드리고자 합니다.

제가 실전투자대회에 2007년에 처음 나갔습니다. 환갑이 넘은 2021년에도 제가 대회에 나가서 1등을 했어요. 15년 정도 지나면 시장이 과거하고 다르거든요? 시장이 변하고 있어도 저는 꾸준하게 수익을 냈던 거예요.

워렌 버핏은 아흔이 넘어서도 투자 활동을 계속하고 있습니다. 일본의 투자자 고레카와 긴조는 62세에 주식으로 돈을 다 잃었어요. 그러다 2년 열심히 공부해서 우리 돈 3,500만 원으로

65세부터 투자해서 93세에 거의 1조 원 가까이 벌었습니다. 시작하기 늦었다고 탓할 게 아니라 제일 중요한 것은 공부하는 겁니다.

저도 매일 공부합니다. 이제부터 제 철학에 대해 먼저 이야기해보겠습니다.

선취매하라

주식 투자에서 손실을 보는 이유는 고점 매수 때문입니다. 가격이 계속 오르는 주식 종목을 추천받는다든지 해당 주식으로 돈을 벌었다는 이야기를 들으면, 무슨 회사인지 살펴보지도 않고 그래프 한 번 안 보고 매수하는 사람이 많습니다. 보통 고점 매수일 테니 그다음에 떨어집니다. 그러니 손해를 보는 거예요.

제 주식 투자의 철학은 '무조건 선취매'입니다. 올라가기 전에 미리 사는 게 제일 중요한 거거든요. 중장기 투자든 단기 투자든 트레이딩 투자든 마찬가지입니다. 당일 상한가 가기 전에 사는 것도 선취매이고 몇 개월 후에 올라갈 주식을 미리 사는 것도 선취매입니다. 주가는 무조건 쌀 때 사면 손해 볼 일이 상대적으로 적죠.

주식도 회귀본능이 있어요. 주식의 회귀본능은 원래 가격으로 되돌아가려는 성질입니다. 예를 들어서 1만 원짜리 종목이 어떤 이슈나 폭발적인 호재거리로 인해서 급등해도 원래 가격으로 되돌아가려고 해요. 그러기 올라가지 않은 주식을 사야 합니다. 이미 크게 올라간 주식을 사면 여러분이 총알받이가 되는 겁니다.

한 달 뒤에 좋은 뉴스가 있으면 그걸 쌀 때 미리 사야 하는 겁니다. 계절주 투자 같은 거죠. 여름 관련 주식은 봄에 사는 거고 겨울 관련 주식은 여름에 사는 거고. 하지만 이제 조금 식상하죠. 여러분은 뉴스나 신문 경제면을 훑어보고, 미국 주가를 살펴보고 어떤 주식이 올라갈까 공부해야 합니다.

주식은 저점에 있을 때, 쉽게 말하면 남들이 죽겠다 그럴 때 매수하는 겁니다. 누가 돈 벌었다고 했을 때 뛰어드는 게 아니에요. 2020년 3월 초에 주가가 폭락하기 시작했어요. 그때 다들 손 털고 나가니 코스피 지수가 1500포인트까지 떨어졌습니다. 그러다 코스피 지수가 2000포인트를 넘어서 3000포인트 가까이 올라간 2021년에 막 들어오는 거예요. 삼성전자를 '10만전자'라고 하면서 8만 원 후반~9만 원 초반에 산 사람도 있을 겁니다. 그리곤 몇 년 동안 고생하죠.

다시 말하지만 주가는 남들이 좋다 그럴 때 팔고 떠나는 겁니다. 그리고 남들이 죽겠다 그럴 때 다음에 올라갈 주식이 어떤 건지 공부하고 사면 실패할 일이 없어요. 그런데 거의 대부분 투자자가 반대로 하고 있기 때문에 손해 보는 거예요. 저점 매수, 고점 매도, 선취매, 이 세 가지를 기억하세요.

낙관적인 전망이 팽배할 때가 꼭지입니다. 2021년 상반기에 여의도에 근무하는 증권사 임원과 통화한 일이 있었습니다. 모든 사람이 주식 이야기를 한다는 거예요. 비슷하게 미국 월스트리트 격언에 "구두닦이가 주식 이야기를 하면 주식시장을 떠나라."라는 게 있습니다. 당시 어땠나요? 2021년 6월 코스피 지수 3300포인트를 정점으로 떨어지기 시작해서 2022년 10월에 2150포인트까지 떨어집니다. 최근 2600포인트까지 회복된 상태고요. 이렇듯 낙관적인 전망이 팽배할 때는 꼭지, 비관적인 전망이 나라를 뒤덮으면 바닥입니다.

가까운 예로 코로나19 때 이야기를 해보죠. 셧다운이 되면서 국제 유가가 엄청 떨어졌어요. 배럴당 서부 텍사스유나 브렌트유가 20달러 갔습니다. 2020년 3월에 코스피 지수가 1450포인트까지 내려갔는데 당시 전망이 1200포인트, 1100포인트까지 떨어진다고 유언비어가 돌았습니다. 이때가 바닥인 겁니다. 이걸 명심하면 크게 손해 볼 일은 없을 겁니다.

주식시장은 예측과 대응이다

주식시장은 예측과 대응입니다. 모두 내일은 주식이 오를 거라고 예측하고 사는 거거든요. 예측한 대로 다 오르면 모두가 부자가 되겠죠. 문제는 예측한 대로 잘 안 된다는 겁니다. 저 역시도 예측한 대로 안 될 때가 많았어요. 그러니 대응을 잘해야 합니다. 올라간다고 샀는데 안 올라가면 어떡해요? 손절해야 합니다. 이게 대응입니다. 예측과 대응에서 사고의 유연성이 필요해요.

저는 전 세계에서 저처럼 주식 투자 잘하는 사람이 없다고 자부합니다. 그런데 저도 틀릴 때가 많아요. 그럼에도 1년 단위로 하면 돈을 벌지 못한 적은 한 번도 없습니다. 그 원동력이 대응을 잘하기 때문이라고 생각합니다. 제가 틀렸다는 생각이 들면 빨리 손절하는 유연성이 있습니다.

예를 들어서 1만 원짜리가 2만 원 간다고 생각했는데 거꾸로 떨어지는 거예요. 안 올라가면 무조건 손절입니다. 책에서는 마이너스 5%에 손절하라 했는데 보통 마이너스 3%, 어떤 때는 수수료 손해를 감수하며 팔 때도 있습니다. 그래서 코로나19 때도, 2008년 미국 금융위기 때도 처음 발생했을 때 있는 주식을 다 팔았습니다. 그리고 이성적으로 판단했을 때, 모두가 힘들다 이야기할 때 다시 사는 겁니다. 2020년 3월 19일에 제가 모 증권사에서 방송하면서 무조건 사라고 했습니다. 당시 1450포인트대였습니다.

주식시장은 계속 이런 상황이 되풀이됩니다. 그래서 예측이 어려울 때 유연한 손절, 미련 없는 손절이 중요합니다. 저는 물량이 조금 많이 갖고 있을 때가 많아서 보통 시장가 매도를 해요. 현금이 있으면 다음에 또 돈 벌 기회가 있거든요. 주식시장은 항상 기회를 준다는 걸 기억해야 합니다.

보통 조금 오르면 팔고 조금 떨어지면 아까워서 못 팔고 하다 보니까 계좌에는 전부 파란 표시입니다. 처음에는 −5% 정도였는데 나중에 −50%돼요. 그럼 바닥에서 조금 올라와도 여전히 마이너스입니다. 그러면 감각이 없어집니다. 예를 들어 카카오가 10만 원이 넘다가 4만 원 아래로 떨어졌어요. 지금 30~40% 올라와서 5만 4천 원 정도 합니다. 바닥에서는 30%인데 10만 원에 산 사람에게는 이게 올라왔는지 떨어졌는지 감각이 없습니다. 그래서 항상 손절이 제일 중요하다는 거예요.

시장 중심주를 사라

무조건 시장 중심주를 사야 합니다. 손수건 이론이 있습니다.

손수건을 펼쳐 가운데를 들면 가운데부터 쭉 따라 올라가는데 끝에는 올라가지도 않습니다. 그러고 손수건 가운데를 뚝 내리면은 위로 올라간 거는 천천히 떨어진단 말이에요. 그게 시장 중심주의 이론이에요. 중장기 투자에서는 시대 중심주라고 합니다.

시장 중심주는 잘못 사더라도 손절할 기회를 줍니다. 고점에서 사도 보통 고점 대비 한 80%까지 회복되거든요. 그럴 때 매도하면 손실을 최소화할 수 있습니다.

지금 시장 중심주는 반도체 관련 주죠. 2024년 초반까지도 시장 중심주일 겁니다. 시장 중심주에서 골든크로스가 발생했을 때 매수하고 데드크로스가 발생할 때 매도하면 실패할 확률이 없습니다. 적어도 이 정도 차트는 읽을 수 있어야 합니다. 공부를 엄청 많이 해야 해요. 공부한 만큼 자기가 노력한 만큼 이렇게 수익이 날 수가 있는 거예요.

과거 고도 성장기 때는 똘똘한 회사 주식을 사놓으면 그냥 올라갑니다. 성장하는 데 맞춰서 투자자가 투자하는 거죠. 수익이라는 과실을 공유하는 것이 주식 투자의 기본이거든요. 그런데 우리나라 2024년 GDP성장률 2.1~2.3% 예상합니다. 그냥 주식 사둔다고 오르는 시대가 아니라는 이야기입니다.

성장률이 낮아진 만큼 기업이 생존해내기도 어려워졌습니다. 고금리로 인해서 기업들은 유동성의 위기를 맞았습니다. 특히 건설업계에는 상당한 자금 압박을 받는 기업들이 많거든요. 상대적으로 투자하기가 어려운 시대가 된 거예요. 그러니까 돈을 벌려면 공부를 열심히 해야 합니다. 주식 투자를 쉽게 보고 시작했다가는 원금까지 까먹는 경우가 많습니다.

수익 실현을 하라

저는 단기 투자하는 계좌는 수익이 나면 항상 인출합니다. 복리 효과는 누리기가 되게 어려워요. 복리 효과를 누리려면 3년 이상 꾸준히 수익이 나야죠. 3년 동안 꾸준히 수익이 나면 주식 투자 독립을 이루는 단계거든요. 스스로 종목을 발굴할 수 있고 그다음에 거기서 수익이 나면 주식 투자로 독립을 이뤘다고 할 수 있습니다. 그만큼 주식 투자가 꾸준히 수익 내기가 어렵습니다.

수익을 실현하고 평정심을 유지할 수 있어야 합니다. 돈을 벌면 사람이 흥분되거든요. 그러다 보면 번 돈을 다 까먹어요. 그래서 한때 돈 번 사람은 많지만 꾸준히 번 사람은 찾기 어려운 겁니다.

제가 스스로 자랑스러운 점은 전업 투자 23년 동안 한 번도 손해를 본 적이 없다는 것입니다. 저는 머리가 좋다고 생각 안

하거든요. 처음부터 남들보다 뛰어난 게 별로 없고 가진 게 없이 시작했기 때문에 남들보다 10배 이상 노력을 해야겠다고 생각했습니다. 그래서 진짜 엄청나게 주식 공부했어요. 전 세계 주식 논문까지 읽어봤습니다. 그런데 정말 공부한 만큼 수익이 나더라고요.

2024년 시장 걱정되시나요? 걱정할 거 없습니다. 다 돈 버는 방법이 있거든요. 공부를 열심히 하면 여러분 모두가 성공하는 투자자가 될 수 있습니다.

실전 투자 필살기

주식시장은 새롭고(New) 신선한(Fresh) 뉴스에 크게 반응합니다. 그러다 보니까 IT 주가 계속해서 올라가는 거예요. 새로운 기술을 만들어내잖아요. 반도체 같은 경우도 HBM이 유행했는데 거기에서 진화한 칩들이 계속해서 나오고 있죠. 그래서 10년 내 가장 혁신적인 분야는 AI(인공지능), 양자기술, 핵융합기술이 될 것입니다.

포트폴리오를 짤 때는 올라가는 주식 위주로 짜야 합니다. 예를 들어 2차 전지 전망이 좋다면 2차 전지 3대장주를 다 사놓으면 됩니다. 칩 관련주가 좋다면 칩 관련 ETF를 사도 괜찮아요. 어떤 종목을 사야 할지 모르겠다면 ETF도 좋습니다. 수익이 나는 종목을 포트폴리오에 담아야 해요.

개인 투자자는 투자 종목이 너무 많으면 안 됩니다. 제일 중요해요. 1억 원 이하라면 세 종목을 넘어가면 안 됩니다. 10억 이하인 분도 세 종목 이상을 사지 마세요. 5종목 10종목 백화점식으로 쭉 쌓아봤자 돈이 안 돼요. 이게 올라가면 저게 떨어지고 저게 올라가면 이게 떨어지고… 관리가 안 돼요. 그래서 원샷 원킬로 집중하시라는 이야기예요.

한 방에 5%라도 수익 나는 한 종목, 제가 하는 투자 방법이거든요. 실전투자대회에서 1억 원으로 몇 종목 사냐는 질문을 많이 받는데, 저는 한 종목 삽니다. 그 원칙이 무조건 거래량 많은 종목, 시장 중심주를 삽니다.

시장 중심주는 어떻게 찾을까요? 장이 끝나면 상승률 상위 종목의 차트를 보며 왜 올랐는지 확인합니다. 분석하는 능력, 해석하는 능력을 키우는 겁니다. 차트를 보며 상승률 상위 10개 종목, 20개 종목을 1년 동안 매일 공부하면 주식 실력이 금방 늘어납니다. 뉴스를 해독하는 능력을 같이 키워야 해요. 이 종목은 이 뉴스로 올라갔구나 잘 기억해뒀다가 다음 투자에 써먹으면 됩니다.

주식 올라가는 이유, 떨어지는 이유는 10년 전이나 지금이나 앞으로 10년 후나 똑같습니다. 그래서 공부를 잘해두면 평생 먹고사는 데 지장이 없다는 겁니다. 주식시장이 제공하는 기회를 잘 활용해야 합니다.

어떤 분은 고점이 됐는데도 안 팔아요. 고점인지 모르기 때문입니다. 앞서 골든크로스가 발생했을 때 매수하고 데드크로스가 발생할 때 매도하라고 했어요. 데드크로스가 발생하면 그때가 고점이라는 이야기입니다. 이 시그널을 확인하고 팔아야 합니다. 물론 데드크로스만이 매도 시그널은 아닙니다.

삼성전자를 예를 들어보겠습니다. 삼성전자가 7만 3천 원까지 왔습니다. 이때 팔아야 할지 팔지 말아야 할지 고민하는 분들이 있을 겁니다. 팔지 마세요. 미국의 마이크론 테크놀로지가 고점을 찍고 내려올 때 팔면 됩니다. 이렇듯 기준으로 삼는 지표도 있다는 걸 알아두면 됩니다.

물타기는 실패를 부른다

주식 투자에 실패하는 원인은 고점 매수 물타기에 있습니다. 제 주식 투자 인생에 물타기란 없어요. 물타기를 한다는 건 기회를 날리는 겁니다. 물타기는 자기의 초기 판단이 틀린 거예요. 올라갈 줄 알고 산 주식이 떨어져서 평균단가를 낮추기 위해 물타기를 하는 거예요. 그건 자기가 잘못했다는 걸 인정하지 않는 거거든요. 그래서 저는 물타기를 해본 적이 없어요. 그냥 손절하죠. 손절하고 기다리고 있으면 다른 좋은 종목이 나오거든요.

특히나 섣부른 저점 판단으로 물타기하는 건 안 됩니다. 바닥 밑에 지하가 있습니다. 2021년 6월에 코스피 3300포인트를 찍고 3000포인트까지 내려오니까 조정 다 받았다고 판단해서 사고, 2800포인트까지 내려오니까 바닥인데 했다가, 결국 2500포인트가 깨지니까 전망을 못 하죠. 미국에서 급격한 금리 인상이 이루어질지 모르기 때문에 바닥을 몰랐던 거예요. 그래서 바닥 밑에 지하 있다는 말이 나왔죠. 코스피가 2150까지 떨어졌습니다. 1150포인트가 떨어진 거예요. 고점에 샀던 사람들은 고통이 심했겠죠. 자기만의 생각으로 저점 매수하면 안 됩니다. 시장이 저점이라는 시그널을 줘요. 공부하면 다 알 수 있습니다.

2024년 투자 포인트

2024년 미국 경제는 잠재성장률 수준 이상의 성장이 있을 거라 예측합니다. 나스닥의 고점이 16000포인트 대인데 지금

15000포인트입니다. 2023년 초에 나스닥이 10200포인트였어요. 45% 이상 올라온 겁니다.

제가 엔비디아와 마이크론 테크놀로지 주식을 가지고 있는데, 엔비디아 수익률이 150% 이상입니다. 마이크론 테크놀로지 같은 경우도 중국 규제로 63달러까지 내려갔었는데 지금 80달러가 넘었습니다.

제가 한 달 전부터 삼성전자가 최소한 2024년에 8만 원 간다고 이야기했어요. 마이크론 테크놀로지가 80~81달러 하면 삼성전자가 적어도 7만 5천 원은 돼야 한다고 했어요. 마이크론 테크놀로지가 호실적으로 급등했죠. 삼성전자도 많이 올라왔습니다. 마이크론 테크놀로지는 삼성전자하고 가장 유사한 기업 구조예요. 미국에서는 D램을 만들어내는 대표적인 기업입니다. 이번에 실적이 좋으니 미 증권사들의 목표가가 100달러로 올라갔어요. 그래서 마이크론 테크놀로지가 꺾이면 삼성전자도 매도를 생각하면 됩니다.

2023년 미국에서 HBM 관련해서 제일 많이 올라간 게 엔비디아입니다. 국내 주식 중에서 엔비디아와 가장 비슷한 기업이 한미반도체입니다. 연초에 1만 3천 원 정도 하던 주가가 7만 6천 원까지 올랐습니다.

엔비디아는 500달러를 찍었습니다. 미국 전문가들이 이야기하기를 2024년 1,200달러까지 보고 있어요. 평균은 620달러 정도되지 않을까 합니다. 그러면 최소한 20~30% 더 올라갈 여력이 있다는 거죠. 관련주는 이런 상황을 참고해주시면 되겠습니다.

미국의 인플레이션도 점진적으로 둔화 전망이고 3분기쯤 금리 인하를 한다고 합니다. 금리 인하를 하는 게 좋은 거는 아니죠. 원래 금리 인하는 경기가 둔화되면 하는 겁니다. 2024년 미국의 가장 큰 리스크는 11월 대선입니다. 트럼프가 승기를 잡는다면 인플레이션감축법(IRA)을 폐지하는 등 전 세계적으로 주식시장이 요동치지 않을까 우려가 있습니다.

우리나라 경우도 과거의 통계를 보면 금리가 내릴 때 코스피가 평균 13% 정도 떨어졌습니다. 경기가 나쁘다고 하지만 수출 등은 회복되고 있거든요. 2024년에 GDP성장률이 2.1~2.3%, 반도체가 호황일 거라고 보고 있죠. 지금은 칩 중에서 온디바이스 AI, 온디바이스 관련 주식이 상당히 많이 올라갔습니다.

온디바이스는 제가 보기에 시장 중심주이자 시대 중심주일 것 같습니다. 온디바이스는 칩 자체가 내장되어 있어서 데이터를 전송받지 않아도 사용하는 데 전혀 지장이 없다고 합니다. 그러니까 삼성전자에서 갤럭시 24에 장착시킨다고 하죠. 그러면 데이터 연결 없이 통역 기능을 제공합니다. 더 나아가 이어폰에도 온디바이스를 장착한다는 거예요. 그럼 실시간 번역도 가능하다고 하죠. 삼성전자에서 만드는 기계에만 국한하는 게 아니라 애플이나 구글 등에서도 전부 사용하거든요. 그래서 관련 시장이 폭발적으로 확장될 듯합니다.

칩이 또 진화해서 지금은 컴퓨트 익스프레스 링크(CXL)가 나왔습니다. 상용화된 것은 아니고 삼성전자에서 특허 출원을 해서 관련 주식이 급등했어요. 온디바이스, CXL 관련 종목이 급등해서 경고 종목인데, 당장 사라는 건 아니고 조정받고 있을 때 매수해서 수익을 내기 바랍니다.

2024년에도 변동성이 큰 시장일 겁니다. 증권사에서 고점과 저점을 분석해놨는데 그 이후로도 시장이 조금 달라졌죠. 12월에 판이 많이 달라져서 목표가도 조금 올라가지 않을까 싶습니다. 일단 증권사의 전망에서 코스피 고점을 2750포인트로 보고, 저점은 2200포인트로 보고 있습니다. 미국도 전망은 제각각입니다. S&P500을 4000포인트로 보는 경우도 있고 5000포인트를 이야기하는 경우도 있습니다. 그렇게 전망이 중구난방이라는 거예요.

코스피 3000포인트는 조금 과합니다. 코스피 상장사 영업이익을 예측해허 적정선을 따져보면 코스피가 2800~2900포인트만 돼도 오버합니다. 그러니까 2800포인트 이상에서는 매도를 해야 하지 않을까 싶습니다. 같은 기준으로 2500포인트 아래에서는 매수하는 전략을 쓰면 되지 않을까 생각해요.

종목에 집중할 필요가 있습니다. 2024년에는 박스권 장이기 때문에 지수가 쉬고 있을 때는 개별주가 득세해요. 정치 테마주라든가 또는 개별 이슈가 있는 기업들을 눈여겨볼 필요가 있습니다.

미중 패권 전쟁은 계속 지속될 수 있어요. 희토류 규제로 중국에서 맞불을 놓고 있거든요. 그러니까 관련 주식들도 저점일 때 사두셨다가 이슈로 고점일 때 팔면 됩니다.

2024년 섹터 분석하기

2024년 섹터 분석을 한 표를 보겠습니다. 전부 반도체가 좋다고 합니다. 아래는 조금 부정적으로 보고 있습니다. 한번 참고해보시면 좋겠습니다.

어떤 주식이든지 망하지 않을 주식을 사야 합니다. 재무 상태가 아주 열악한 기업, CB 발행을 많이 하는 기업은 절대 투자해서는 안 됩니다. 예를 들어 이틀 사이에 거의 40% 떨어진 주식이 있어요. CB를 무차별로 발행해 주식 수가 늘어서 주가가 떨

2024년 섹터 분석

구분	토러스	NH-Amundi	BNK	쿼드	라이프	케이원	파인
반도체	O	O	O	O	O	O	O
방산/기계	△	O	O	△	△	O	△
바이오/의료기기	△	O	△	O	△	O	O
엔터/게임	O	O	△	×	△	O	O
조선	△	△	O	O	△	O	O
IT(반도체 외)	O	O	△	△	△	O	△
2차전지	△	×	×	×	×	×	×
자동차	△	△	×	△	△	△	△
화학/정유	△	△	△	△	×	△	△
건설	×	△	×	O	△	△	×
금융	×	×	×	△	O	△	×
음식료	△	×	O	△	O	×	O
통신	×	×	O	△	O	×	×
유통	×	△	×	△	×	×	△
여행/레저	△	×	△	△	×	△	×

(O: 긍정적 △: 중립 ×: 부정적)

2024년 자문사 업종 TOP pick
반도체, 방산, 기계, 바이오, 의료기기, 엔터, 게임, 조선 등

- 2024년 반도체 업종은 AI반도체의 성장과 레거시 반도체의 회복으로 호황기 진입 예상
- 특히 HBM과 관련된 밸류체인,DDR5의 수요회복과 관련된 밸류체인의 종목 유망
- 반도체외 IT는 수요회복으로 방산, 엔터테인먼트, 조선, 바이오 등은 실적 개선세 등으로 관심 유망

※기타 추천 업종: S/W(토러스), 육상운송(BNK), 의류(파인)

자료: ??

어지는 겁니다. 그래서 유상증자한 기업이나 CB 전환 물량, BW 전환 물량 등은 꼭 살펴야 합니다.

차트 분석 맛보기

2023년 여름에 캡처한 차트입니다. 에코프로인데요. 시장 중심주로 2024년에도 이런 종목이 나올 거예요. 동그라미 쳐놓은 데가 골든크로스가 발생 구간입니다. 골든크로스가 발생할 때 사서 중간에 팔면 안 돼요. 시장 중심주 종목의 특징은 10일선을 훼손하지 않는다는 겁니다. 10일선이 깨지나 안 깨지나를 보고서 쭉 갖고 가는 거예요.

에코프로 일봉차트

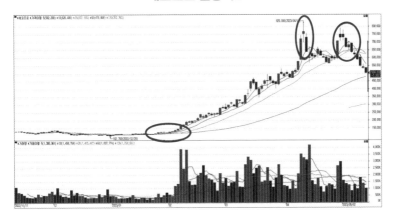

상단 동그라미는 데드크로스가 발생한 구간입니다. 데드크로스가 발생할 때 파시면 됩니다. 시장 중심주는 골든크로스가 발생할 때 사서 데드크로스가 발생할 때 팔면 된다는 이야기입니다.

2022년, 2023년에 많이 오른 종목은 쫓아 사면 안 된다고 했습니다. 그러니까 차트를 계속 보면서 초기에 사야 하는 겁니다. 우상향하는 종목은 5일선 10일선 20일선 60일선 120일선 정배열로 밑에서 깔아서 부채꼴로 쫙 오릅니다. 이런 종목을 반드시 매수해야 합니다.

제이엘케이 일봉차트

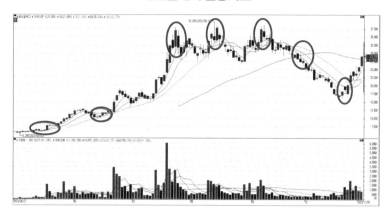

　　의료 AI 관련 주식인데, 이런 게 골든크로스가 발생한 겁니다. 이렇게 골든크로스가 발생하고 쭉 타고 올라가다가 3봉이 나오면 무조건 매도합니다.

　　2022년에는 이런 차트가 엄청 많았어요. 5일선, 10일선, 20일선이 역배열일 때는 사면 안 됩니다. 그럼 언제 사야 할까요? 5일선이 10일선을 뛰어넘을 때 매수하는 거예요. 그때 매수하는데 3봉은 절대로 거기까지 못 간다 그랬죠. 체력이 약하면 120일선을 뚫지 못합니다. 그래서 기술적으로 이럴 때 사고 이럴 때 파는 거구나 하는 걸 알아야지 주식 투자해서 돈을 벌 수 있습니다.

동운아나텍 일봉차트

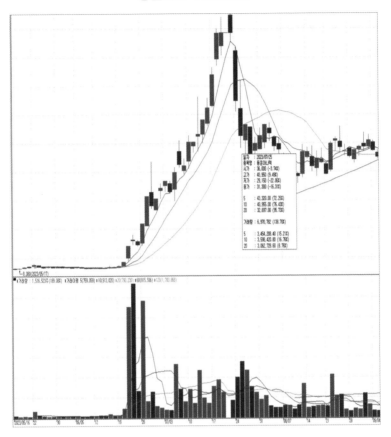

　　단기적으로 급등한, 1만 원짜리가 5만 원까지 다섯 배 간 종목입니다. 2024년에도 저런 종목이 나올 거예요. 하지만 2022년, 2023년에 다섯 배, 세 배 오른 종목은 거들떠보지 마십쇼. 추격 매수 안 됩니다.

두산로보틱스 일봉차트

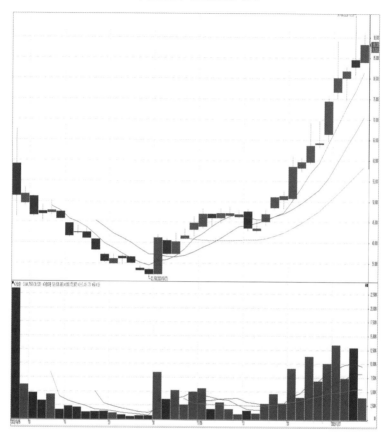

최근 뜨거웠던 두산 로보틱스입니다. 신규 상장해서 5일선이 위에서 누르고 있어요. 절대로 사면 안 되죠. 언제 사시라고요? 5일선이 10일선을 뛰어넘을 때 사시는 거예요. 9만 원일 때 매수 신호가 왔는데 지금 11만 원이 넘었습니다.

그러니까 모든 주식을 차트를 보며 스스로 신호를 찾아내면 2024년에도 성공적인 투자를 이어갈 수 있을 겁니다. 매수의 기회는 많이 있습니다.

변화하는 세계질서 속
자산을 지키는 방법

이효석

HS아카데미 대표

어느 때보다 역동적이었던 2023년 시장에서 가장 중요한 세 가지 사건은
SVB은행 뱅크런 사태, 미국 부채 한도 이슈, 미국 신용등급 하향과 셧다운
우려였습니다. 미국이 주도한 세계질서가 바뀌고 있다는 것을 시사합니다.
2024년 성공적인 투자 열쇠 역시 여기에 있습니다.

2024년에 무엇을 사야 할까가 제일 궁금하시죠? 제가 딱 두 가지만 말씀드립니다. 첫 번째는 비트코인이고, 두 번째는 AI입니다. 제가 비트코인과 AI를 왜 중요하게 생각하는지 이야기해 보겠습니다.

가치는 가치관에 의해 결정된다

마크 카니(Mark Carney)는 캐나다에서 태어났습니다. 캐나다 중앙은행 총재를 역임하고 영란은행의 총재까지 역임하셨습니

마크 카니와 그의 저서 『VALUE(S)』

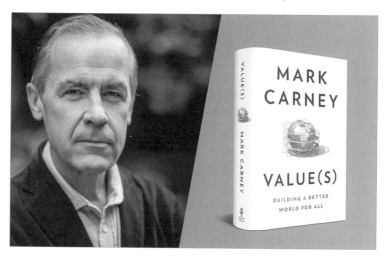

다. 캐나다 사람이 영국 중앙은행 총재가 된 거예요.

영란은행 총재에서 물러나 『VALUE(S)』라는 책을 씁니다. 밸류, 가치죠. 에스(s)가 붙으면 무슨 뜻일까요? 밸류스는 가치관이라는 뜻입니다. 우리가 투자할 때 가치가 있느냐 없느냐 고민합니다. 그 가치는 가치관에 의해서 결정된다라는 이야기를 담은 책입니다.

가치가 있다는 건 무엇일까요? 여러 답이 나올 겁니다. 집이라고 답할 수도 있고 가족이라고 답할 수도 있고요. 가치 있다고 생각하는 걸 떠올려보세요. 그런 다음 그것이 가격이 있는지 없는지도 생각해보세요. 그런데 가격이 없는 것 중에 가치 있다고 생각하는 것도 있을 겁니다.

프라이스리스(Priceless)라는 단어가 있습니다. 가격이 없다는 말이기도 하지만 값으로 환산할 수 없을 만큼 가치 있는 것을 의미하기도 합니다. 목숨, 가족, 우정… 이런 것들은 가치가 있지만 가격은 없어요. 가격의 유무가 왜 중요한지 설명하고자 이 이야기를 하고 있습니다.

우리는 가치에 대해 고민합니다. 가치는 잴 수 있을까요? 예를 들어 몸무게는 잴 수 있습니다. kg이라는 단위로 측정한 거죠. 키는 cm라는 단위로 측정할 수가 있어요. 그럼 가치를 재려면 무엇이 필요하나요? 바로 돈입니다. 돈은 가치를 재는 가치의 척도입니다. 교과서에 나오죠.

그런데 생각해봅시다. 키를 잴 때 사용하는 줄자는 변하지 않습니다. 줄자가 늘어났다가 줄어들었다가 하지 않죠. 그래서 키도 항상 동일합니다. 가치의 척도는 돈입니다. 그런데 돈의 가치는 변합니다. 이게 무슨 의미인지는 뒤에서 다시 설명하도록 하겠습니다.

우리는 돈을 벌고 싶습니다. 그러면 투자를 해야 합니다. 투자를 잘하려면 딱 한 가지만 생각하면 되죠. 가치 있는 건데 싼 걸 사는 겁니다. 그게 재테크입니다. 가치라는 것이 있는데 이것보다 싼 게 있으면 사고 이것보다 비싼 게 있으면 파는 거예요.

그런데 뭐가 어렵죠? 가치가 얼마나 되는지 모르겠다는 게 어려운 거잖아요. 가치는 주관적입니다. 사람들의 생각에 따라 다르고, 어제 가치가 있었지만 내일은 없어질 수도 있습니다.

다른 질문을 해보겠습니다. 가치는 언제 바뀌나요? 무엇이 바뀌나요? 어떻게 바뀌나요? 그 답이 밸류스, 가치관입니다. 가치는 가치관에 의해 바뀝니다. 이는 다른 말로 시대 정신이라고도 할 수 있습니다. 시대가 왜 바뀌고 있고, 세상이 어떤 방향으로 흘러가고 있는지 고민해야 가치가 어떻게 움직일지 예상할 수 있습니다. 우리는 가치보다 싼 가격만 찾을 것이 아니고 가치가 상승할 수 있는 것을 찾아야 합니다. 여기에 투자해야 성공할 수 있습니다.

지금부터 이 시대에서 놓치지 말아야 하는 가치관이 무엇인지 알아보도록 하겠습니다.

세 가지 가치관: 기후위기

첫 번째가 기후입니다. 마크 카니의 책에서도 기후가 가장 중요하다고 했습니다. 인류가 지구상에 있는 한 기후위기는 안 끝나기 때문입니다. 오히려 더 심해질 거예요.

지구 표면 온도의 변화

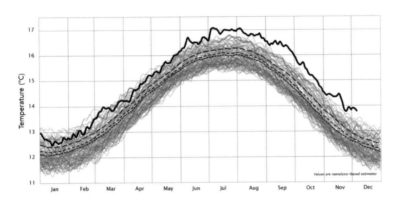

기후위기를 극복할 수 있는 기술 또는 방법을 찾아내는 회사에게 어마어마한 가치를 부여할 겁니다. 2차전지 이슈, 전기차에 대한 관심, 태양광 등 신재생에너지에 대한 모든 관심은 모두 여기에서 시작되었습니다. 이게 바로 가치관입니다.

지난 50년 동안의 지구의 온도를 나타낸 그래프를 보겠습니다. 지구의 온도는 여름에는 좀 더웠다가 겨울에는 좀 추워집니다. 검은색의 진한 선은 2023년의 온도입니다. 인류 역사상 가장 더운 한 해였습니다.

지구의 온도는 기존에는 상상도 할 수 없을 정도로 높아지고 있습니다. 2023년 평균 온도는 산업혁명 이후로 1.7도 높아졌습니다. 이미 너무 늦어진 상황이에요. 이산화탄소 때문에 기온이 높아진다고 하니 전 세계 정상이 모여서 이산화탄소를 줄이는 방법을 찾습니다. 그 결과 1997년 교토 의정서가 채택됩니다.

2030년까지 힘을 합쳐서 줄이기로 한 이산화탄소의 규모가 25기가톤이었습니다. 그러나 이후로 20년이 지났지만 인류는 단 한 해도 이산화탄소 배출량을 줄이지 못했습니다. 딱 한 번 있었어요. 코로나19가 있었던 2020년이요. 공장이 문을 닫고 해외여행도 못 가게 되니까 10% 줄었어요. 그러고 다음 해에 줄인 것보다 더 많이 늘었죠.

지금도 지구의 온도가 높아지고 있어요. 북극이 사라지고 남극이 사라지고 있습니다. 북극과 남극에 있는 얼음 중에서 굉장히 두꺼운 얼음을 영구 동토층이라고 합니다. 여기에는 시조새의 발자국부터 시작해서 공룡의 뼈 등이 있습니다. 8억 년 전부터 한 번도 녹지 않았으니까요. 그런데 그게 지금 녹고 있어요.

과학자들의 추정에 따르면 영구 동토층이 녹아서 이산화탄소가 나온다고 합니다. 여기서 나오는 이산화탄소의 규모가 1,672기가톤입니다. 25기가톤을 줄이려고 노력했는데 결국 줄이지 못했고, 그로 인해 평균 온도가 올라가서 남극과 북극이 녹는데 여기서 나오는 이산화탄소의 규모가 어마어마한 거예요. 우리 노력이 의미가 없어질 수도 있다는 이야기입니다. 그래서 기후위기가 인류가 풀어야 하는 숙제인 겁니다.

북극곰 불쌍하다가 아니에요. 우리가 불쌍한 거지. 지구는 멸망 안 합니다. 그저 조금 더 뜨거워진 행성으로 바뀌어서 태양을 도는 겁니다. 그 안에 살고 있는 우리가 위험에 처할 뿐입니다. 그래서 중요한 시대 정신이 기후위기라는 거예요.

세 가지 가치관: AI

두 번째는 AI입니다. AI를 설명하기 위해서 먼저 경제를 알아보죠. 경제를 "재화나 서비스가 사회에서 어떻게 생산되고 분배되고 소비되는지를 다루는 학문"이라고 설명했더니 우리 딸이 이러더라고요. "뭔 말이야?" 그래서 어떻게 더 쉽게 설명할 수 있을까 곰곰이 생각하다가 내놓은 답이 '거래'입니다.

거래는 경제를 구성하는 가장 최소 단위입니다. 경제를 "그냥 거래한 거 다 더하면 되는 거야."라고 설명하니까 너무 쉽더라고요. 무슨 거래가 있을까요? 첫 번째, 재화입니다. 음식을 사 먹는 일이나 휴대전화를 사는 일, A는 돈을 주고 B는 재화를 받습니다. 두 번째로는 서비스를 제공하면서도 돈을 주고받죠. 재화나 서비스를 제공할 때 돈을 주고받는 일을 거래라고 합니다.

마지막으로 뭘 받지도 않았는데 돈을 주는 경우가 있어요. 그

거래

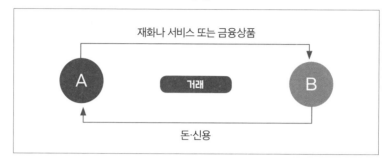

재화나 서비스 또는 금융상품

A   **거래**   B

돈·신용

거래의 종류

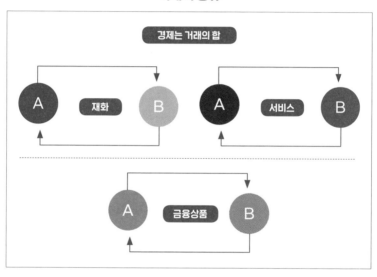

경제는 거래의 합

A **재화** B   A **서비스** B

A **금융상품** B

게 뭘까요? 바로 주식입니다. 삼성전자가 여러분에게 해준 게 있나요? 주식을 사는 건 그냥 믿고 사는 겁니다. 채권 살 때, 은행에 돈을 줄 때 등 이런 것들을 금융상품이라고 할 수 있습니다.

말씀드리고 싶은 거는 이 모든 것이 결국 거래라는 거예요. 경제가 성장하기 위해서는 거래를 많이 하면 됩니다. 밥을 두 끼만 먹지 말고 세 끼를 드세요. 여행을 한 번만 가지 말고 세 번 가세요. 하던 거래를 많이 하면 경제가 성장하는 겁니다.

물론 이거 말고도 성장하는 방법은 있습니다. 무엇일까요? 하던 거래를 더 많이 하는 것이 아니고 안 하던 거래를 하면 됩니다. 하던 거래를 더 많이 하면 경제가 완만하게 성장하는데, 안 하던 거래를 하게 되면 경제가 급격하게 성장합니다.

안 하던 거래는 과학기술 혁명입니다. 과학기술 혁명, 뭔 소리야? 제가 설명드려볼게요. 지금 저는 가치관의 변화 중에서 기후 이야기가 끝나고 AI로 넘어왔습니다. AI를 설명하기 위해서 지금 경제를 설명했고요. 경제가 성장하기 위해서 필요한 것은 하던 거래가 아니고 안 하던 거래를 이야기해야 된다라는 이야기인데 이것과 AI가 관계가 있다는 겁니다.

다음 페이지 그림에서 오른쪽 아이콘은 애플의 앱스토어입니다. 온라인 상점에서 애플리케이션을 팝니다. 20년 전에는 생각도 못 했습니다. 애플이 iOS라는 생태계를 통해서 장터를 만든 거예요. 그리고 나니 안 하던 거래들이 폭발적으로 일어나기 시작합니다. 우리는 모바일 혁명이라고 이야기합니다.

아이폰이 출시된 게 2008년쯤이었습니다. 글로벌 금융위기

오픈AI(왼쪽)과 애플 앱스토어(오른쪽)

로 인해 미 연준의 버냉키 의장이 양적완화로 돈을 푼 시기이기도 합니다. 사실은 경제가 급성장하고 주가가 급하게 오를 수 있었던 결정적인 이유는 앱스토어라고 생각합니다. 새로운 시장이 만들어진 거예요.

왼쪽 아이콘은 오픈AI, 챗GPT(Chat-GPT)입니다. 그런데 여기에서 GPT스토어를 만든다고 합니다. 여기에서는 GPT를 판다는 거예요. 애플이 앱스토어를 만들고 새로운 시장을 구축했을 때 돈을 번 건 애플이죠. GPT스토어가 나오면 누가 돈을 잘 벌지 고민되지 않나요?

GPT를 판다는 게 어떤 개념인지부터 살펴보죠. 챗GPT는 내가 물어본 걸 AI가 답해주는 겁니다. 심지어 "영어 강사 좀 해주면 안 돼?"라고 하면 "네, 알겠습니다. 오늘은 이런 영어를 배워 볼까요?" 하고 답해요. 엄청나죠.

여기에서 GPTs가 나옵니다. 챗GPT를 특정 목적에 맞게 커스터마이징한 챗봇이에요. 예를 들어 제가 쓴 책을 챗GPT에 입력하면 '이효석GPT'가 만들어집니다. 만약에 저에게 질문할 것이 있는데 못했다면, 이효석GPT에게 물어보면 됩니다. 제가 가진 생각이 반영된 GPT니까요.

심지어 만드는 게 쉽다고 합니다. 지금도 많은 GPT가 나오고 있어요. 앞으로 어떤 GPT가 나올까요? 의료, 세무, 법률 등 전문 영역의 지식을 학습한 GPT가 만들어질 겁니다. 이 GPT가 GPT 스토어에서 팔리기 시작할 거고요. 모바일 혁명이라고 말하던 변화들이 앱스토어에서 있었던 것 이상으로 큰 변화가 일어날 걸로 보고 있습니다. 저뿐만 아니라 월가의 전문가들도 똑같이 하는 이야기예요.

결국 경제가 성장하기 위해서 안 하던 거래가 만들어지는 혁신이 필요합니다. 그 혁신이 여기에서 보이기 시작한 것이고, 돈이 쏟아지고 있습니다. AI에 관심을 가져야 하는 이유입니다.

세 가지 가치관: 돈

세 번째 가치관은 돈입니다. 돈은 가치를 재는 척도이지만 돈의 가치는 자꾸 변합니다. 돈의 가치가 자꾸 변하는 상황이 1971년 8월이었습니다. 이때 미국의 닉슨 대통령이 이렇게 이야기를 했습니다. "한 나라의 화폐는 그 나라의 경제에 달려 있습니다. 그리고 미국은 세계 최강의 경제 대국입니다."

이전까지만 해도 달러를 신뢰하고 거래했던 이유는 금 때문이었습니다. 달러를 가져가면 금으로 바꿔준다는 믿음이었어요. 그런데 미국에 금이 떨어지고 있는 거 같으니 다른 나라에서 금을 빼가기 시작한 거예요. 그때 닉슨 대통령이 저런 이야기를 한 겁니다. 그러면서 달러의 가치가 어떻게 됐을까요?

비슷한 비유를 해보겠습니다. 제가 모두에게 100만 원씩을 걸습니다. 대신 돈을 줄 겁니다. "이효석이 나중에 갚겠다."라고 적은 돈에 사인해서 주고 100만 원을 받겠다는 겁니다. 제가 유명한 사람, 예를 들어 대통령이라면 사람들이 받을 수 있습니다. 그런데 금으로 바꿔준다고 약속했다가 안 바꿔준다고 합니다.

그런 현상이 드러난 그림을 보겠습니다. 1971년 8월 닉슨 대통령의 말이 나온 이후 달러로 살 수 있는 금의 양이 바로 급락했습니다. 돈의 가치가 그냥 급락한 겁니다.

예비 통화 vs. 금

왜 이 이야기를 하는 걸까요? 지금도 그러고 있으니까 그런 겁니다. 2008년 금융위기가 터진 이후로 연준에서는 돈을 뿌려댔습니다. 양적완화였죠. 양적완화를 부루마불 게임에도 찾을 수 있죠. 게임에서 돈이 없으면 상대에게 빌리거나 은행에서 각 200만 원씩 갖자 이야기하잖아요. 200만 원씩 갖자는 게 연준의 양적완화입니다.

연준이라는 미국의 중앙은행이 태어난 게 1914년입니다. 2008년 금융위기가 터질 때까지 연준에서 이러면 안 되는데 하면서 조금씩 풀어낸 돈이 0.9조 달러입니다. 2008년 금융위기가

돈의 가치 급락

터지니까 어쩔 수 없이 풀어낸 돈이 4조 달러 정도예요. 100년 동안 1조 달러였는데 금융위기 터지고 나서 3.5조 달러를 풀어서 4.5조 달러가 풀렸죠. 그러고 나서 좀 줄이려고 했는데 코로나19 때문에 돈을 어마어마하게 뿌려버립니다. 두 달 만에 3조 달러를 풀어버린 겁니다.

돈이 시중에 많이 풀리면 어떤 일이 일어날까요? 경제가 안 좋은데 주가가 좋아요. 거품이 발생한 거죠. 그런데 돈을 거둬들이면 주가가 내려가요. 그러면 안 되니까 금리를 인하해달라, 돈을 더 풀어달라 요구하는 겁니다. 이게 지금의 시대 정신이에요.

이러다 보니까 메인스트리트(실물경제)와 월스트리트(금융경제)가 따로 놀기 시작합니다. 쉽게 설명해보죠. 첫 직장생활을 할 때 제 아내를 만났습니다. 제 나름대로 좋아하는 척했다가 아닌 척했다가 밀당을 했는데, 나중에 아내에게 들어보니 전혀 몰랐다고 하더군요. 남녀 사이에 줄이 팽팽한 상태라면 밀고 당기고 감정이 느껴졌을 텐데 그 줄이 느슨한 상태였던 겁니다.

주가가 위로 올랐어요. 경제가 아래예요. 경제가 오르든 말든 주가가 감흥이 없어요. 느슨한 상태라는 겁니다. 경제가 더 좋아진다고 한들 주가가 올라야 하는 이유도 없고요. 경제가 안 좋아진다고 한들 주가가 빠질 이유도 없어요. 이미 너무나도 벌어진 거죠.

1970~1980년대까지만 해도 그러지 않았습니다. 진한 색이 경제고, 연한 색이 주가예요. 비슷하죠. 2008년 금융위기로 양적완화를 한 다음에 어떻게 바뀌었을까요? 경제는 고만고만한데 나스닥만 600% 올랐죠. iOS 앱스토어를 통해 기존에 안 하던 거래를 만든 애플이랑 구글, 아마존 등이 가치를 높인 겁니다. 이제 끈이 너무 느슨해져서 감흥이 없는 겁니다. 경제를 보고 주가를 판단한다는 건 말도 안 되는 이야기예요.

이제 궁금해집니다. 이런 상황이 언제까지 이어질까요? 우리나라 집값 언제 빠집니까? 정부가 어떻게 하느냐에 따라 달렸습

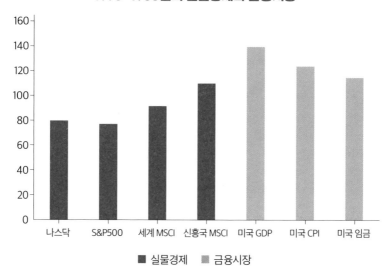

1973~1983년의 실물경제와 금융시장

실물경제 ■ 금융시장

자료: 블룸버그, 업라이즈

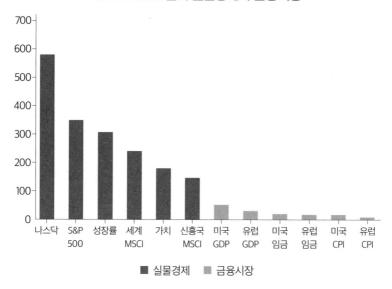

2009~2020년의 실물경제와 금융시장

실물경제 ■ 금융시장

자료: 블룸버그, 업라이즈

2024 대한민국 제테크 트렌드

니다. 2023년에도 집값 빠졌어야 하는데 보금자리론으로 50조 풀었죠. 집값 빠지면 안 되니까. 과연 언제까지 이어지는 걸까요? 그런데 이 질문에 대한 답이 나왔습니다. 제 생각에는 상당히 오랫동안 끝까지 할 수 있을 것 같아요.

2023년 미국의 신용등급을 피치에서 강등시켰어요. 그랬더니 〈파이낸셜타임스〉에서 강한 매 사진과 함께 기사를 싣습니다. 누가 내 신용등급을 낮췄냐고 노려보는 듯합니다. JP모건의 다이먼 회장은 미국의 군사 시스템 때문에 먹고 사는 캐나다의 신용등급이 미국보다 더 높다는 게 말이 안 된다고 이야기했죠. 마치 한 나라의 달러는 경제에 의해서 좌우된다라는 말과 일맥상통한다고 생각합니다.

사실 미국 경제는 코로나19 이후 경기 침체에 열 번이고 더 빠졌어야 하는데 아직까지 없습니다. 미국 정부가 돈을 뿌려댔

양적완화 vs. 과잉재정

구분	양적완화, QE	과잉재정, FE
주체	중앙은행	정부
돈의 출처	없는 돈을 찍어서	있는 돈을 뺏어서
돈의 사용처	미국 정부에게 빌려줘	반도체, 배터리 보조금
명분	경기, 인플레	전쟁, 안보

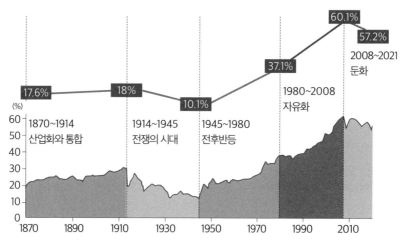

무역개방지수(1970~2021): 세계화의 후퇴

- 17.6% 1870~1914 산업화와 통합
- 18% 1914~1945 전쟁의 시대
- 10.1% 1945~1980 전후반등
- 37.1% 1980~2008 자유화
- 60.1%
- 57.2% 2008~2021 둔화

(%)
60
50
40
30
20
10
0

1870 1890 1910 1930 1950 1970 1990 2010

기 때문입니다. 빌려서요. 이렇게 돈을 싹 빨아 들여서 자기가 하고 싶은 데다 써버렸습니다. 안보라는 이름으로 반드시 해야 하는 데다 투자했는데, 그게 AI와 배터리인 거예요.

미국이 주도하는 세계질서가 이제 끝나가고 있습니다. 제2차 세계대전이 끝난 1945년부터 브레튼 우즈 체제가 이어졌습니다. 그동안의 경험을 바탕으로 금본위제와 같은 고정환율이면서도 필요에 따라서는 융통성을 발휘할 수 있는 형태로 이루어졌습니다. 미국이 주도하는 시대는 저물가가 이어지며 물건이 활발하게 이동합니다. 즉 무역의 시대였습니다.

전 세계에서 수출입을 다 더한 것을 GDP로 나눈 값을 그린

미 정부 외국인 보유 부채

── 부채총액 ── 총부채 대비 비율

자료: 블룸버그

그래프입니다. 1870년대부터 나와 있는데요. 정확하게 1945년
을 바닥으로 증가하기 시작해서 2008년에 끝납니다. 1945년
에 브레튼 우즈 체제를 실시하고 나서 계속해서 늘어났는데
2008년부터 꺾였다는 거예요. 이때부터 사실 미국이 흔들리기
시작한 겁니다. 지금은 더 심해지고 있는 거고요.

2023년 3월 SVB은행 뱅크런 사태, 5월 미국 부채 한도 이슈,
9월 예산안 문제 등이 가리키는 것은 한 가지입니다. 미국이 지
금 흔들리고 있다는 증거죠.

사우디아라비아는 기름을 미국한테 팔았습니다. 달러로 받아서 미 국채를 샀습니다. 중국도 똑같았죠. 싸게 만든 물건을 미국에 팔아서 달러를 벌었습니다. 그 달러로 미 국채를 샀어요. 제일 안전하다고 하니까 말이죠. 앞 페이지 그래프는 미 정부의 외국인 보유 부채를 나타낸 것입니다. 진한 선이 급락하기 시작하죠. 이제 달러를 받아 미 국채를 사던 걸 이제 안 한다는 겁니다. 그런데 미국 정부는 돈을 더 빌려야 하죠. 그러니까 금리가 올라갑니다.

2024년에 눈여겨볼 것

개인적으로 비트코인에 대해서 굉장히 긍정적으로 보고 있습니다. 2024년에는 비트코인이 많이 오를 거라고 생각합니다.

제가 운영하는 SNS 채널에서 설문조사를 했어요. "2024년 최고의 성과를 낼 자산은 무엇일까요?" 질문했더니 주식이 좋을 것 같다는 응답이 46%, 비트코인이 좋을 것 같다는 응답이 27%였습니다. 질문 한 번 더 했어요. "당신의 금융자산에서 비트코인의 비중은?" 없다는 응답이 60% 가까이 나왔습니다. 비트코인이 오를 거 같기는 한데 사지는 못하겠다는 이야기입니다. 왜요?

2024년 최고의 성과를 낼 자산은?

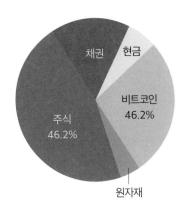

채권 · 현금

비트코인
46.2%

주식
46.2%

원자재

당신의 금융자산에서 비트코인의 비중

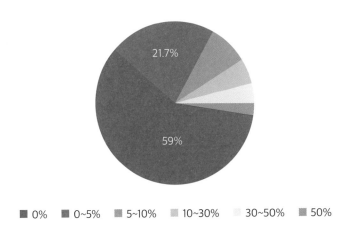

21.7%

59%

■ 0% ■ 0~5% ■ 5~10% ■ 10~30% ■ 30~50% ■ 50%

비트코인으로 크게 잃기도 했거든요. 하지만 2024년에는 이 비중이 40~50%로 낮아질 거라고 생각합니다.

글로벌 자산운용사 블랙록이 비트코인 ETF 승인을 받았고, 비트코인의 반감기가 2024년 4월입니다. 이런 호재로 비트코인은 더 오를 겁니다.

AI와 관련해서는 엔비디아가 많이 올랐습니다. 2024년에도 그럴까요? 엔비디아가 'JP모건 헬스케어 콘퍼런스'에 참석해 신약 개발용 인공지능(AI) 플랫폼을 공개했습니다. AI를 통해서 신약 개발을 할 수 있다는 겁니다. 이제는 AI를 가지고 무엇인가 할 수 있는 회사가 중요해질 겁니다.

AI 투자를 단순하게 생각하면 마이크로소프트가 제일 좋습니다. 공부해서 더 많이 벌고 싶다면 엔비디아의 바이오 신약 개발 키워드를 가져가면 됩니다.

이 시대가 변하고 있습니다. 가치관도 변하고 있어요. 그런데 가치관이 변하는 과정에서 우리가 투자하는 방법은 가치관이 어떻게 변하는지를 보면 됩니다. 지금까지 이야기한 기후, AI, 돈 이 세 키워드를 꼭 기억해서 2024년에 투자에 성공하기를 응원합니다.

2024 KOREA
FINANCIAL PLANNING
TRENDS

20년차 신부장의
채권 투자 이야기

신년기

에이판다파트너스 상무

4년 만에 찾아온 채권의 시대. 가장 어두운 터널에서 가장 밝은 빛이 되어주는 채권이 투자 포트폴리오의 희망입니다. 20년 차 신부장이 채권의 기초부터 2024년 채권 투자 방향까지 모두 알려드립니다.

주식과 달리 채권은 아직 우리에게 익숙한 개념이 아닙니다. 그래서 채권에 대한 고정관념을 한번 깨보려고 합니다. 또 채권 투자할 때 꼭 알아두어야 할 개념을 짚어보고 2024년에는 어떠한 전략으로 채권을 투자하면 괜찮을지 알아보겠습니다.

채권을 알아보자

일반적으로 채권 수익은 이자 수익만 생각하기 쉽습니다. 하지만 채권 수익은 이자 수익과 자본 차익으로 이루어집니다.

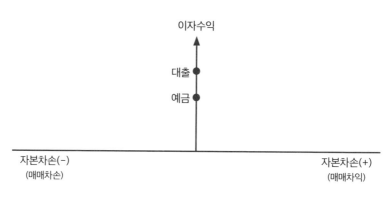

채권 수익의 구조

이자수익

대출 ●
예금 ●

자본차손(-)　　　　　　　　　　　　　　　　자본차손(+)
(매매차손)　　　　　　　　　　　　　　　　　(매매차익)

　이자 수익을 얻는 대표적인 상품은 예금입니다. 그리고 집을 살 때나 돈이 필요할 때 받는 대출이 있습니다. 예금이나 대출은 기본적으로 이자만 받거나 냅니다. 그 사이에 원금의 가치가 변하지 않습니다. 만기까지 그냥 갖고 있기 때문입니다. 채권은 비슷한 성격을 갖고 있으면서도 시장에서 거래되기 때문에 자본차익 또는 손실을 또 볼 수도 있습니다. 시가형 상품이라고 하는데, 주식하고 같다고 보시면 됩니다.

　2012년 1월에 한국가스공사에서 발행했던 달러 표시 30년물 채권입니다. 제가 모 은행에서 해외 채권 매니저로 있었을 때 실제로 거래했던 상품입니다. 그래프를 보시면 발행했을 원금을 100이라고 했을 때 가격 100에 들어갔어요. 1년 후에 보니까 채권 가치가 약 36% 정도 오른 사례입니다. 당시 이자를 6.25%까

KORGAS 6.25 01/2042 - 2012년 발행 후 1년간

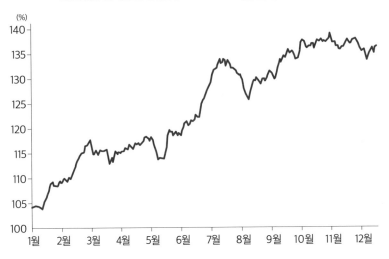

지 쳤으니까 실제로는 한 42% 정도 수익을 얻었던 사례입니다.

이게 듀레이션과 관계있거든요. 듀레이션이 클수록 시장의 가격이 폭이 넓어집니다. 물론 운이 따랐던 것도 있습니다. 때로는 채권도 30% 이상 수익을 얻을 수 있는 상품이라는 점을 보여드리고 싶어서 가져온 사례입니다.

그런데 채권으로 손실을 볼 수도 있습니다. 2023년 3월에 미국의 대형 지역은행인 실리콘밸리은행(SVB) 파산 사태와 관련된 사례입니다. SVB 파산 후 주식 시장이 되게 흔들렸어요. 당시 SVB는 미국 국채와 흔히 MBS라고 부르는 모기지채권으로 200억 달러 정도 갖고 있었어요. 유동성 관리 차원에서 자금을

국채 3년 만기 금리(2020년 1월~2023년 6월)

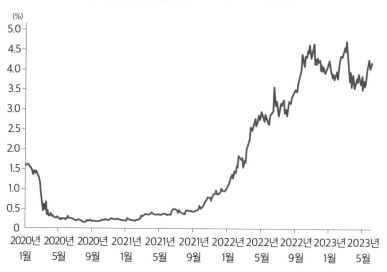

운용하고 있었는데, 당시 SVB가 갖고 있었던 만기가 대체로 3년 짜리 국채 만기였습니다. 그런데 2020년 코로나 팬데믹이 터진 이후 2023년 3월까지의 금리를 보면 0.1% 금리에서 최고 4.6% 까지 금리가 상승했습니다.

금리가 오르면 채권 가격은 떨어집니다. 그러니까 곱하기 3 해서 한 13% 정도 은행은 손실을 보게 된 거예요. 손실을 본 규모가 18억 달러, 한화로 2.3조 원 정도 손해를 봤습니다. 사실 이 정도 손실로 은행이 망하지는 않죠. 그런데 이 뉴스를 보고 예금 자들이 동요하기 시작하는 겁니다. 미국 정부가 망할 거라고 생각하는 사람은 없을 거예요. 망할 가능성이 없는 채권인데 끝까지 보유하면 되지 갑자기 손해를 보면서 파니 뱅크런이 일어났습니다.

채권 투자를 하는 입장에서 보면 국채는 만기까지 그냥 갖고 있으면 됩니다. 하지만 현금이 필요한 상황이 있잖아요. 만기를 채우고 이자를 얻기 위해서 투자하는 은행 예금도 현금이 필요할 때 예금을 깨지 않습니까? 마찬가지로 채권도 돈이 필요하면 팔 수 있습니다. 다만 SVB는 때를 잘못 만난 거죠. 금리가 급등하면서 채권 손실이 발생했고, 이 채권 손실 때문에 예금주나 주주들에게 믿음을 주지 못해서 은행이 파산하게 된 것입니다.

채권의 베타, 듀레이션

듀레이션이라는 개념이 여기서 나옵니다. 신문에서는 듀레이션을 '실질 만기'라고 표현합니다. 더 쉽게 두 가지를 이야기해 보겠습니다.

첫 번째, 주식 투자에서 베타는 지수의 변동성 대비해서 해당 주가가 변하는 변동폭입니다. 예를 들어서 삼성전자 주식을 살 때 삼성전자 주식의 변동성이 코스피 지수 대비해서 몇 퍼센트

변했는지 보는 것입니다. 지수 대비해서 많이 변하면 베타가 높다고 합니다. 채권에서는 금리의 변동성 대비 채권 가격의 변동폭을 듀레이션이라고 합니다. 즉 듀레이션은 바꿔 말하면 채권의 베타라고 할 수 있습니다.

두 번째, 제가 채권에 100을 투자했어요. 이 100은 어차피 만기가 되면 돌아옵니다. 그런데 채권 투자는 원금과 그 사이의 이자 수익을 기대하게 되죠. 100을 투자했을 때 언제 이자를 포함한 수익이 100이 되어 돌아오느냐를 생각하면 됩니다. 그러니까 내가 투자한 원금을 언제 받을 수 있는지, 언제 원금을 회수할 수 있는지의 기간을 역시 듀레이션이라고 보시면 됩니다.

예를 들어보죠. 최근에 아르헨티나 정권이 바뀌었습니다. 아르헨티나 페소 가치가 워낙 떨어져 있으니까 달러로 바꾼다는 이야기가 나옵니다. 실제로 이와 관계 있는 게 사실 아르헨티나 정부채거든요. 아르헨티나 정부가, 나라가 좀 괜찮아지면 항상 달러 채권을 발행합니다.

2018년에 당시 100년짜리 채권을 발행했어요. 100년짜리 채권을 발행하면서 쿠폰은 원래는 8.5%를 주기로 했는데 여기서는 계산하기 쉽게 20%의 이자율을 준다고 가정할게요. 시장 금리 역시 현재 20%입니다. 그러면 원금을 100만큼 아르헨티나 100년 채권에 투자했으면 듀레이션이 대략 얼마일까요? 5년입니다.

시장 이자율에 따라서 듀레이션이 달라지지만 앞서 시장 이자율 20%라고 가정했잖아요. 100을 투자하면 1년에 한 번씩 이자 20을 받습니다. 다섯 번 받으면 100이 되잖아요. 그래서 듀레이션은 5년이 되는 거죠. 만기는 100년이지만 실제로 움직이는, 그러니까 채권의 가격 민감도는 비교적 낮은 편이죠.

2023년 10~11월 국고채 20년물 이상의 ETF에 채권 투자가 몰리고 있다, 미국 국채 20년 이상의 레버리지 3배짜리 ETF에 투자가 몰리고 있다 하는 뉴스를 보셨을 겁니다. 금리가 떨어지는 거에 대해서 채권 수익을 얻고 싶은, 투자하고 싶은 수요가 많아지는 겁니다.

듀레이션이 클수록, 그러니까 금리의 변동에 대한 채권 가격의 변동폭이 클수록, 그리고 원금 회수까지 시간이 오래 소요될수록 금리 변동분에 대한 가격 민감도가 큽니다. 가격 변동 듀레이션 그리고 금리 변동 간 관계를 식으로 나타냈습니다. 금리 변

금리 변동분에 대한 채권가격 변동

$$\frac{p_{t+1} - p_t}{p_t} \doteq Duration_{modified} * (r_{t,\backslash} - r_t)$$

• $p_{t,\backslash}$: 미래 채권가격　• p_t : 현재 채권가격　• $r_{t,\backslash}$: 미래 금리　• r_t : 현재 금리

동분을 왼쪽으로 이항시키면 듀레이션에 대한 정의가 나옵니다. 결국 분모가 되는 금리 변동분의 가격 변동 폭이 듀레이션이 되겠습니다.

채권 투자를 생각할 때 오로지 이자 수익만 바라보는 사람도 많습니다. 가장 안전한 방법이기도 하고요. 그런데 이자 수익뿐만 아니라 자본 차익 측면도 고려해야 한다는 걸 꼭 말씀드립니다. 특히 지난 1년 반 동안 금리가 계속 올랐잖아요. 이제 정점을 찍고 내려가는 국면이 온다면 듀레이션이 큰 채권을 사서 금리 떨어졌을 때 수익을 얻으려는 자본 차익 부분을 충분히 생각해

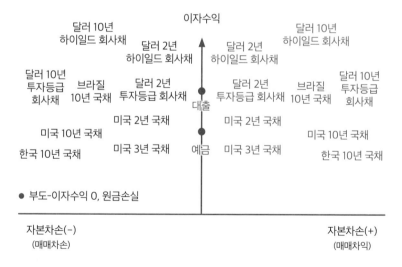

수익별 채권 정리

이자수익

달러 10년
하이일드 회사채

달러 2년
하이일드 회사채

달러 2년
하이일드 회사채

달러 10년
하이일드 회사채

달러 10년
투자등급
회사채

브라질
10년 국채

달러 2년
투자등급 회사채

대출

달러 2년
투자등급 회사채

브라질
10년 국채

달러 10년
투자등급
회사채

미국 10년 국채

미국 2년 국채

미국 2년 국채

한국 10년 국채

미국 3년 국채

예금

미국 3년 국채

미국 10년 국채

한국 10년 국채

● 부도-이자수익 0, 원금손실

자본차손(-)
(매매차손)

자본차손(+)
(매매차익)

주셨으면 합니다. 반면에 자본 차익을 얻을 수 있다는 이면에는 만약 금리가 반대로 갔을 경우 손실 가능성도 있습니다.

확실한 것은 이자 수익은 항상 플러스라는 겁니다. 그러니까 편하게 이자 수익을 먹으면서 금리가 떨어졌을 때 이 정도면 충분히 수익을 먹을 수 있어 하면서 채권을 파는 것도 생각해보시는 게 좋겠습니다.

금리와 채권 가격 간의 관계

가끔 금리가 오르면 채권 가격이 오른다는 기사를 볼 수 있습니다. 실제로 금리와 채권 가격 간의 관계를 좀 헷갈리시는 분들이 좀 많으시더라고요. 다시 한번 짚어보겠습니다.

채권은 발행될 때 이미 이름이 정해집니다. 돈을 빌리는 사람과 돈을 빌려주는 사람 간의 관계가 성립되면 채권이 발행되는 거잖아요. 채권이 발행됐을 때 돈을 빌리는 발행자는 투자자에게 원금의 특정 퍼센티지를 이자로 매년 또는 매 분기 또는 매 반기 지급하기로 약속한 증서입니다. 그래서 영어로는 채권을 Fixed Income(고정수익증권)이라고도 말하는 겁니다. 보통 채권을 본드 (bond)라고 하지만 실제 채권을 잘 설명하는 단어는 픽스드 인컴입니다. 여기서부터 채권 가격의 변동이 시작되는 거거든요.

채권은 한 번 발행하면 끝입니다. 만기까지 채권의 성격은 변하지 않는데 시장 금리는 매일 변합니다. 내가 5%의 채권을 찍었는데 갑자기 중앙은행이 금리를 1% 낮춘답니다. 그래서 갑자기 채권 금리가 전날 5%였는데 오늘 4%로 바뀝니다. 다음 날에는 3%로 바뀌고 또 3.5%로 바뀝니다. 이렇게 시장 금리는 매일매일 변하거든요. 여기서 금리와 채권 가격 간의 관계가 나옵니다. 채권 가격과 시장 금리는 서로 반비례합니다.

만기 10년짜리 채권이 있습니다. 어제 A라는 발행자가 채권을 100만큼 찍고 매년 5%씩 주기로 했습니다. 다음 날 되니까 두 가지 케이스가 나오는 겁니다. 첫 번째는 갑자기 천지개벽이 한 거예요. 러시아와 우크라이나가 전쟁을 벌여서 금리가 뚝 떨어집니다. 2%로 떨어졌다고 가정해보죠. 사람들은 5% 채권에 투자하고 싶습니다. 오늘 금리가 2%니까요.

이제 5%를 이미 갖고 있는 사람 입장을 생각해봅시다. 오늘 갑자기 금리가 2%로 변했는데 내가 가진 5% 채권을 포기하고 받을 현금으로 2% 자산에 투자하면 당연히 손해입니다. 만약 이 둘 간의 거래가 성사시키려면 매년 몇 퍼센트씩 프리미엄을 줄래 하고 이야기를 할 수 있죠. 몇 퍼센트일까요? 3%입니다. 5% 빼기 2%. 그럼 3%씩 프리미엄을 주는데 만기가 10년이라고 그랬잖아요. 매년 3%니까 10년을 곱해줘야죠. 그러면 채권 가격은 100이 아니라 30을 더해서 130만큼 서로 거래하게 되는 겁니다. 그러니까 금리가 떨어지니까 채권 가격은 올라갑니다.

이제부터 나오는 채권 금리가 올라가는 상황에서 채권 투자하는 사람 입장에서 한번 생각을 해볼게요. 똑같은 채권이 있습니다. 다음 날에 갑자기 한국은행에서 금리를 5%로 올려버렸습니다. 물가가 너무 많이 올랐다는 거예요. 어제 먹었던 바밤바가 1천 원이었는데 오늘 먹을 바밤바가 1만 원이 되면 물가를 잡아야 하잖아요. 그러면 금리를 올려줘야겠죠. 그래서 시장 수익률이 어제 5%였는데 오늘 10%로 바뀌었어요. 채권을 깎아야겠죠. 1년에 5%.

채권을 들고 있는 사람 입장에서는 어떻게든 5%를 팔고 싶어요. 왜냐하면 이제 10%짜리 채권이 나올 수 있잖아요. 그러니까 나는 오늘 돈을 갖고 있으면 10%를 투자할 수 있다고요. 그런데 실제로 투자하는 사람 입장에서는 얘도 10%에 투자할 수 있잖아요. 그럼 둘 간에 합의를 봐야죠. 그러면 내가 네 5%짜리 사줄게. 그런데 내가 5% 채권을 사주면 5%밖에 못 받으니까 손해잖아요. 오늘 10%니까요. 그래서 이걸 채권 가격으로 조정하는 거거든요. 1년에 5%씩 만기가 10년이니까 곱하기 10에서 50%를 디스카운트를 하면 채권 가격이 100이 아니라 50밖에 안 되는 겁니다.

그래서 채권이 듀레이션이 클수록 변동성이 주식 못지 않습니다. 채권에서 기본적으로 금리 한 5% 받고, 금리 방향을 잘 타서 수익을 얻는다면 상당히 수익을 얻을 수가 있습니다.

채권가격 공식

$$p= \frac{c}{(1+y)^1} + \frac{c}{(1+y)^2} + \cdots + \frac{c}{(1+y)^n} + \frac{M}{(1+y)^n}$$

•c: 매 기간 이자 지급액 •y: 채권이자율 •n: 채권 만기 •M: 채권 액면가

채권 가격의 공식을 보면 좌변에 있는 p는 채권 가격이고, 우변 분모에 있는 y는 시장 금리입니다. 시장 금리가 분모에 있으니까 시장 금리가 커질수록 채권 가격이 떨어지겠죠. 분모의 숫자가 점점 커지니까 결국은 만기가 길수록, 듀레이션이 길수록 채권 가격의 변동 폭은 상당히 커집니다.

금리가 하락하는데 왜 회사채 금리는 오를까

한 가지 더 짚어보죠. 금리가 떨어진다고 하는데 느닷없이 신문에서는 회사채 금리는 오른대요. 지난 2020년 2월에 나온 로

2020년 2월 24일 로이터 기사

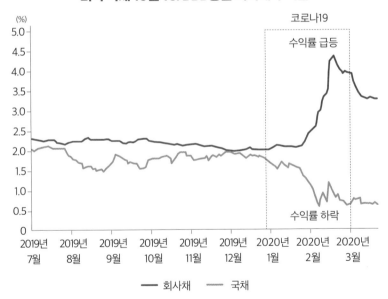

assets amid fears about the economic impact of the coronavirus, but credit spreads widened as concerns mounted about the ability of companies to service their debt.

The 10-year Treasury yield fell to a record low of 1.32%, while the 30-year yield set a new all-time low of 1.80%. However, the cost of insuring against default by investment-grade U.S. companies rose to its highest level since 2016.

국채금리 하락

The widening of credit spreads indicates that investors are becoming more cautious about the creditworthiness of companies, as the coronavirus outbreak threatens to disrupt global supply chains and dent economic growth."

"월요일에는 코로나바이러스의 경제적 영향에 대한 우려가 커져 안전자산 선호 현상이 높아져 인해 미국 국채 수익률이 하락하였습니다. 반면 회사들이 부채를 상환할 수 있는 능력에 대한 우려가 커지면서 크레디트 스프레드가 확대되었습니다.

10년 만기 미국 국채 수익률은 1.32%로 기록적인 최저치를 기록하였으며, 30년 만기 국채 수익률은 1.80%로, 역대 최저치를 갈아치웠습니다. 그러나 투자등급을 받는 미국 기업의 부도 위험 비용은, 2016년 이후로 최고치를 기록하였습니다."

회사채 스프레드 확대

크레디트 스프레드의 확대는 코로나바이러스 발생으로 세계적인 공급망이 방해받고 경제 성장이 위축될 우려가 커짐에 따라, 투자자들이 기업의 재정적으로 상환할 수 있다는 신뢰에 대하여 더욱 조심하고 있다는 것을 나타냅니다."

이터 기사를 발췌한 것을 보겠습니다.

이때 코로나 사태가 터지기 직전이죠. 이제 점점 심각해지는 겁니다. 초기에는 중국에서 끝날 거라고 생각했는데 미국으로 퍼지고 뉴욕이 마비됐습니다. 병이 퍼져서 개인이 경제 활동을 못 하면 기업 활동을 못 하고, 기업이 돈을 못 벌면 기업의 빚을 못 갚습니다. 극단적으로 생각하면 기업의 부도 확률이 높아지는 거죠. 망할 수도 있는 회사 채권이니 가치가 떨어집니다. 채권 가격과 금리는 반비례한다고 했습니다. 그러니까 회사채 금리는 높아지는 겁니다.

회사가 망할 것 같으니까 우리는 빙하기가 오더라도 살아남을 수 있는 땅으로 가야 합니다. 채권 같은 경우 절대 망하지 않을 것 같은 채권, 즉 안전자산에 투자하게 되는 거고요. 그러니 미국 국채에 다 몰리는 거예요. 그래서 미국 국채 금리는 떨어지고 회사채 금리는 올라가는 현상이 벌어지는 게 되는 겁니다.

회사채 금리 = 국채 수익률 + 크레디트 스프레드

회사채 금리는 국채로 대표하는 안전자산 금리에다 회사 고유 위험을 나타내는 크레디트 스프레드의 합으로 구성됩니다.

그래서 국채 수익률 금리가 설사 1%가 떨어진다고 해도 크레디트 스프레드가 5%가 올라버리면 결국 회사채 금리는 4% 올라갑니다.

이런 현상은 주로 경기가 침체됐을 때, 예를 들면 1997년 IMF나 2008년 금융위기, 2020년 팬데믹처럼 극단적인 경기 침체로 갔을 때 나옵니다. 회사채 투자할 때 마냥 수익률이 높다고 사는 것이 아니라 회사채 수익률을 뜯어봤더니 아주 싸고 좋다고 판단할 수 있어야 합니다.

회사채 수익률에 대해서 배웠으니 이걸 나만의 사분면으로 만들 수 있어요. 그러니까 수평축에는 금리에 대한 변동을 그려 놓고 수직축에는 크레디트 스프레드의 변동을 보는 거예요. 즉 금리 부분은 안전자산, 통화정책, 양적완화 등이 포함될 거고요.

사분면 구성하기

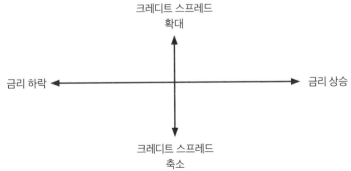

크레디트 스프레드는 회사 자체의 위험 선호를 보는 건데 나만의 브레인스토밍을 해보시는 것도 도움이 될 거예요.

왜 이 시기에 채권일까?

이렇게 말하는 게 사실은 부담스럽습니다. 2008년 금융위기가 터지고 나서 2021년 말까지 사실 채권의 시대였어요. 저금리였지만 기본적으로 채권 금리가 내려가는 시장이었기 때문에 채권 가격이 올라갔죠. 그런데 팬데믹이 터지고 나서 공급망 혼란이 오고 물건이 적어지니까 물가가 많이 올랐잖아요. 물가가 오르니까 돈줄을 죄기 시작하는 거죠. 그래서 사실 2022년과 2023년 10월까지는 채권은 암흑기였습니다. 그런데 다시 채권의 시대가 오고 있다고 언론에서 조심스럽게 이야기하고 있어요. 왜 그럴까요? 저는 딱 세 가지만 말씀드리겠습니다.

첫 번째는 구리/금 비율과 10년 국채 금리 비교입니다. 지난 20년 동안의 그래프인데 연한 색 선이 구리를 금으로 나눈 비율이고 진한 선이 10년 국채 금리입니다.

구리는 물건을 만들어낼 때 소재로 쓰입니다. 물건이 많이 만들어질수록 구리의 수요가 늘어나고 수요가 늘어나면 가격이 올

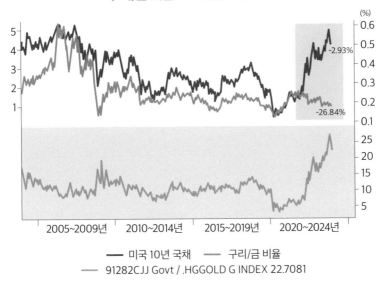

구리/금 비율 vs. 10년 국채 금리

2005~2009년   2010~2014년   2015~2019년   2020~2024년

-2.93%

-26.84%

━━ 미국 10년 국채   ━━ 구리/금 비율
━━ 91282CJJ Govt / .HGGOLD G INDEX 22.7081

라갑니다. 그래서 경기가 회복되고 풀릴수록 구리 가격은 올라가게 돼 있습니다. 반면에 금은 안전자산이죠. 보통 경기 침체가 오거나 문제가 터졌을 때 특히 전쟁이 났을 때 금 가격이 오릅니다. 그러니까 구리와 금은 정반대로 움직이는 성질을 갖고 있습니다.

미국 국채는 세계에서 가장 강한 나라의 정부 채권이니 안전자산입니다. 그리고 금리와 채권 가격은 서로 반비례하니까 금리가 떨어질수록 채권 가격은 오릅니다. 그러니까 금 가격이 오를수록 국채 가격도 올라야 하는 게 정상이에요. 지난 20년 동안 구리/금 비율과 미국 10년 국채 금리는 동행해왔습니다.

그런데 2022년부터 어긋나기 시작한 겁니다. 가장 큰 이유는 물가였어요. 물가가 오르니 중앙은행은 금리를 올리고 10년짜리 금리가 올라가니까 경기 침체에 대한 우려가 커지는 거예요. 그래서 금 가격이 많이 올랐습니다. 이렇게 두 지표가 지금 서로 반대 방향으로 가게 됐는데 이제 다시 모일 가능성이 크다고 보고 있어요.

경기 호황이 오면 구리/금 비율이 올라갈 것이고, 경기가 약간 둔화되는 모습을 보이면 10년짜리 국채 금리가 떨어질 가능성이 큽니다. 저는 후자라고 보고 있어요. 중앙은행이 돈줄을 죈다는 건 경제 활동을 억제한다는 의미를 갖고 있거든요. 그러면 경기가 둔화될 것이고 결국 금리가 더 떨어질 가능성이 큽니다. 그럼 결국 다시 두 지표는 같은 방향을 향해 갈 것입니다.

두 번째는 더 직관적인 겁니다. 최근 10년 동안은 주식 수익률과 채권 수익률을 비교할 게 없었습니다. 채권 금리가 워낙 낮았으니까요. 그런데 2022년부터 금리를 올리니까 채권 수익률이 주식 수익률에 거의 근접하게 됐죠. 사실은 지금 주식 되게 강합니다. 주식 가격이 계속 올라가니까 주가 수익 비율(PER)도 올라갑니다. 지금 S&P 기준으로 퍼가 거의 20이거든요. 주식 수익률이라고 하면 퍼를 뒤집으면 됩니다. 그게 진한 색 실선이고

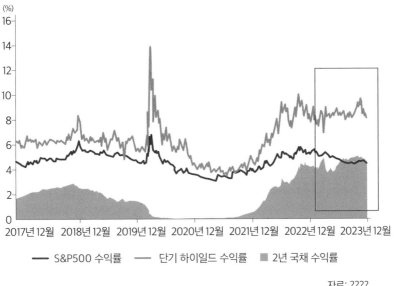

1/S&P 500 PE ratio vs 하이일드 수익률 vs 미국 국채 2년

(%)

2017년 12월 2018년 12월 2019년 12월 2020년 12월 2021년 12월 2022년 12월 2023년 12월

— S&P500 수익률　　— 단기 하이일드 수익률　　■ 2년 국채 수익률

자료: ????

요. 회색 음영이 국채 2년 금리입니다. 위험이 없는 국채 금리가 거의 주식 수익률에 근접했다 혹은 오히려 더 높다는 것 매력적이죠.

연한 색 선은 하이일드 수익률입니다. 3~5년짜리 하이일드 인덱스인데, 미국 달러 기준으로는 거의 10%예요. 그러니까 한 5년 이상 봤을 때 가장 많이 벌어져 있습니다. 그러니까 채권 수익률이 그만큼 상당히 매력적이라고 볼 수 있습니다.

마지막으로는 미 국채 10년 금리와 기대 인플레이션입니다.

미국 국채 10년 금리 vs. 기대 인플레이션

(%)

2017년 12월 2018년 12월 2019년 12월 2020년 12월 2021년 12월 2022년 12월 2023년 12월

— 기대 인플레이션   — 미국 국채 10년 금리

자료: FRED

금리는 사실 물가에 영향을 가장 많이 받거든요. 물가가 오르면 돈의 가치가 떨어지고, 돈의 가치를 올리기 위해서 금리를 올립니다. 짙은 색 실선은 기대 인플레이션을 나타냅니다. 기대 인플레이션은 당장의 물가는 아니지만 몇 년 후에 물가가 어느 정도 올라갈 것 같다고 예상하는 지표입니다. 실제로 보면 각 중앙은행이 물가를 바라볼 때 현재의 물가도 중요하지만 기대 인플레이션이 얼마나 안정적으로 유지됐나를 살펴봅니다.

짙은 색 선을 보면 내려가고 있는데 연한 색 실선인 국채

10년은 금리가 올라가고 있어요. 미국도 그렇고 우리나라도 마찬가지입니다. 물가가 안정된 상태에서 금리가 과하게 올랐다고 판단하는 거죠. 그래서 이 부분이 채권 투자의 키포인트입니다.

2024년 채권시장의 향방

2024년 채권시장의 갈 길을 한번 보겠습니다. 앞서 사분면을 소개했습니다. 이번에는 제가 사분면을 채워봤어요. 이게 정답은 아닙니다. 다음 페이지를 봐주세요.

저는 기본적으로 2사분면 쪽, 그러니까 약간 경기 둔화를 예상합니다. 경기가 둔화되면 기본적으로 안전자산 선호 현상으로 금리가 떨어지고 반면에 회사채 고유 위험은 높아지는 상황을 예상할 수 있습니다. 기본적으로 경제성장률이 좀 떨어지고 그다음에 물가가 좀 둔화되고 그다음에 고용도 좀 둔화될 것이라고 봅니다.

중국이 시진핑 3기로 접어들면서 레짐 체인지가 일어나면서 과거의 공산주의를 회귀하는 거 아닌가 하는 두려움 때문에 중국에 투자를 많이 안 하고 있습니다. 그래서 중국의 리셉션이 걱

기본 방향: 금리 하락+크레디트 위험

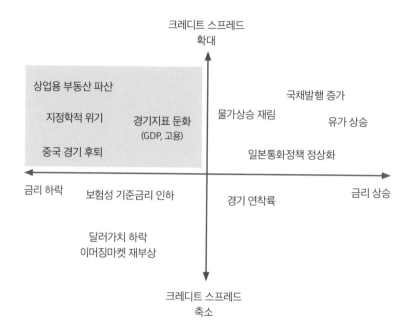

크레디트 스프레드
확대

상업용 부동산 파산

지정학적 위기　　　경기지표 둔화
　　　　　　　　　(GDP, 고용)

중국 경기 후퇴

국채발행 증가

물가상승 재림　　　　　유가 상승

일본통화정책 정상화

금리 하락　　　보험성 기준금리 인하　　　　경기 연착륙　　　　　금리 상승

달러가치 하락
이머징마켓 재부상

크레디트 스프레드
축소

정되고, 지정학적 위기는 현재 진행형이죠. 미국 같은 경우에는 코로나 팬데믹 이후 오피스 공실률이 높습니다. 그래서 언제 상업용 부동산 이슈가 터질지 몰라서 걱정이 큽니다.

　제 기본 시나리오는 이렇지만 다르게 보면 경기가 연착륙할 수도 있습니다. 또 미국 연준에서 '기준금리를 몇 번 내릴 거야'라는 뉴스가 나오거든요. 보험성 기준금리를 인하하면 오히려 금리도 떨어지고 회사채 위험도 줄어드는 그런 상황을 볼 수 있

경기사이클에 따른 채권의 금리와 크레디트 스프레드의 움직임

구분	회복	확장	확장 후기	침체 초기	침체 후기	Tall risk
금리	하락	상승	상승	정점	하락	하락
스프레드	축소	보합	확대	확대	확대	확대

습니다.

경기사이클에 따른 채권 금리와 크레디트 스프레드 움직임을 보겠습니다. 현재 제가 보기에는 침체 초기에 저희가 서 있다고 생각해요. 확장 후기에서 침체 초기로 넘어가는 단계고, 결국 침체가 어느 정도 보이니까 중앙은행에서 기준금리 인상을 사실상 더 이상 하지 않겠다고 말한 거거든요. 그러면 금리가 정점을 치고 스프레드가 벌어지는 상황에서 기본적인 시나리오는 금리가 떨어지고 스프레드가 벌어지는 상황이 될 수도 있습니다.

하지만 보험성 기준금리 인하가 됐을 경우에는 침체 초기가 바로 회복, 확장으로 갈 수 있습니다. 우리가 2019년에 그런 현상이 벌어졌거든요. 기준금리를 내려서 돈을 푸는 개념이 되다 보니 회사채와 위험자산은 오히려 좀 더 랠리를 할 수 있는 환경이 될 수도 있습니다. 이 두 가지 상황을 염두에 두고 2024년을 맞이하면 될 것 같습니다.

2024년에 맞는 투자 방향은 무엇일까요? 제가 보기에는 채권 금리는 충분히 투자할 수 있는 수준이라고 생각합니다. 그런데 긴축통화 정책의 후유증이 있을 수 있어요. 원래 침체는 기준금리를 다 올리고 돈줄까지 다 쥔 다음 더 이상 죄지 않겠다고 이야기하고 나서 보통 1년에서 1년 반 후에 나타나는 경우가 많습니다. 그래서 이 후유증에 대비해야 한다고 생각합니다.

정리하자면 국제 투자는 듀레이션을 길게, 회사채 투자는 듀레이션을 짧게 하자고 말씀드립니다. 회사채 투자는 회사채 금리가 올라갈 수 있는, 즉 자본 손실을 볼 수 있는 가능성이 있어서 그렇습니다. 그럼에도 불구하고 아직도 단기금리가 장기금리보다 높다는 점도 기억하세요.

크레디트 바벨 전략

저는 2024년에 짚신장수 우산장수 전략을 추천합니다. 크레디트 바벨 전략이라고도 합니다. 기본적으로 만기가 짧지만 이자가 높아 이자 수익을 올릴 수 있는 하이일드 채권을 가져가되, 경기 침체에 대비하기 위해 때로는 금리 하락에 베팅하기 위해 안전자산 국채를 같이 투자하시기를 권장합니다.

크레디트 바벨 전략 사례를 가져왔습니다. 다음 페이지 상단

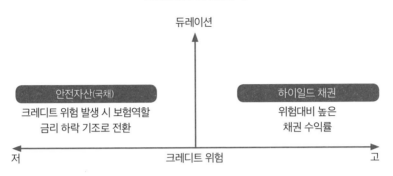

크레디트 바벨 전략

듀레이션

안전자산(국채)
크레디트 위험 발생 시 보험역할
금리 하락 기조로 전환

하이일드 채권
위험대비 높은
채권 수익률

저　　　　　　　　　　크레디트 위험　　　　　　　　　　고

이 국채 7년에서 10년짜리 만기의 ETF(티커 IEF)고요. 아래에 있는 것은 만기가 5년 이내인 단기 하이일드 ETF(티커 SHYG)입니다. 둘 다 블랙록에서 운용하고 있는 ETF입니다. MTS로도 자유롭게 거래할 수 있으니 관심 가져보면 좋겠습니다. 한국거래소에도 재간접이기는 하지만 비슷한 ETF가 상장되어 있어 우리나라 시장에서도 거래할 수 있습니다.

　정리하겠습니다. 듀레이션은 금리의 변동성 대비 채권 가격의 변동폭(채권의 베타), 투자한 원금과 회수금 시점이 일치했을 때입니다. 시장 금리와 채권 가격은 서로 반비례합니다. 채권은 현금 흐름이 정해져 있는데 시장 금리는 매일 변하기 때문에 시장 금리가 떨어질수록 채권 가격이 오릅니다. 반면에 시장 금리가 올라가면 채권 가격이 떨어집니다. 채권 발행자의 위험을 나

크레디트 바벨 전략

iShares 7-10 Year Treasury Bond ETF (IEF)
NasdaqGM - NasdaqGM Real Time Price. Currency in USD
☆ Follow

94.04 +0.88 (+0.94%)   **93.99** -0.05 (-0.05%)
At close: December 1 04:00PM EST   After hours: Dec 1, 07:39PM EST

Start Trading >>
Plus500 82% of retail CFD accounts lose money

Summary Chart Conversations Historical Data Profile Options Holdings Performance Risk

Previous Close	93.16	Net Assets	27.04B	
Open	93.14	NAV	93.96	
Bid	93.99 x 21500	PE Ratio (TTM)	N/A	
Ask	94.07 x 41800	Yield	2.92%	
Day's Range	93.12 - 94.09	YTD Daily Total Return	0.82%	
52 Week Range	88.86 - 100.80	Beta (5Y Monthly)	1.18	
Volume	20,775,161	Expense Ratio (net)	0.15%	
Avg. Volume	11,670,906	Inception Date	2002-07-22	

1D 5D 1M 6M YTD 1Y 5Y Max   ⬛ Full screen
104.00 / 98.00 / 94.04 / 92.00 / 86.00
Jan 2, 23   Jun 19, 23
Trade prices are not sourced from all markets

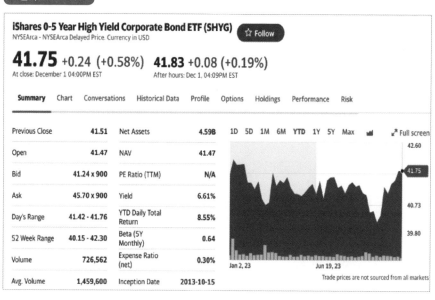

iShares 0-5 Year High Yield Corporate Bond ETF (SHYG)
NYSEArca - NYSEArca Delayed Price. Currency in USD
☆ Follow

41.75 +0.24 (+0.58%)   **41.83** +0.08 (+0.19%)
At close: December 1 04:00PM EST   After hours: Dec 1, 04:09PM EST

Summary Chart Conversations Historical Data Profile Options Holdings Performance Risk

Previous Close	41.51	Net Assets	4.59B	
Open	41.47	NAV	41.47	
Bid	41.24 x 900	PE Ratio (TTM)	N/A	
Ask	45.70 x 900	Yield	6.61%	
Day's Range	41.42 - 41.76	YTD Daily Total Return	8.55%	
52 Week Range	40.15 - 42.30	Beta (5Y Monthly)	0.64	
Volume	726,562	Expense Ratio (net)	0.30%	
Avg. Volume	1,459,600	Inception Date	2013-10-15	

1D 5D 1M 6M YTD 1Y 5Y Max   ⬛ Full screen
42.60 / 41.75 / 40.73 / 39.80
Jan 2, 23   Jun 19, 23
Trade prices are not sourced from all markets

타내는 지표는 회사채 수익률에서 안전자산인 국채 금리를 차감한 크레디트 스프레드입니다. 국채 듀레이션은 길게, 회사채 듀레이션은 짧게, 크레디트 바벨 전략을 잘 만들어서 시장 상황과 무관하게 안정적인 수익률을 얻자는 게 제 결론입니다.

───────────────(Q&A)───────────────

Q. 채권 투자할 때 리스크 관리 방법이 궁금합니다. 금융위기나 예상치 못한 상황이 발생했을 때 어떻게 대응하면 좋을까요?

A. 채권 투자에서 가장 큰 리스크는 내가 투자한 회사가 망했을 때입니다. 주식도 마찬가지겠지만 채권은 전체적인 수익을 볼 때는 합쳐서 봐야 합니다. 그래서 보험을 들어야 한다는 거예요. 큰 회사들이 망했을 때는 사실 국채 투자를 같이하면 좋습니다. 그래서 크레디트 바벨 전략을 말씀을 드린 거고요.

두 번째는 팬데믹 같은 정말 예기치 않은 리스크가 또 올 수 있잖아요. 주로 유명 펀드들이 하는 전략 중 하나인데 크레디트 채권을 사고 리스크를 헤지하기 위해서 미국 같은 경우에는 개별 상장돼 있는 회사는 모두 다 풋옵션 콜옵션을 갖고 있잖아요. 아예 풋옵션을 삽니다. 우리나라 경우에는 그게 안 되니까 지금 코스피 풋옵션을 사고요.

채권에 너무 국한되지 않고 오히려 가격 하락 때 비대칭적인 상품을 많이 사게 되는데 그중 하나가 옵션이에요. 그래서 주가지수 풋옵션을 사는 거, 절대 옵션은 파는 것은 저는 권하지 않습니다. 왜냐하면 잘못하면 망할 수 있습니다. 보통 주가지수 풋옵션을 가지고 헤지하는 경우가 좀 많고요.

금리에 대한 헤지는 국채 투자를 하면서 크레디트 바벨 전략으로 가는 게 좀 유용해 보입니다.

**2024 KOREA
FINANCIAL PLANNING
TRENDS**

PART 4

미리 시작하는
은퇴 준비

은퇴 후 월급 500만 원 만들기: 준비편

김동엽

미래에셋투자와연금센터 상무

퇴직하면 가장 아쉬운 것은 무엇일까요? 월급입니다. 은퇴 이후에도 매달 월급을 받는 방법은 없을까요? 국민연금, 퇴직연금, 개인연금, 주택연금 등을 활용해 평생 월급 500만 원을 만드는 방법을 살펴보겠습니다.

사실 저성장 시대로 접어들면서 투자할 곳이 줄어들고 있고 연금 수령 시기도 늦춰지면서 은퇴 후 노후에 대한 걱정을 많이 하고 있을 겁니다. 풍요로운 노후를 위해서는 안정적인 현금 흐름 확보하는 게 굉장히 중요합니다. 은퇴 후 월급 500만 원 만들기. 어떻게 만들지 이야기를 한번 시작해보겠습니다.

노후에서의 불확실성

자산 관리에서 우리가 힘들어하는 부분 중 하나가 불확실성입니다. 투자에서는 리스크라고도 하죠. 그런데 우리가 살면서 가장 불확실한 것은 수명입니다.

『삼년고개』라는 전래동화가 있습니다. 이 고개에서 넘어지면 3년밖에 살지 못한다고 해서 삼년고개입니다. 한 번 넘어지면 3년밖에 못 산다지만 3년 단위로 한 번씩 넘어지면 영원히 살 수 있다는 이야기죠. 동화 속 이야기인 줄만 알았는데 과학계에서도 비슷한 이야기를 합니다. 구글의 레이 커츠와일은 사람이 생존하고 있다는 전제하에 과학이 해마다 수명을 1년 이상 연장할 수 있는 시점을 '장수탈출속도'라고 언급했습니다. 이론적으로는 이 상태에 이르면 인류는 사고사하지 않는 한 영원히 살게 됩니다. 커츠와일은 빠르면 10년 이내에 그 일이 일어날 수도 있다고 생각하고 그 안에 죽지 않으려고 온갖 종류의 약을 다 먹고 있다고 합니다.

"우리는 몇 살까지 살까?"에 대한 답이 〈타임〉 표지에도 나와 있습니다. 2015년 표지에 "올해 태어난 아이는 142년을 산다."라고 적혀 있고, "2045년이 되면 사람은 더 이상 죽지 않는다."라고도 적혀 있습니다. 중요한 건 방향성입니다. 앞으로 우리는 일찍 죽는 것보다 오래 사는 것에 고민을 더 해야 합니다.

자산 관리할 때도 고민이 생기겠죠. 어떻게 자산 관리를 할지 오래 살아봤던 사람에게 물어봐야 하잖아요. 기네스북에 오른

〈타임〉 표지

가장 오래 살았던 사람은 프랑스 남부의 아를 지방에서 살다가 돌아가신 잔 루이즈 칼망입니다. 1875년에 태어나 1997년까지 살았습니다. 공식적으로 명확한 출생 및 사망 기록을 가진 인간 가운데 가장 오래 산 장수인, 122년 164일에 살았다고 기네스북 기록에 올라 있습니다.

이분은 자산 관리를 어떻게 했을까요? 이분의 남편이 돌아가실 때 우리나라 돈으로 한 10억 원 정도 되는 저택을 남겨뒀다고 합니다. 문제는 집만 한 채 덩그러니 남겼을 뿐 현금 흐름, 소득이 없었다는 겁니다. 살던 집에 계속 살면서 소득도 마련할 방법이 없을까 계속 고민합니다. 이때 남편의 고문 변호사였던 앙드레 라프레가 할머니에게 한 가지 제안합니다. 자신에게 집을 팔라는 거였죠. 죽을 때까지 집에서 살게 해주고, 대금은 다달이 400만 원을 받는다는 조건이었습니다. 라프레는 왜 저런 제안을 했을까요?

저 계약이 이루어진 시기는 1965년입니다. 당시 프랑스 사람의 평균 수명이 60살도 안 됐습니다. 할머니는 이미 90살이었고요. 라프레의 머릿속에는 '할머니가 살면 얼마나 살까? 90살이면 내일 죽어도 이상하지 않을 것 같은데.' 하는 생각이 있었을 겁니다. 1년을 살면 월 400만 원을 줘도 4,800만 원. 집값은 10억이니 손해 볼 일이 없죠. 10년을 살아서 100살까지 살아도 4억 8천만 원, 운이 나빠서 20년을 살더라도 9억 6천만 원입니다. 자기가 손해 볼 일이 없을 거라고 생각했을 거예요.

할머니의 목적은 집에서 살면서 생활비를 받는 것입니다. 두 가지 문제가 다 해결돼버렸어요. 그래서 계약서에 사인을 해버립니다. 변호사는 10억짜리 집이 공짜로 생긴 것 같은 느낌이 들었을 거예요.

30년이 지납니다. 변호사가 77살이 되고 할머니가 120살이 돼요. 크리스마스 다음 날 변호사가 먼저 죽습니다. 〈뉴욕타임스〉에는 "앙드레 라프레는 평생 들어가 보지도 못할 집을 사기 위해서 집값의 2배를 치렀다"라는 기사가 나와요.

이 변호사는 어떤 실수를 했을까요? 평균의 함정에 빠졌다고 할 수 있습니다. 평균 수명 즈음에서 죽지 않을까 하고 판단해서 매매 계약을 해버린 거 아니에요. 그런데 리스크는 평균에 있는 게 아니고 평균에서 벗어나는 데 있습니다. 대한민국 평균 기대 수명이 83.6세거든요. 다 그맘때 죽을 거라고 생각하지만 그렇지 않은 사람들이 훨씬 더 많습니다. 그 평균에서 벗어나는 걸 리스크라고 합니다.

할머니 입장에서 손해 볼 것이 뻔한데 왜 저런 계약을 했을지 생각해볼 수 있죠. 할머니에게 리스크는 이 집에서 못 살고 생활비가 없는 거예요. 그런데 그 두 가지 문제가 다 해결된 겁니다. 죽어서 부자가 무슨 의미가 있냐 살아있을 때 부자로 살고 싶다는 거예요. 죽어서 집 한 채 남겨놓기보다는 살아있을 때 편안하게 살고 싶다는 게 이분의 목적이죠.

곳간형 자산 vs. 우물형 자산

우리가 자산을 관리할 때 어떻게 관리해야 되냐면 내가 가지고 있는 자산을 크게 두 덩어리로 나눠보셔야 합니다. 특히 은퇴 준비를 할 때는 곳간 형태의 자산과 우물 형태의 자산으로 나눕니다. 곳간 형태의 자산은 현금, 예금, 주식, 채권, 부동산과 같은 자산이에요. 가격표가 써 있다는 공통점이 있습니다. 필요하면 언제든지 처분할 수 있는 자산입니다. 그런데 단점이 있어요. 여러분이 가지고 있는 자산들을 차곡차곡 곳간에 쌓아놓았다고 생각해보십시오. 다음 날 은퇴를 해서 생활비를 꺼내 쓰기 시작합니다. 여러분이 먼저 죽을까요, 곳간이 먼저 빌까요? 알 수 없습니다. 알 수 없는 걸 리스크라고 합니다. 이 형태의 자산은 편하고 좋은데 장수 리스크에 노출돼 있습니다.

반대쪽에 있는 우물 형태의 자산은 국민연금, 공무원연금, 주택연금, 보험회사에 가입하는 연금, 개인적으로 가입하는 연금과 같이 이번 달에 쓰면 다음 달에 또 나오는 형태의 자산이에요. 우물물은 퍼먹으면 또 나오잖아요. 이 자산은 지속 가능성은 뛰어난데 사람들이 싫어해요. 특히 젊을수록 싫어해요. 왜일까요? 얼마인지 알 수가 없어요. 가치 평가를 못 합니다. 이게 도대체 얼마짜리냐고 하면 모르잖아요. 저 자산의 가치는 내가 얼마나 오래 사느냐에 따라서 달라지죠. 또 시장의 금리 수준에 따라서 또 달라져요.

그렇다면 자산 관리를 어떻게 해야 할까요? 모를 때는 두 개를 섞으면 돼요. 기본적인 생활비 수준은 이번 달에 쓰면 다음 달에 또 나올 정도로 우물 형태로 만들어 놓으셔야 해요. 그리고 추가로 더 필요한 재량적인 지출은 곳간에서 꺼내 쓰는 구조를 만들어 놓으셔야 평생 편안하게 생활할 수 있습니다.

자산 관리 목적은 부자가 되는 데 있지만 걱정을 덜어버리는 데도 있습니다. 매달 내가 필요한 만큼의 생활비가 나온다면 걱정이 덜 할 거 아니에요? 이제 중요한 거는 우물을 얼마만큼 깊게 팔 거냐입니다. 우물 너무 깊게 파면 현재가 어려워져요. 그렇다고 너무 얕게 파면 미래가 어려워지니 적정하게 잘 파야 합니다. 그러려면 내가 필요한 생활비 규모가 얼마인지를 알아야 합니다.

제가 제일 많이 받는 질문 중 하나가 "그러면 노후 생활비가 얼마나 필요합니까?"입니다. 그럼 제가 뭐라고 답변하냐면 "당신 생활비를 내가 어떻게 압니까?"입니다. 생활비에는 정답이 없어요. 각자 나름의 해답이 있을 뿐이에요. 그럼에도 불구하고 자꾸 물어보면 저는 국민연금 통계치를 보여줍니다.

다음 페이지의 표는 국민연금연구원에서 2년에 한 번씩 조사하는 자료입니다. 적정생활비는 중대한 질병이 없는 상태에서 살아갈 때 들어가는 비용이에요. 전국 기준 부부가 살 때는 277만 원, 그리고 서울 기준으로는 한 330만 원이 필요하다고 평균값을 냈습니다. 아까 말씀드렸듯이 평균은 평균일 뿐입니

노후생활에 필요한 생활비 조사결과(단위: 만원/월)

구분	필요 최소 노후생활비		필요 적정 노후 생활비	
	부부	개인	부부	개인
전체	198.7	124.3	277.0	177.3
서울	232.0	144.0	330.0	205.3
광역시	203.7	122.2	279.9	173.9
도	185.8	119.0	258.7	170.1

자료: 국민연금연구원(2021년 제9차 중고령자의 경제생활 및 노후준비 실태)

다. 내게 얼마 쓰는지가 훨씬 더 중요해요.

그런데 자료의 조사 시점이 2021년입니다. 2년 이상 지나는 사이에 코로나19도 있었고 인플레이션 문제도 있었습니다. 제가 현장 나가서 물어보면 요즘 가장 많이 나오는 답변은 400만 원 또는 500만 원이더라고요. 그래서 '월급 500만 원 만들기'가 주제가 된 거예요.

그런데 은퇴 후 30년이 될지 40년이 될지 모르는 기간 동안 500만 원을 계속 만들어낸다는 게 쉽지는 않은 일일 것 같아요. 그래서 먼저 내가 가지고 있는 재산을 점검해봐야 합니다.

노후 준비 플랜

지난달에 상담했던 분을 기준으로 한번 설명해보겠습니다. 도표를 봐주세요. 몇 살까지 일할 거냐, 나는 몇 살에 죽을 거냐, 배우자는 몇 살에 죽을 거냐 알 수 없어서 제가 화살표를 그려놨습니다. 부부 중 누군가는 죽고 누군가는 또 살아내야 합니다. 그러면 부부 두 사람이 살 때 생활비로 500만 원 정도가 필요하다면 혼자 살 때는 한 70% 정도, 350만 원 정도가 필요합니다.

지금부터 해야 할 일은 은퇴할 때까지 도표의 박스를 다 메

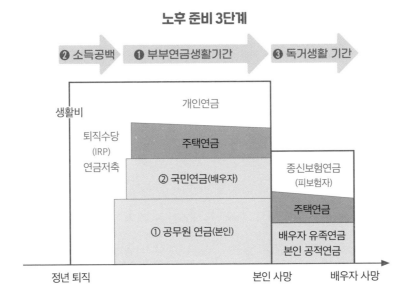

노후 준비 3단계

❷ 소득공백   ❶ 부부연금생활기간   ❸ 독거생활 기간

생활비

개인연금

퇴직수당
(IRP)
연금저축

주택연금

② 국민연금(배우자)

종신보험연금
(피보험자)

주택연금

① 공무원 연금(본인)

배우자 유족연금
본인 공적연금

정년 퇴직   본인 사망   배우자 사망

우면 됩니다. 제일 먼저 점검해야 할 것이 부부가 연금 생활하는 기간입니다. 직장 다닐 때는 월급이 주소득이지만 퇴직하고 나면 뭐가 연금이 주소득입니다. 공적연금이 얼마가 되는지 확인해보셔야 해요.

상담자는 대기업에서만 오래 일을 해서 65세부터 한 달에 한 180만 원 정도 연금을 받는다고 합니다. 배우자는 육아 때문에 오래전에 직장을 그만뒀지만, 국민연금공단 가서 임의 가입 신청을 하고 추후 납부까지 해서 국민연금 수급 조건을 맞췄고요. 그래서 65세부터 한 달에 100만 원 정도를 받는대요. 500만 원 중 280만 원이 해결됐습니다. 220만 원짜리 숙제가 남았네요.

은퇴자가 가지고 있는 자산 중에 그다음으로 고민해야 할 게 뭐냐면 집입니다. 집을 어떻게 활용할지 고민해야 해요. 상담자는 집을 가지고 있기는 한데 지분 중에 상당 부분을 은행이 가지고 있대요. 한 30% 정도가 대출인데 애 둘을 키우다 보니까 당장은 원금을 갚을 여력이 안 된다고 합니다. 어떻게 할지 물어보니 퇴직할 무렵 집을 처분해서 대출을 상환한답니다. 그런 다음 아이 둘에게 결혼 자금 정도만 떼주고 남은 돈을 담보로 작은 집을 사서 그 집을 담보로 주택연금을 받을 계획이라고 합니다. 주택연금은 자기가 살고 있는 집을 담보로 연금을 받는 제도인데 부부 중에 한 사람이 55세 이상, 공시가격으로 집값이 12억 원이 넘어가지 않으면 가입할 수 있습니다.

도표를 보면 공적연금은 제가 수평선을 그어놨는데 주택연금은 사선으로 그렸습니다. 공적연금은 물가에 따라 변동돼서 올라가지만 주택연금은 가입 당시의 집값에 따라서 연금액이 결정되면 바뀌지 않기 때문입니다. 그 이후에 집값이 오르든 떨어지든 상관없이 본인과 배우자가 사망할 때까지 동일한 금액을 지급합니다. 그러면 주택연금을 한 200만 원을 받는다고 치면 처음에는 200만 원 가치를 하겠지만 시간이 지날수록 실질 가치는 줄어듭니다. 물가상승률이 2~3% 된다고 가정하면 보통 20~30년 뒤 200만 원의 소득이 실질 가치로는 한 60~70% 정도만 가질 거예요.

다시 정리하면 국민연금 각각 180만 원, 100만 원, 주택연금 200만 원을 받으면 480만 원이 준비되는 거잖아요. 물론 더 적을 수도 있습니다. 그러면 모자라는 금액이 얼마 정도 되는지 알고 거기에 대해서 준비하는 계획을 세워봐야 합니다.

물가가 상승했을 때 주택연금의 가치가 떨어진다고 걱정하길래 너무 걱정하지 말라고 그랬어요. 나이가 들면 생활비도 줄어듭니다. 보통 은퇴자는 퇴직하자마자 초기 5년에서 길면 한 10년 정도 생활비를 많이 씁니다. 오히려 직장 다닐 때보다 더 씁니다. 시간이 많거든요. 근력도 많고요. 이 시기를 우리가 '액

티브 페이지'라고 합니다. 그러다가 한 5~10년 지나면 해외여행을 가는 게 아니고 해외여행 갔던 사진을 보면서 지냅니다. 이걸 회상의 시기라 그래요. 비용이 줄어요. 그러다가 다시 질병과 간병비가 필요해지면서 생활비가 올라갑니다. 전체적으로 소비 곡선을 보면 은퇴 후에는 나이키 곡선을 그립니다. 마지막 꼭짓점은 처음의 꼭짓점보다 높지 않아요.

그다음에 해야 할 일은 소득 공백기입니다. 퇴직자들이 제일 불안해하는 게 월급은 끝나고 연금 수령은 멀었다는 겁니다. 이 가운데 비어 있거든요. 저 시기에 대부분 사고가 일어납니다.

에베레스트산이 8,800m 정도 되는 고지인데 하버드 의대에서 에베레스트산에서 사망사고를 다 분석해봤어요. 올라갈 때 사망한 사람과 내려올 때 사망한 사람의 비율을 봤더니 올라갔을 때 20%가 죽으면 내려올 때 80%가 죽어요. 자산 관리도 마찬가지입니다. 자산을 축적할 때 나는 사고보다 인출할 때 사고가 더 많이 일어납니다. 그 사고가 대부분 초기 단계에서 일어납니다.

그래서 저 시기에 내가 뭘 쓸 수 있는지를 미리 점검해야 합니다. 대표적으로 쓸 수 있는 자산이 퇴직급여, 연금저축, IRP 등으로, 30% 정도 세금 절감을 위해 일시에 받지 않고 연금 형태로 받으면 좋습니다.

그런데 퇴직금은 중간정산해서 써버렸고요. 개인연금은 가입 안 했어요. 그런데 생각보다 건강해. 그럼 뭔가 또 다른 대책을 세워야 하잖아요. 그때 할 수 있는 게 국민연금을 당겨 받는 방법입니다. 배우자는 65세부터 100만 원을 받는다고 했는데, 5년을 당겨 60세부터 받을 수 있습니다. 일찍 받을 때는 줄여서 줄 거 아니에요? 1년 당길 때마다 6%가 줄어들어요. 총 30%가 줄어드는 셈입니다.

60세부터 70만 원 받는 게 유리할까요? 65세부터 100만 원 받는 게 유리할까요? 알 수 없죠. 제게 이런 질문을 하면 저는 언제쯤 죽을 자신 있냐고 물어봐요. 이것도 알 수 없잖아요. 그래도 계산해보면 73~76세 사이의 손익 분기점이 나와요. 그 이상 살면 정상적으로 수령하는 게 유리합니다.

당겨 받는 게 손해라고 하면 주택연금도 신청할 수 있습니다. 하지만 주택연금은 연금이라고 써놓고 대출로 읽으셔야 합니다. 대출에는 이자가 붙습니다. 연금을 지금 받지만 이자는 본인과 배우자가 다 돌아가신 다음에 갚습니다. 그럼 이자가 쌓이겠죠. 이 과정에서 이자에 이자가 붙는 문제가 생깁니다. 이런 부분에 문제가 있다는 거를 충분히 이해하고 내가 저 시기에 어떤 재원을 쓸 건지에 대해서 결정을 해놓을 필요가 있습니다.

그다음에 도표 뒤쪽으로 갑니다. 내가 먼저 죽을 수도 있고 배우자가 먼저 죽을 수도 있죠. 국민연금을 받는 분이 돌아가시면 유족연금을 줍니다. 유족연금은 보통 국민연금 가입 기간이 20년 넘어야 하고, 받던 금액의 60% 정도가 유족에게 돌아갑니다. 1순위자는 배우자입니다. 문제는 본인이 연금을 받는데 배우자 유족연금을 같이 받을 수 있냐입니다. 우리나라 법은 그 두 가지를 같이 못 받게 합니다. 유족연금을 선택하면 유족연금만 받고, 유족연금을 포기하면 포기한 금액의 30%를 자기 연금금액에 얹어 넣어요. 그래서 계산을 해봐야 합니다. 그래서 내가 먼저 사망했을 때 배우자가 가져가는 돈이 얼만지, 배우자가 먼저 사망했을 때 내가 가져가는 돈이 얼마인지 점검해보고 한쪽으로 기운다면 이 부분을 보강해줄 필요가 있습니다. 주택연금은 본인, 배우자가 사망할 때까지 동일한 금액이 나옵니다.

이렇게 점검해서 도표에 비어 있는 칸들, 지금 하얀색으로 되어 있는 칸들이 뭐가 있는지를 체크해보고, 그거를 지금부터 퇴직하는 시점까지 준비해나가는 작업을 하는 게 평생 월급 500만 원을 만드는 과정이라고 생각합니다. 그러려면 일단 내가 가지고 있는 게 뭔지 알아야 하잖아요. 그걸 확인하는 방법이 통합연금 포털입니다.

통합연금포털에 본인 명의로 접속하면 본인이 가지고 있는 모든 연금을 보여줍니다. 내가 가지고 있는 게 뭔지를 명확하게

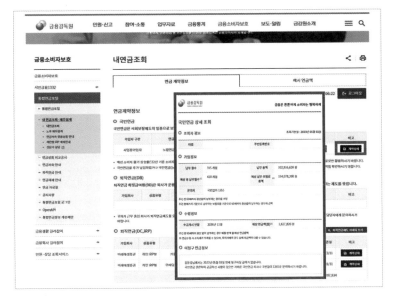

확인해야 합니다. 내가 가지고 있는 자산부터 먼저 확인하고 그걸 동원했을 때 부족한 부분들을 어떻게 메울지를 점검해나가는 작업이 은퇴 설계의 기본입니다.

타조는 문제가 생기면 문제를 해결하려고 들지 않고 땅속에 머리를 파묻어버립니다. 문제가 해결될 때까지 기다려요. 그런데 문제를 누가 해결해주나요? 아무도 해결해주지 않아요. 사람도 마찬가지입니다. 문제가 생기면 해결해야 하는데 자꾸 미루고 외면합니다. 내일을 바꾸려면 오늘부터 바꿔야 합니다. 오늘부터 차근차근 준비를 시작해보시길 바랍니다.

┤ Q&A ├

Q. 집을 처분하며 목돈이 생긴 50대 부부의 고민입니다. 자산이 적지는 않은데 노후를 따로 준비해두지 않아 고민이라고 하는데 어떻게 준비해야 할까요?

A. 금융자산이 많으신 분들은 고민해야 할 게 두 가지가 있어요. 첫 번째가 세금이고, 두 번째 건강보험료입니다. 자산을 운용해서 보통 이자나 배당을 얻으려고 하는 분들이 많으시잖아요. 그런데 이자, 배당 소득이 한 해 2천만 원이 넘어가면 금융소득 종합과세를 갑니다. 그리고 이자 배당 소득이 1년에 1천만 원을 넘어가면 지역 가입자인 경우 거기에다 건강보험료가 부과됩니다. 1년에 1천만 원이 안 된다면 건강보험료가 부과되지 않는데, 천만 원에서 1원이라도 넘어가면 건강보험료가 부과된다는 점이 중요합니다. 천만 1원이면 1원에 부과되는 게 아니고 천만 1원에 부과됩니다. 건보료율이 7.09% 되고요. 장기요양보험까지 합치면 한 8% 정도를 이자 배당에서 납부해야 하는 거예요.

이런 문제를 안 만들려면 연금저축 계좌나 IRP 계좌에 집어넣어 연금

소득 형태로 만들어내는 방법이 있습니다. 아니면 ISA 계좌를 활용해서 비과세 소득으로 만들거나 분리과세 소득으로 만들어서 소득의 형태를 바꿔놓으셔야지 이자 부담이나 건보료 부담을 줄일 수 있어요. 그래서 상품을 선택하는 것도 정말 중요합니다.

은퇴 후 월급 500만 원 만들기: 실전편

조재영

웰스에듀 부사장

100세 시대의 은퇴 생활을 위해 매월 500만 원의 현금 흐름을 만들 수 있는 다양한 전략을 살펴보겠습니다. 안전성, 수익성, 유동성을 모두 확보할 수 있는 은퇴자산 관리 전략 세워드립니다.

실전편에서는 구체적인 숫자 이야기를 많이 할 겁니다. 한 달에 500만 원 만들기 정말 쉽지 않죠. 그런데 제일 쉬운 방법은 뭘까요? 바로 연금복권에 당첨되는 겁니다. 하지만 당첨 안 될 거 잖아요. 현실적인 방법을 위해 지금부터 제가 몇 가지 포인트를 말씀드리겠습니다. 500만 원을 어떻게 생각하느냐의 관점에 대해서 굉장히 다릅니다.

내가 이자만으로 한 달에 500만 원을 만들겠다면 금리에 따라서 자금이 얼마나 필요한지 보겠습니다. 만약에 금리 3%를 적용한다면 무려 20억 원이 있어야 합니다. 20억 원을 은퇴 자금으로 가지신 분 많지 않을 겁니다. 금리가 앞으로 하락한다고 본다

이자 vs. 원리금

구분(%)	1	2	3	4	5	6	8	10
이자(억 원)	60	30	20	15	12	10	7.5	6.0
20년 원리금(억 원)	10.9	9.9	9.0	8.3	7.6	7.0	6.0	5.2
비율(%)	18	3	45	55	63	70	80	8

국민연금

구분	수급자 수(명)	지급액(원)	1인당 월 지급액 평균(원)
전국	6,472,515	3조 1,608억	563,959
서울시	1,093,927	5,718억	602,681

자료: 국민연금 홈페이지(www.nps.or.kr)

면, 극단적으로 1%까지 간다면 60억 원의 자금이 필요합니다.

반면 내가 원리금을 같이 소진해가면서 자금을 만들려고 한다면 퍼센트를 볼까요? 테두리를 쳐놓은 3% 기준으로 본다면 불과 45%, 절반 정도의 자금만으로도 현금 흐름을 확보할 수 있다는 겁니다. 그래서 자금이 충분하지 않다면 이자만으로 노후 생활 자금을 확보하겠다는 방법은 접어두시고, 원리금을 같이 소진해나가면서 만들어봐야겠다고 목표를 잡는 게 훨씬 현실적인 방법일 겁니다.

국민연금은 평균 얼마를 받고 있을까요? 서울시 기준으로

국민연금 중 연기연금

나이	조기노령연금 (연 -6.0%)	노령연금	연기연금 (연 7.2% + 물가상승분)
60세	700,000원		
61세	760,000원		
62세	820,000원		
63세	880,000원		
64세	940,000원		
65세		1,000,000원	
66세			1,072,000원 + 1년간 물가상승분
67세			1,144,000원 + 2년간 물가상승분
68세			1,216,000원 + 3년간 물가상승분
69세			1,288,000원 + 4년간 물가상승분
70세			1,360,000원 + 5년간 물가상승분

1인당 약 60만 2천 원을 받고 있습니다. 현재 물가 기준이니 앞으로 10년 후, 20년 후에 받을 거라고 하면 평균 금액은 물가 상승률에 맞춰 올라갑니다.

국민연금 수령의 효율을 극대화하려면 여러 가지 포인트가 있습니다. 가장 중요한 것은 천천히 받는 겁니다. 바로 연기연금입니다. 만약 내가 65세에 100만 원을 받는다고 가정하겠습니다. 미루면 1년에 7.2%씩 연금이 늘어납니다. 여기에 매년 물가

상승률의 상승분까지 쌓이죠. 그래서 연기연금을 신청해 70세부터 받는다고 한다면 136만 원에 5년간 물가상승분이 더해집니다. 물론 수령 시점을 연기하려면 여기에 대해 대비를 해야 합니다.

주택연금

500만 원 만들기에 가장 중요한 포인트는 내가 가진 가장 큰 자산인 주택을 활용하는 겁니다. 주택연금은 두 부부가 평생, 즉 연소자가 사망할 때까지 연금을 받습니다. 얼마나 받는지 궁금하실 것 같아서 정리해봤습니다.

주택 가격의 70%를 공시가격이라고 가정한다면 시세 5억, 8억, 10억, 11억, 12억 원에 따라서, 연령은 부부 중 나이가 많은 분을 기준으로 놓고 보면 됩니다.

2023년 10월 12일에 공시가격 9억 원까지만 가입 가능했던 주택연금이 공시가격 12억 원까지로 확대됐습니다. 시세로 치면 17억 원 정도입니다. 왜 12억 원까지만 써놨냐면 가입 대상은 늘어났지만 금액은 늘어나지 않았기 때문입니다. 12억 원을 맡기나 15억 원을 맡기나 17억 원을 맡기나 연금 금액은 12억

주택연금 (by 한국주택금융공사)(단위: 원)

주택 가격 연령	5억원	8억원	10억원	11억원	12억원
55세	907,000	1,209,000	1,512,000	1,663,000	1,814,000
60세	1,228,000	1,638,000	2,047,000	2,252,000	2,457,000
65세	1,478,000	1,971,000	2,464,000	2,710,000	2,957,000
70세	1,803,000	2,405,000	3,006,000	3,307,000	3,315,000
75세	2,240,000	2,987,000	3,573,000	3,573,000	3,573,000
80세	2,855,000	3,807,000	3,972,000	3,972,000	3,972,000

출처: 한국주택금융공사 홈페이지(www.hf.go.kr)
기준: 2023.10.12., 일반주택, 종신지급방식, 정액형

원과 동일합니다. 그러니까 큰 집을 가진 사람은 억울하게 생각할 수 있습니다.

또 80세의 경우 10억을 맡기나 12억을 맡기나 심지어 17억을 맡기나 나오는 금액이 똑같습니다. 주택연금 제도는 현재 총 대출한도, 즉 가입자가 100세까지 받게 될 월지급금 등을 현재가치로 환산한 금액의 합이 최대 6억 원을 넘지 못합니다.

내가 보유하고 있는 집이 시세로 한 10억 원 아래라면 주택연금이 억울할 일이 없으실 거예요. 그런데 12억 원이 넘어간다면 조금 아쉬움이 있을 수 있습니다. 제가 대안을 하나 드리면, 시중은행에서 주택 담보를 연금식으로 대출해주는 플랜이 있습

니다. 이거는 주택 가격과 무관하고 최대 30년 연금식 대출 상품
이 나와 있습니다. 이렇게 주택금융공사의 주택연금뿐만 아니고
시중은행에서 비슷한 역할을 할 수 있는 대출 상품을 한번 알아
보면 도움이 될 겁니다.

보험회사 연금

일반 보험회사에서 받으시는 연금도 있습니다. 수령하는 방
식에 따라서 세 가지로 나눕니다. 상속연금형, 확정연금형, 종신
연금형이 있는데요. 제가 특징을 좀 말씀드릴게요.

상속연금형은 연금 지급 재원은 그대로 두고 이자만 받는 겁
니다. 그러다가 내가 사망하면 연금 지급 재원을 상속시켜주는
거죠. 그런데 이자 금액이 너무 적어요. 웬만한 자금으로는 생활
에 큰 도움이 되지 않을 수 있다는 게 약점입니다. 반면 30억 원
정도 맡길 여유가 있어서 이자도 충분하다 분들이 검토해야 할
사항은 상속세입니다. 지급 재원이 상속되면서 최대 50%의 상
속세에 포함되기 때문에 손해를 볼 수 있습니다.

확정현금형은 연금을 지급하는 기간이 확정됐다는 겁니다.
내가 15년이면 15년, 30년이면 30년 이렇게 기간을 확정해서 연

금을 받는 겁니다. 다 받기 전에 사망하면 나머지 잔액은 상속됩니다. 잔액만 상속되기 때문에 세금 부담도 덜하고요. 또한 원리금을 같이 나누어주는 플랜이기 때문에 그래도 유의미한 연금을 확보하실 수 있습니다.

종신연금형은 평생 줍니다. 그런데 보험회사는 100세가 넘는 수명을 예상해서 연금액을 설정합니다. 이걸 한번 확인해보고 너무 길다고 생각되면 차라리 확정연금형을 선택하는 것이 유리합니다. 연금을 수령할 때 어떤 방식을 선택하느냐에 정답은 없지만 나한테 맞는 방법이 따로 있으니 곰곰이 생각해보세요.

금융상품

금융상품 쪽도 살펴보겠습니다. 우리가 매월 돈을 받는다고 할 때 제일 먼저 떠오르는 거는 뭐겠습니까? 아마 월세일 겁니다. 조물주에 위에 건물주 있다고 하잖아요. 그렇게 월세를 받고 싶은데 건물 하나 사려면 몇십억, 몇백억 들어갑니다.

혼자는 건물을 사기는 어렵지만 여러 명이 돈을 모아 부동산에 투자하는 방법도 있겠죠. 이걸 구조화해서 금융상품으로 만든 것이 리츠(REITs)입니다.

리츠 기본 구조

자료: 한국리츠협회 홈페이지(kareit.or.kr)

리츠(Real Estate Investment Trusts)는 부동산 금융상품으로 다수의 투자자로부터 돈을 모아서 부동산을 매입해서 여기에서 나오는 임대료를 다시 투자자에게 되돌려주는 구조입니다. 최근 리츠 투자 대상이 굉장히 다양해졌습니다. 과거에는 대부분 오피스였는데, 이제 이제 백화점, 상가, 마트 같은 리테일에 투자하거나 물류센터, 건물, 주유소, 호텔, 데이터센터, 심지어 주거지에 투자하는 리츠도 개발되어 있습니다. 리츠에 투자하면 소액으로도 부동산에 투자하는 효과를 거둘 수 있습니다. 좀 더 구체적으로 알아보겠습니다.

우리나라에 상장되어 있는 리츠들의 리스트는 다음과 같습니다. 1년에 한 번 분배금을 주는 리츠도 있고, 두 번 주는 리츠도, 세 번, 네 번 주는 리츠도 있습니다. 예를 들어 삼성FN리츠는 1, 4, 7, 10월에 분배금을 줍니다. 코람코더원리츠는 2, 5, 8, 11월에 분배금을 줍니다. SK리츠는 3, 6, 9, 12월에 분배금을 줍니다.

매월 리츠(REITs)로 분배금 받기

월	결산시기
1월	삼성FN리츠, KB STAR 리츠
2월	코람코더원리츠, 이지스밸류플러스리츠
3월	SK리츠, 미래에셋글로벌리츠, 디앤드플랫폼리츠, 신한알파리츠, 마스턴프리미어리츠
4월	삼성FN리츠, 한화리츠
5월	코람코더원리츠, NH프라임리츠, 코람코에너지리츠, 미래에셋맵스1호리츠, ESR켄달스퀘어리츠
6월	SK리츠, 신한서부티엔디리츠, 올원NH리츠, 이리츠코크렙, 롯데리츠, 이지스레지던스리츠, 제이알글로벌리츠
7월	삼성FN리츠, KB STAR 리츠
8월	코람코더원리츠, 이지스밸류플러스리츠
9월	SK리츠, 미래에셋글로벌리츠, 디앤드플랫폼리츠, 신한알파리츠, 마스턴프리미어리츠
10월	삼성FN리츠, 한화리츠
11월	코람코더원리츠, NH프라임리츠, 코람코에너지리츠, 미래에셋맵스1호리츠, ESR켄달스퀘어리츠
12월	SK리츠, KTOP리츠, K리츠, 모두투어리츠, 신한서부티엔디리츠, 올원NH리츠, 이리츠코크렙, 롯데리츠, 이지스레지던스리츠, 제이알글로벌리츠

이 세 리츠만 가지고 있으면 매월 분배금을 받을 수 있습니다. 분배율은 월세율과 비슷하고요.

다만 리츠에는 천적이 있습니다. 바로 고금리입니다. 대부분 레버리지를 일으켜서 부동산에 투자하기 때문에 금리가 올라가면 이자 부담 때문에 힘들어집니다. 그런데 예상컨대 2024년에는 그래도 금리가 내려갈 가능성이 크죠. 그러면 리츠의 수익률도 좋아질 걸로 예상됩니다.

글로벌 시대를 맞이해 외국으로도 눈을 돌려봅시다. AMT REITs, 통신탑을 건설해 통신사에 임대하는 리츠입니다. 아주 꾸준한 수익률을 보이고 매월 분배금을 지급합니다. 미국 우체국 건물에만 투자하는 PSTL REITs도 있습니다. 여기에는 공실이 거의 없고 재계약률도 거의 100%입니다. 이런 안정적인 리츠들이 우리나라에도, 해외에도 있으니 잘 살펴보셨으면 합니다.

채권 투자

꾸준히 정기적으로 돈이 나오는 대표적인 상품으로는 채권도 있습니다. 매월 지급받는 채권에 투자자의 관심이 커지다 보니까 과거에는 1년에 두 번 또는 네 번 지급하는 채권들이 거의 대다수였지만 이제는 매월 지급하는 채권이 상당히 많이 출시되고 있습니다.

최근에 신한은행에서도 월이자 지급식 채권을 발행했고, 현대카드, 롯데카드, 신한카드, 롯데캐피탈, 현대캐피탈, 메르츠캐

피탈도 매월 이자를 지급하는 채권을 발행했습니다. CJ CGV에서도 매월 지급하는 채권으로 발행했고, 삼척블루파워, 롯데손해보험에서도 채권을 발행할 때 매월 이자를 지급한다고 합니다. 금리 역시 매력적입니다. CJ CGV 같은 경우 연 7%가 넘는 금리를 제공했으니까요.

은행도 못 믿겠다는 분들은 국채에 투자하면 됩니다. 앞서 매월 분배금 받을 수 있는 리츠 계획을 짰던 것처럼 1, 4, 7, 10월에 이자 나오는 채권, 2, 5, 8, 11월에 나오는 채권, 3, 6, 9, 12월에 나오는 채권 이런 식으로 매칭을 하셔도 좋고요. 또 매월 만기가 돌아오게 구성하는 방법도 있습니다.

인프라 펀드와 ETF

마지막으로 하나 더 소개할 금융상품은 바로 인프라 펀드입니다. 인프라 펀드는 고속도로, 터널, 다리, 이런 데 투자하는 겁니다. 우리나라에서 투자할 수 있는 인프라 펀드는 맥쿼리인프라로 한 개밖에 상장되어 있지 않습니다.

인프라 펀드의 특징은 분배금이 꾸준하게 나온다는 점입니다. 2019년부터 2022년까지, 코로나19 사태 이후 중에도 분배

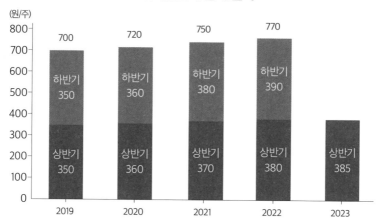

맥쿼리인프라 분배 실적

(원/주)

연도	상반기	하반기	합계
2019	350	350	700
2020	360	360	720
2021	370	380	750
2022	380	390	770
2023	385		

• 분배금은 연 2회 지급(6월 말 기준/12월 말 기준)
• 최저분배금 지급기준은 세무상 이익 또는 배당가능이익 중 큰 금액(법인세 공제 적용)
• 2023년 상반기 분배금 주당 385원(총 1,559억 원)은 2023년 8월 28일에 지급 예정

1. 분배금 전액은 소득세법상 배당소득세의 원천징수 대상이다. 투자자들은 배당소득에 대한 정확한 세무처리에 대해서는 개별적으로 세무전문가의 자문이 필요하다.
2. 과거의 실적이 미래 수익을 보장하는 것은 아니다.

자료: 맥쿼리인프라코리아

금이 꾸준하게 상승하고 있습니다. 우리나라의 가장 대표적인 배당주로도 손꼽히고 있습니다.

맥쿼리인프라는 18군데 정도의 인프라에 투자하고 있는데, 이 중 절반 정도는 최소운영수입보장제도(Minimum Revenue Guarantee: MRG)를 적용받습니다. 발주처, 즉 중앙정부나 지방자치단체에서 보증해주는 겁니다. 그 덕에 코로나19 같은 위기도 유연하게 넘길 수 있지 않았나 생각됩니다. 인프라 펀드도 매월 현금 흐름을 확보하기에 유익하다는 점 기억해주세요.

이것저것 어렵다 싶으면 ETF 활용을 추천합니다. ETF는 주식의 성격을 갖고 있는 펀드입니다. 월지급식 ETF가 상당히 잘 개발되어서 출시되었습니다. ETF로도 얼마든지 내가 원하는 월 현금 흐름을 확보하실 수 있습니다.

맥쿼리인프라라든지 또는 특히 배당에 굉장히 진심인 미국 회사들, 월마트, 코카콜라 등에 투자해서 매월 배당을 지급하는 ETF, 리츠에 집중적으로 투자해서 매월 배당을 해주는 ETF도 있고, 또 채권에만 투자해서 매월 현금 흐름을 발생시켜주는 월지급식 ETF도 있습니다. 커버드 콜 전략으로 꾸준한 수익을 지급해주는 월 지급식 ETF도 있고요.

이렇게 생각하면 어렵지 않습니다. 먼저 국민연금에서 60만 ~100만 원 정도 확보하실시고, 주택연금에서 한 200만 원 정도

확보하실 수 있습니다. 그런 다음 월 지급식 금융상품으로 모자란 현금을 확보하시고, 조금 여유가 있다면 인컴형 또는 배당형 또는 비과세형을 활용한다면 얼마든지 여유 있고 풍요로운 노후 생활을 준비하실 수 있을 것 같습니다.

Q&A

Q. 1960년생으로 정년퇴직 후 두 번째 직장을 다니고 있기에 노령연금 지급을 연기하려고 합니다. 그렇게 하면 연금 액수가 늘어나 건보료 등 지출이 많아질까 걱정됩니다. 어떻게 하는 게 현명한 방법일까요?

A. 일단 퇴직과 함께 지역가입자로 바뀌어서 건강보험료가 확 올라가는 경우가 생길 수 있는데, 그럴 때는 바로 국민건강보험 임의 계속 가입을 신청하면 됩니다. 임의 계속 가입 요건이 뭐냐면 직장에서 7.09%의 절반만 내던 보험료와 퇴직 후 지역가입자로 전환돼서 내야 할 보험료를 비교해서 내가 선택을 할 수 있습니다. 그래서 건강보험료가 늘어났다면 임의 계속 가입 신청을 통해 최대 3년 동안 직장에서 내던 건강보험료만 납부할 수 있습니다.

이후에는 사실 부동산을 팔아야 한다든지 하는 극단적인 의사결정을 하기는 어려우니까 운용하는 금융상품을 비과세로 운용하는 것이 좋습니다. 몇 가지 대표적으로 뽑자면, 한국거래소 금 투자 같은 게 무제

한 비과세가 됩니다. 채권을 직접 운용한다면 채권을 싸게 사서 비싸게 팔았을 때 채권 매매 차익은 역시 제한 없이 비과세 받을 수 있습니다. 브라질 국채가 매매 차액은 물론이고 이자 소득까지 포함해서 비과세 받을 수 있습니다. 금융소득을 비과세로 또는 분리과세나 절세형 상품으로 운용하는 전략을 적용되어야 할 것 같습니다.

신탁 활용한
창의적 상속 증여

오영표

신영증권 본부장(변호사)

재산을 지키고 소중한 가족에게 잘 승계하는 것도 재테크입니다. 가장 창조적인 재산 관리 도구인 '가족 신탁'을 활용하면 현명한 상속 증여 전략을 수립하고 실행할 수 있습니다. 가족 신탁 상담, 설계, 계약 체결 및 상속 신탁 집행 경험과 노하우를 함께 나누겠습니다.

갑자기 신탁이라니 낯설게 느껴질 수 있습니다. 하지만 실제로 돈을 버는 것도 중요하지만, 그 돈을 어떻게 잘 활용하고 보호하는지 또한 매우 중요합니다.

일반적으로 투자와 돈 버는 방법에 더 관심이 있을 것입니다. 대부분은 재산 승계에 대해 걱정하지만 실제로 어떻게 해야 할지는 잘 모르는 경우가 많습니다. 신탁을 통한 재산 보존과 승계는 돈을 버는 것만큼 중요합니다. 50억 자산가가 30년 후 상속세 36억을 내야 할지, 10억만 내고 끝낼지 달라질 수 있습니다. 이렇게 미리 준비하고 계획하며 승계하는 것이 중요합니다. 이것이 바로 가족 신탁에 관한 이야기입니다.

자산승계전략

실제 고객 사례입니다. 고객은 2남 2녀를 뒀는데, 모두 해외로 이주하고 막내아들 국내에 남아서 본인을 끝까지 돌봤습니다. 고객은 돌아가시기 3년 전에 우리를 만나서, 전 재산을 막내아들에게 물려주고 싶다는 의사를 밝혔습니다. 이로써 나머지 자녀의 상속분이 복잡해집니다. 그러나 고객은 막내아들이 유일한 자녀라며 계속해서 의지를 강조했습니다. 사실 가족 사이에 재산을 주고받는 게 어렵기도 하지만 결국은 주는 사람의 마음을 정확하게 이해하는 게 중요합니다.

다른 고객의 사례를 보겠습니다. 75세 자산가로, 약 100억의 자산을 보유하고 있습니다. 이 중에는 50억가량의 주택과 상가 건물이 포함되어 있습니다. 아들 둘과 배우자가 있는데, 둘째 아들의 재산 관리 능력이 부족하다고 생각해요. 세무사와 세금을 상담해보니 100억의 상속세가 40억이라는 말도 들어 부담스럽습니다. 상가 건물은 자신도 아버지로부터 물려받은 땅 위에 지어졌기 때문에 오랫동안 유지하면서, 배우자와 아들 둘에게 임대 수입이 꾸준히 지급됐으면 좋겠다고 생각합니다. 자산가가 선택할 수 있는 현명한 상속증여계획(자산승계계획)은 무엇일까요? 흔한 사례인데 답은 찾기 힘들죠. 답은 뒤에서 말씀드리겠습니다.

　현재 세대 갈등은 매우 심각한 수준에 이르렀습니다. 이는 가족 내부에서도 반영되고 있습니다. 부모는 자녀들을 이해하지 못하고, 자녀들도 부모를 이해하지 못하죠. 우리는 새로운 시대에 맞게 현명하게 대처해야 합니다.

　우리나라의 법제도 문제가 있습니다. 또 다른 문제는 노후에 필요한 자금에 대한 인식입니다. 500만 원이 노후 생활에 필요하다고 생각한다고 해보죠. 실제로 30년 동안 필요한 금액을 계산해보면 놀랄 만큼 많은 금액이 필요합니다. 그런데 고객 중에서 충분한 자금이 없음에도 불구하고 국가에서 종부세를 부과하고 세금을 많이 내야 한다는 이유로 무조건 증여해야 한다고 생각하는 분들이 많습니다.

　먼저 총재산에서 충분한 노후 자금을 뺍니다. 그런 다음 남

자산 우선순위

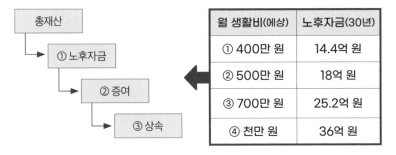

월 생활비(예상)	노후자금(30년)
① 400만 원	14.4억 원
② 500만 원	18억 원
③ 700만 원	25.2억 원
④ 천만 원	36억 원

총재산 → ① 노후자금 → ② 증여 → ③ 상속

는 게 있다면 자녀들에게 증여를 어떻게 할 거냐 아니면 상속을 어떻게 할 거냐 고민해야 합니다. 1순위는 노후 자금 대비입니다.

법률적으로 상속은 공동 상속으로 이루어지는데, 이는 기대했던 대로 받지 못할 수 있는 문제가 있습니다. 결국 아파트나 회사 등 대다수 재산은 공동 소유로 분할됩니다. 이러한 부동산 분할은 여러 문제를 발생시킬 수 있습니다. 예를 들어 아들과 딸에게 공동으로 증여해줬는데 둘이 항상 갈등을 일으킵니다. 딸은 빨리 팔고 자녀 유학 등록금을 마련해야 한다고 주장하고, 아들은 임대료 수입이 좋은 부동산을 왜 팔아야 하는지 불만입니다. 이렇게 공동 소유는 다양한 문제를 일으킬 수 있고, 이를 해결할 유일한 수단은 신탁입니다.

신탁은 소유권이 수탁자에게 이전되기 때문에 압류나 가압류로부터 보호되어 있습니다. 이는 일률적으로 관리될 수 있도록 해주며, 이러한 법률적 환경은 공동 상속으로 인해 생기는 문제를 해결하기 위함입니다. 부동산이나 회사 등의 재산은 여러 사람에게 분할되지 않고 한 명에게만 넘어가는 것이 이상적입니다. 그러나 현실적으로는 그렇지 않은 경우가 많습니다. 따라서 우리는 현명하게 상황을 대처해야 합니다.

법정 상속 제도에서는 배우자에 대한 균등 상속이 기본적으

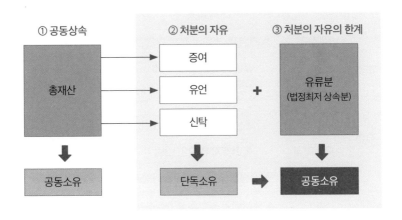

상속으로 결국 공동소유

① 공동상속 → 총재산 → 공동소유

② 처분의 자유 → 증여 / 유언 / 신탁 → 단독소유

③ 처분의 자유의 한계 → 유류분 (법정최저 상속분) → 공동소유

로 적용되어 있어서, 배우자가 50% 가산을 받습니다. 이로 인해 공동 소유가 되는 경우가 많습니다. 그러나 증여나 상속, 신탁을 통해 한 명에게 몰아주는 법적 구조도 있습니다. 하지만 우리나라의 법제는 유류분이라는 특이한 제도가 있습니다. 본인의 법적 상속분의 반을 나중에 소송으로 빼앗길 수 있는 것입니다. 결국 단독 소유로 주더라도 공동 소유로 이어질 수 있는 문제가 발생합니다. 이러한 문제를 어떻게 해결할 것인지가 중요한 과제입니다.

유류분은 사망하신 분이 가지고 있던 재산과 1년 이내에 증여한 재산을 합친 것을 의미합니다. 유류분과 법정 상속분을 합산한 후 2분의 1을 형제자매나 부모들이, 3분의 1을 상속인들이

증여안심신탁의 구조

기존방법		문제점	신탁솔루션
① 후견	법정후견	후견분쟁: 법원이 정한 후견인	후견신탁 (법정, 임의)
	임의 후견	후견인의 전문성 확보: 후견인의 부정행위	
② 증여	증여	자녀의 변심: 재산통제불가(효도사기)	증여안심신탁
	효도계약서	돌려주지 않으면 소송	
③ 상속	법정 상속	상속분쟁: 재산분할 협의 진통	유언대용신탁 수익자 연속신탁 (본인 → 배우자 → 자녀)
	유언	유언집행의 불확실성(진행곤란)	
④ 결혼	부부재산 약정	계약체결 곤란: 이행의 불확실성	유언대용신탁 증여안심신탁

받아가는 제도인데, 유류분 문제를 어떻게 해결할 것인지가 매우 중요한 문제입니다.

우리가 신탁을 통해 재산을 이전하게 되면, 소유권이 수탁자 명의로 이전되어 사망하신 분이 가지고 있던 재산이나 증여한 재산과는 별개가 됩니다. 하지만 유류분에 속할 수 있습니다. 실제로 유류분에 포함되지 않는다는 견해도 있지만, 대다수는 포함될 가능성이 큽니다. 결국 한 명에게 몰아줘도 나중에 소송으로 분할될 수 있는 위험이 있으므로 사전에 대처해야 합니다.

가족 신탁이 왜 필요할까요? 기존 제도들이 민법상에서 부족한 부분이 있기 때문입니다. 이러한 부족한 부분을 신탁으로 보완하는 겁니다. 대표적인 예로 후견인 제도를 들 수 있습니다. 후견인이 지정되지 않은 상태에서 의사능력을 상실하면 법원에서 후견인을 지정해야 합니다. 이때 후견인을 어떻게 지정할지에 대해 자녀들 간에 갈등이 발생할 수 있으며, 이는 상속 분쟁의 전초전이 됩니다. 이를 방지하기 위해 미리 임의후견 계약을 체결해 원하는 후견인을 지정하는 문화를 만들고, 재산 관리는 신탁으로 구성하는 것이 중요합니다. 이것이 임의후견 신탁입니다.

증여제도는 아주 좋은 제도이지만, 이를 통해 재산을 주면 나의 것이 아니게 됩니다. 부모들은 재산을 주었다고 생각할 수 있지만 자녀들은 받았다고 생각하지 않을 수 있습니다. 자녀들은 향후에 받을 것을 미리 받았다고 생각하는 거죠. 이로 인해 자녀들의 변심이나 낭비 등 문제가 발생할 수 있습니다. 이러한 문제를 해결하기 위해 미국에서는 증여 신탁이라는 제도가 있습니다. 증여를 하되 부모들이 통제권을 행사할 수 있는 신탁입니다. 이러한 제도를 우리도 실행에 옮겨나가고 있습니다.

법정 상속이 1.5대 1 대 1인데도 불구하고 여전히 많은 상속 분쟁이 발생합니다. 이를 방지하기 위해 유언이라는 제도가 있지만 집행이 원하는 대로 이루어지지 않을 수 있습니다. 따라서

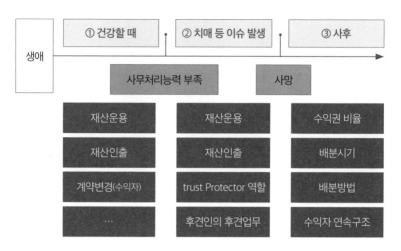

생애주기별 신탁 조건 설계

	① 건강할 때	② 치매 등 이슈 발생	③ 사후
생애		사무처리능력 부족	사망
	재산운용	재산운용	수익권 비율
	재산인출	재산인출	배분시기
	계약변경(수익자)	trust Protector 역할	배분방법
	…	후견인의 후견업무	수익자 연속구조

유언 대용 신탁을 통해 상속 계획을 미리 세우고 수탁자에게 재산을 넘겨놓은 후, 수탁자가 이후 재산을 분배하는 구조를 실행에 옮겨야 할 것입니다. 이를 통해 분쟁을 예방할 수 있습니다.

건강한 상태에서 죽는 것이 가장 좋겠지만, 치매와 같은 병이 아직 해결되지 않아 문제가 발생합니다. 치매가 심해지면 자신의 재산을 관리할 수 없게 되고, 후견인이 누가 될지에 대한 분쟁이 시작됩니다. 따라서 건강한 상태에서 재산을 운용하고 인출하는 방법을 결정하고. 치매 등으로 능력이 상실된 후에는 후견인을 지정해 재산을 관리하고, 상속이 일어나면 배분합니다. 이러한 세 단계의 접근 방식은 매우 중요한 요소입니다.

10년 단위 증여계획 마스터플랜

절세할 수 있는 방법이 한정되어 있습니다. 1억, 5억, 10억, 30억 구간에 따라 10~50%까지의 세금을 내야 합니다. 특히 30억 이상이면 반이 세금으로 나가게 됩니다. 이에 대한 대응책으로 자녀에게 최대한 빠른 속도로 상속 세금 구간을 넘어가는 재산을 증여할 수 있습니다. 이렇게 하면 자녀가 받는 사람으로서 세금 부담이 덜어지므로 세율이 낮아집니다. 이러한 절세 전략은 세금 부담을 크게 줄일 수 있는 가장 기본적인 방법 중 하나입니다.

도표를 사례를 보겠습니다. 65세의 50억 자산가이고, 자녀 2명에게 증여하려고 합니다. 자녀들에게 10년마다 각 5억씩, 65세부터 시작해 85세까지 총 세 번 증여했다고 가정했을 때 총부담세액을 얼마나 낮출 것인지 장표를 정리한 것입니다. 가정 값은 연 3%의 운용 수익을 가정한 것입니다.

2024년에 증여를 시작해 30년 뒤 2054년에 상속이 일어난다고 가정했을 때 자산은 121억, 상속세가 36억 나옵니다. 하지만 10년 주기로 5억씩 증여하면 총부담세액이 10억으로 크게 줄어듭니다. 아무것도 하지 않았을 때 36억의 상속세를 내는데, 증여를 적극적으로 진행한다면 10억 세금으로 커버 가능합니다.

증여 플랜의 효과

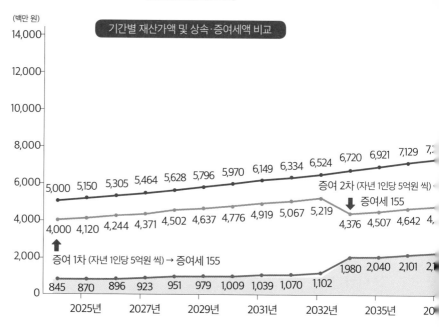

기간별 재산가액 및 상속·증여세액 비교

(백만 원)

- 14,000
- 12,000
- 10,000
- 8,000
- 6,000
- 4,000
- 2,000
- 0

5,000 5,150 5,305 5,464 5,628 5,796 5,970 6,149 6,334 6,524 6,720 6,921 7,129 7,

4,000 4,120 4,244 4,371 4,502 4,637 4,776 4,919 5,067 5,219

증여 2차 (자년 1인당 5억원 씩)

증여세 155

4,376 4,507 4,642 4,

증여 1차 (자년 1인당 5억원 씩) → 증여세 155

1,980 2,040 2,101 2,

845 870 896 923 951 979 1,009 1,039 1,070 1,102

2025년   2027년   2029년   2031년   2032년   2035년   20

구분		2024년 증여		2034년 증여		2044년 증여	
		자녀1	자녀2	자녀1	자녀2	자녀1	자녀2
	증여재산가액	500	500	500	500	500	500
+	사전증여	-	-	-	-	-	-
=	증여세과세가액	500	500	500	500	500	500
-	증여재산공제	50	50	50	50	50	50
=	증여세과표	450	450	450	450	450	450
	산출세액	80	80	80	80	80	80
-	기납부세역 등	2	2	2	2	2	2
=	납부할 증여세액	78	78	78	78	78	78

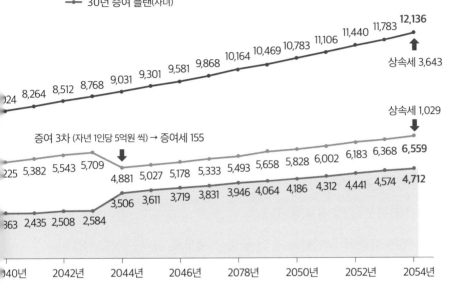

범례
●— 사전 대비 없이 상속
●— 30년 증여 플랜(부모)
●— 30년 증여 플랜(자녀)

12,136

상속세 3,643

| …24 | 8,264 | 8,512 | 8,768 | 9,031 | 9,301 | 9,581 | 9,868 | 10,164 | 10,469 | 10,783 | 11,106 | 11,440 | 11,783 |

증여 3차 (자년 1인당 5억원 씩) → 증여세 155

상속세 1,029

| …225 | 5,382 | 5,543 | 5,709 | 4,881 | 5,027 | 5,178 | 5,333 | 5,493 | 5,658 | 5,828 | 6,002 | 6,183 | 6,368 | **6,559** |

| …363 | 2,435 | 2,508 | 2,584 | 3,506 | 3,611 | 3,719 | 3,831 | 3,946 | 4,064 | 4,186 | 4,312 | 4,441 | 4,574 | **4,712** |

| 040년 | 2042년 | 2044년 | 2046년 | 2078년 | 2050년 | 2052년 | 2054년 |

자료: ????

2054년 유고 시

	구분	증여 ×	증여 ○
	증여재산가액	12,136	6,559
+	일괄공제	500	500
=	배우자상속공제	3,000	2,811
-	금융제산공제	200	200
=	상속세과표	8,431	3,043
	산출세액	3,756	1,061
-	신고세액공제	113	32
	납부할 상속세액	3,643	1,029
	사전증여 납부세액	-	446
=	총 부담세액	**3,643**	**1,495**

> 50억 원 자산가의
> 30년 증여 플랜 실행 시,
> 예상 절세액=
> 약 21.5억 원

309

상속 계획을 세우는 것은 매우 중요합니다. 자녀들이 제대로 관리하지 못할 경우에는 증여와 신탁을 결합해 경제적인 효율을 높이되 함부로 처분하지 못하게 하는 방법, 그러니까 증여 안심 신탁과 같은 상품을 활용할 수 있습니다. 이를 통해 세금 부담을 줄이고, 자산을 효율적으로 관리할 수 있습니다. 부모님은 미리 조금씩 증여하고, 신탁을 통해 통제권을 행사하도록 하는 것이 좋습니다. 이렇게 하면 부모님은 걱정을 덜 수 있고, 자녀들은 나중에 세금을 줄일 수 있습니다. 따라서 이러한 계획을 적극적으로 추진하는 것이 필요합니다.

많은 사람이 들어봤을 유언 공증은 제도에 미비한 부분이 있습니다. 예를 들어 공증 증서가 전산 조회가 되지 않는다는 문제가 있습니다. 관련해 문제가 생길 수 있기 때문에 금융상품은 유언 공증으로 절대 승계가 안 됩니다. 상속인들의 동의를 받으면 되겠지만 힘들 겁니다.

유언 공증을 하고 싶다면 신탁을 함께 고려하는 것이 좋습니다. 신탁은 유언 공증서와 달리 전산 조회가 가능하고, 재산을 관리하거나 효율적으로 분배하는 데 도움이 됩니다. 따라서 금액이 크고 복잡한 상속 계획을 세우려는 경우에는 반드시 신탁 구조를 함께 고려해야 합니다.

가족신탁의 활용

위탁자, 수탁자, 수익자는 신탁 계약에서 등장하는 세 가지 주요 당사자입니다. 위탁자는 재산을 맡기는 사람으로, 수탁자는 재산을 맡아서 관리하는 사람입니다. 수익자는 해당 재산으로부터 얻는 수익과 원본을 받는 사람입니다.

신탁은 독특한 특성을 가지고 있습니다. 계약을 체결한 후 소유권은 수탁자 명의로 이전됩니다. 이 수탁자는 신탁회사나 여러분의 자녀 등이 될 수 있습니다. 사후에는 수익자에게 재산을 어떻게 분배할지 명시됩니다. 위탁자로는 본인, 자녀, 배우자, 손

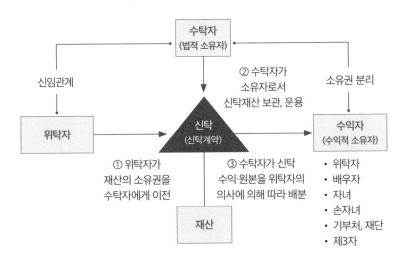

신탁의 법률관계 : 신탁의 개념

증여안심신탁의 구조

개념	조건부증여 + 증여자 통재권 + 절세전략
거래 구조	**조건부증여 (부모)** ① 조건부 증여(조건: 신탁계약 체결 및 유지, 불이행 시 해제 권한) **수증자 (위탁자, 자녀)** → **신영증권 (수탁자)** ② 신탁계정 체결
신탁 조건	· 증여재산의 경제적 효익은 수증자(위탁자, 자녀)에게 완전히 귀속 · 수증자의 신탁재산(증여재산)의 처분, 담보부차입 시 증여자의 동의 요건 · 신탁재산의 관리, 처분에서 발생하는 임대료 수입 및 처분대금에 대한 통제권(증여자)
활용 방안	· 회사 주식 지분증여 or 부동산 지분증여를 통한 절세전략 및 통일적인 의결권 행사 · 상속세 재원 마련 · 상속신탁과 증여안심신탁 결합

자녀, 기부 대상자 또는 도와준 사람 등이 가능합니다. 이렇게 신탁 계약이 구성됩니다.

적극적인 증여가 세금을 줄이는 데 도움이 된다고 했습니다. 이는 모든 세무사가 할 수 있는 일입니다. 그러나 재산 관리 능력이 부족하거나 아직 어리다면 어떻게 할 것인지가 중요합니다. 그렇지 않으면 나중에 세금 부담이 커질 수 있습니다. 이럴 때는 증여한 재산을 신탁으로 관리하는 것이 바로 '증여 안심 신탁'입니다. 증여하는 분도 마음이 편하고, 받는 자녀도 미리 받아서 나중에 내야 할 세금을 줄일 수 있습니다. 이러한 접근으로 생각해보는 것이 좋습니다.

조건부 정렬은 증여자가 통제권을 행사할 수 있도록 해주기 위해 일반적으로 사용됩니다. 이를 위해 미리 증여 계획을 세우고, 이는 세금 절감의 핵심입니다. 부모님은 자녀에게 증여 계약을 체결하고 부동산 및 금융 자산을 이전하는 구조를 갖추는데, 이때 조건을 부여합니다. 자녀는 재산을 물려받음과 동시에 즉시 신탁 계약을 체결합니다.

신탁 계약은 자녀에게 경제적 효익은 전달되지만 자유롭게 처분하거나 담보를 설정하거나 배우자에게 재산을 증여하는 것을 제한하는 장치로 작용합니다. 이것이 핵심입니다. 만약 아들 딸 낳고 잘 살면 신탁을 해제할 수 있습니다. 이렇게 함으로써 증여를 하되, 신탁을 유지하여 임의로 처분하지 못하도록 하는 것이 필요합니다.

이러한 방식의 신탁은 여러 가지 장점이 있습니다. 예를 들어 회사 가업을 가지고 계신 분이 가업을 넘겨줄 때, 한꺼번에 주게 되면 세금이 많이 나오는데 신탁을 통해 쪼개서 주면 세금 부담을 줄일 수 있습니다. 이러한 이유로 대부분 한꺼번에 주기 어려운 자산들은 증여 신탁 구조를 활용합니다. 신탁을 통해 자산을

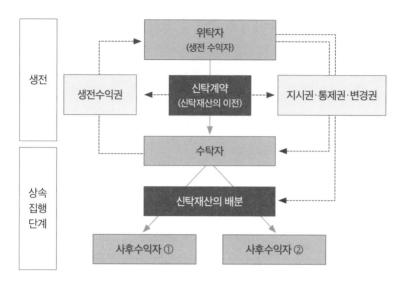

유언대용신탁

생전	위탁자 (생전 수익자)

생전수익권 ← 신탁계약 (신탁재산의 이전) → 지시권·통제권·변경권

수탁자

상속 집행 단계

신탁재산의 배분

사후수익자 ① / 사후수익자 ②

관리하다 자녀가 45세 정도가 될 때까지 잘 살아서 걱정이 사라지면 신탁을 풀어주는 방식으로 운용됩니다.

유언대용 신탁은 유언을 대신해 상속을 설계하고 실행하는 구조입니다. 이러한 신탁 계약을 체결한 부모님은 소유권을 이전하고, 생전의 수익권은 자신이 가지며, 상속이 발생 후 자녀에게 상속을 나눠주는 계획을 세웁니다. 이러한 신탁은 유언을 대신하는 역할을 하면서 언제든지 계획을 변경하거나 해지할 수 있습니다.

후견 신탁은 건강할 때 미리 후견인을 정해놓아 후견 분쟁을

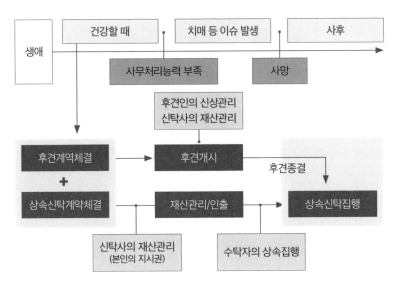

임의후견신탁

생애

건강할 때 | 치매 등 이슈 발생 | 사후

사무처리능력 부족 | 사망

후견인의 신상관리
신탁사의 재산관리

후견계역체결 → 후견개시 → 후견종결

\+

상속신탁계약체결 → 재산관리/인출 → 상속신탁집행

신탁사의 재산관리
(본인의 지시권) | 수탁자의 상속집행

예방하는 중요한 방법입니다. 고객 중에는 아들과 딸 중 딸을 후
견인으로 정한 뒤 생전에 병에 걸리면 삼성노블카운티 1인실에
보내주고 신탁 재산에서 매월 지급하고, 사망 후 상속이 발생하
면 후견인이었던 딸에게 재산을 더 주는 등의 계획을 실제로 짰
습니다. 후견도 신탁도 미리 체결해놓고, 내가 정한 후견인이 필
요한 역할을 하다가 상속 역시 내가 배분하는 대로 설계됩니다.
이러한 임의 후견 신탁은 최근 많이 사용되고 있습니다.

증여, 상속, 후견이라는 세 가지를 결합해 각자에게 맞게 설
계해야 합니다. 수탁자가 반드시 신탁 회사일 필요는 없습니다.

믿을 만한 자녀가 있다면 그 자녀에게 맡겨도 되고, 믿을 만한 변호사가 있다면 변호사에게 맡겨도 됩니다. 계획을 세우고 신탁 계약을 체결해 수탁자에게 맡는 마스터플랜을 실행에 옮겨야 합니다.

한 고객의 사례를 보겠습니다. 고객의 유산이 고객 사망 후 아들에게 바로 상속되지 않고 10년간 회사 생활에 성실히 임했을 때 분할 이전되도록 설계한 경우였습니다. 이런 상속은 신탁이 아니고서는 불가능합니다. 우리나라 민법은 사망 후 바로 상속 배분입니다. 그런데 사례에서처럼 부모 사후 자식이 10년간 회사 근무, 박사 학위 취득 등을 증명해야 상속해주는 신탁을 인센티브 신탁이라고 합니다.

단순히 물려주는 재산이 독이 될 수 있습니다. 이러한 사례는 주변에서 많이 볼 수 있습니다. 상속된 재산으로 인해 가족이 해체되거나 개인이 제대로 일을 하지 않는 경우가 있습니다. 미국의 전문가들은 이러한 문제에 대해 다양한 조건을 제안하고 있습니다. 학위, 결혼, 출산 등의 조건을 부여하여, 최근 10년 동안 취업한 경우나 인컴 매칭 등의 방법을 통해 적극적인 활동을 유도하고, 상속할 가치를 실어주는 방법을 제시하고 있습니다.

75세 자산가의 현명한 전략

자산승계전략을 이야기할 때 한 고객 사례를 들었습니다. 이제 구체적인 전략을 알아보도록 합시다.

보통 금융 자산들은 배우자에게로 많이 상속됩니다. 이는 배우자 상속공제가 30억까지 가능하기 때문입니다. 그래서 금융 자산은 배우자가 상속하고, 실제 살아야 하는 아파트는 배우자에게 미리 증여합니다. 상가 건물은 4분의 1씩 쪼개서 두 아들에게 2분의 1을 증여하고 10년 후에 또 증여하는 계획을 세웁니

가족신탁 설계 사례

재산	평가 금액	상속/ 증여	수익자	2차 수익자	절세 전략	신탁 유형	사후재산 관리
금융	40억 원	상속	배우자	—	○	유언대용신탁	배우자 상속 개시 후 20년 간 신탁 계약 유지 + 아들 1의 처분 결정
아파트	10억 원	증여	배우자	—	—	증여신탁	
상가 건물	50억 원	$\frac{1}{4}$ 지분 증여	아들 1	—	○	증여신탁	
		$\frac{1}{4}$ 지분 증여	아들 2	—	○		
		$\frac{1}{2}$ 지분 증여	배우자	아들 1,2	—	유언대용신탁	

다. 이때 관리 능력이 떨어져 걱정되는 둘째 아들을 위해 신탁을 설정합니다. 만약 문제가 생기면 배우자에게 상속했다가 배우자 사후 자녀에게 상속하는 구조도 가능합니다. 처분은 안 되지만 관리는 하라는 조건을 달고 추후 처분을 결정합니다. 이러한 방식을 통해 증여하면서도 세금을 줄이고 걱정거리를 해소할 수 있습니다.

2024 KOREA
FINANCIAL PLANNING
TRENDS

양도세 대가가 전하는
절세 기술

안수남

세무법인 다솔 대표

매년 바뀌는 세금 제도, 세금 폭탄은 자산가들만의 일이 아닙니다. 미리 알고 준비하면 피할 수 있습니다. 놓치지 말아야 할 2024년 절세 팁을 알아봅시다.

우리나라 자산가들은 산업화로 인해 부를 축적했으며, 그중 대다수는 부동산과 주식으로 이루어진 자산을 보유하고 있습니다. 또한 이들 부자 중 70%가 30년 이내의 기대 수명을 가지고 있습니다. 이들의 관심사는 부가가치세, 소득세, 법인세가 아니라 자녀들에게 어떻게 재산을 잘 물려줄 것인지에 대한 것입니다.

2024년 세법 변화 모아보기

2024년에 변경될 세법에 특별한 변화는 없지만, 다주택 중과세 문제가 논의되고 있습니다. 현재 정부는 다주택자 중과세 규정을 폐지하거나 최소한의 수준으로 수정할 필요성을 인식하고 있습니다. 이를 위해 중과세율을 약 10% 정도 올리고, 장기보유 특별공제를 보통 부동산과 동일하게 적용하려 하며, 조정지역이 아닌 주택 급등 지역에만 해당 규정을 적용하려는 방향으로 개정을 시도하고 있습니다. 그러나 이러한 개정이 이뤄지지 않더라도, 정부는 2024년 5월 9일까지 유예되어 있는 다주택자 중과세 규정을 1년 더 연장하려는 계획입니다. 이는 시행령 사항으로써 야당과의 협의 없이도 연장될 수 있습니다.

취득세 중과세 문제는 2022년 12월 21일부터 중과세를 완화할 것이라는 발표가 있었습니다. 그러나 야당과의 협의가 원활하지 않아 아직까지 개정되지 않고 있습니다. 정부 여당은 관련해 2024년에 재추진할 것이며, 2022년 12월 21일 이후에 취득한 주택들에 대해서는 완화 정책이 적용할 계획이라고 합니다.

혼인 및 출산에 대한 증여 공제액이 높아졌습니다. 이제 양가에서 각각 1억 원까지 증여하고, 기존 5천만 원까지 각각 받는다고 했을 때 3억 정도는 세금 없이 자녀들에게 결혼 자금이나 출산 자금으로 제공될 수 있을 것으로 예상됩니다. 이는 2024년부터 즉시 시행될 예정입니다.

그 외의 개정 규정들은 여러분들과 직접적인 관련이 없을 것으로 보입니다. 특히 가업 승계 관련 내용은 상당히 완화되었지만, 이는 주로 자산가들에게 해당하는 사안이라 따로 말하지는 않겠습니다.

이제 상속 증여와 관련된 이야기를 해볼게요. 상속세와 관련해 황당한 과세 사례나 절세 사례, 상속세와 증여세 절세법 등 일반적으로 알아두면 좋을 내용을 정리하겠습니다.

상속세, 신고하지 않아도 될까

상속을 받을 때 일반적으로 상속세를 궁금해합니다. 보통 네이버 등에 물어보죠. "상속세를 신고해야 할까요?" 예를 들어 공시지가 평당 30만 원 정도 하는 농지 1천 평이 상속됐다면 상속세가 3억 정도 나옵니다. 상속세 신고하지 말라고 하죠. 상속 재산 기본 공제가 5억이고, 배우자는 10억까지 세금이 없습니다. 그래서 상속세를 신고할 필요가 없다는 의견도 나옵니다.

상속세만 보면 맞는 말이죠. 하지만 상속받은 재산을 팔 때 취득가액과 양도가액의 문제가 있습니다. 팔 때 양도가액은 실제 거래가액이 되지만 취득가액은 상속받을 때 평가액으로 정해집니다. 상속세 신고를 하지 않으면 공시지가가 취득가액이 되는 거예요. 양도 시 시장 가격에 따라서 양도가액이 결정됩니다. 이 양도가액과 취득가액의 차이인 양도 차익에 세금이 부과됩니다. 앞서 예에서 취득가액이 3억입니다. 개별 공시지가가 3억인 농지의 시세는 3~4를 곱합니다. 다시 말해서 3억 상속받은 재산을 시세에 따라 팔면 10억이 넘으니 양도 차익이 7억입니다. 세율이 42%, 3억이 넘는 세금이 나오는 겁니다.

상속세를 미달되더라도 반드시 상속세를 신고해야 합니다. 양도세 때문입니다. 상속재산가액을 높일 필요가 있는데, 감정평가를 통해 평가액을 높일 수 있습니다. 시가 대비 80%까지 끌어올릴 수 있어요. 앞서 사례에서 이어가자면 감정평가를 통해 농지 가격을 8억 원으로 높였다고 가정해봅시다. 배우자가 살아 있다면 상속세가 안 나오고, 자녀가 상속받아도 5억을 공제받으니 3억에만 상속세, 5천만 원만 나옵니다. 그래서 상속세를 신고하면 양도세가 줄어들 수 있는 거예요.

한 일간지에 나온 보도자료 내용을 보면, 2023년에 상속세를 신고한 인원은 1만 5,700명이었는데, 평균 1인당 상속 재산은 40억이었고 이들은 평균 12억의 세금을 냈다고 합니다. 증여세 신고 인원은 27만 명이고, 증여재산 가액은 무려 92조 원 2017년(54조7084억원) 대비 68.8% 증가했다고 합니다. 상속세를 대비한 절세의 지름길로서 증여가 선택되고 있는 것으로 보입니다.

현실을 제대로 인식하자

죽음과 세금을 피할 수 없습니다. 우리는 언제 죽을지 모르는 불확실성 속에서 살아가고 있습니다. 문제는 재산의 종류와 가치가 변하는데, 가격이 오르기도 하고 내리기도 한다는 겁니다. 현재는 하향세에 있죠. 이런 하향세에서는 부동산을 팔 수는 없지만 증여할 수 있는 적기입니다. 일부 회사 경영자들은 현재 경영이 어려워 손실을 보고 있어, 그러면 이 손실을 이용해 주식을 자녀들에게 증여합니다. 왜냐하면 자산 가격이 내려가니 증여세가 낮아지는 때문입니다. 지금이 증여의 적기입니다. 가격 하락기에 죽고 사는 일을 마음대로 할 수는 없지만 증여는 선택할 수 있으므로, 가격 하락기에는 증여를 고민해야 합니다.

현실을 인식하는 것은 중요합니다. 피상속인의 의중은 계속

해서 변할 수 있습니다. 가족 구성원이 바뀌면 기대도 변할 수 있습니다. 예를 들어 아들이나 딸이 결혼 후에는 새로운 가족 구성원이 들어오고 상황이 변할 수 있습니다. 가족 구성원이 바뀌면 의사결정이 더욱 복잡해질 수밖에 없습니다.

상속에는 유류분 제도가 있습니다. 유류분이란 피상속인의 의사와 무관하게 상속재산 중 상속인 등의 일정한 자에게 유보된 몫이고, 피상속인의 상속인 중 일정한 자에게 법정상속분에 대한 일정 비율의 상속재산을 확보해주는 제도가 유류분 제도입니다. 이런 이유로 재산을 장남이나 장녀에게만 모두 물려주거나 아들에게만 주고 딸에게는 주지 않는 것은 불가능합니다. 오히려 소송으로 이어질 가능성만 커집니다.

세법은 종종 예고 없이 변경될 수 있습니다. 또한 최근에는 세금 부담을 더 높이는 방향으로 강화되고 있습니다. 예를 들어 상속세 개편의 경우에도 좀 더 공제액을 늘리고 세율을 낮추는 방향으로 과세 체계를 변경하는 등의 노력이 있긴 하지만, 현재 정치적인 상황에 따라 상속세 개편이 쉽지 않아 보입니다.

상속세, 증여세 최고 절세 방안

첫째, 제가 강조하는데, 상속에서 세금보다 가족 간의 화목이 더 중요합니다. 상속 분배는 가족 구성원들과 함께 신중히 상의되어야 합니다. 각자의 의견을 듣고 존중하며 서로의 욕구를 고려해야 합니다. 재산이 많을수록 갈등이 생길 수 있으므로 가족의 우애를 유지하는 것이 우선입니다.

둘째, 장기 계획이 중요합니다. 만약 부모님이 갑자기 쓰러져 중환자실에 계시면 건강 회복에 집중해야 합니다. 괜히 절세 방안을 세운다고 상가 팔고 나눠 쓰고 이래서는 안 된다는 겁니다. 세금 폭탄이 떨어지는 일입니다.

셋째, 시간이 많을수록 재산을 다양하게 가지고 있을수록 수증자가 많을수록 세금 부담은 줄어듭니다. 아들, 딸, 며느리, 사위, 손자, 손녀… 수증자가 많을수록 열린 마음으로 소통해야 합니다.

넷째, 신뢰할 만한 전문가를 찾아야 합니다. 전문가의 조언을 받으면 엉뚱한 결정을 내리는 것을 방지할 수 있으며, 재산을 효율적으로 관리하고 최선의 결과를 얻을 수 있습니다.

다섯째, 맞춤 절세 방안이 중요합니다. 비용을 들이기 아까워하지 마세요. 절세 전문가와 상담해 자신에게 가장 적합한 절세 방안을 찾아야 합니다. 그런 다음에 실제로 실행해야 합니다. 알아만 보다가 끝내지 말고 꼭 실행에 옮기시기를 바랍니다.

상속을 잘해야 잘산다

저의 짧은 생각을 드리자면, 상속을 잘해야 집안이 잘삽니다. 유산이 가족 간의 화목을 깨뜨린다면 그 가치는 퇴색됩니다. 그럴 바에는 모아둔 돈을 다 쓰고 가십쇼. 그렇지만 재산은 가족이 함께 노력해서 쌓은 것입니다. 아버지만이 아닌 어머니와 함께 일해왔습니다. 자녀들도 각자의 역할을 했죠. 내 단독 재산이 아닌 가족의 공유 재산이라고 생각할 필요가 있습니다.

상속은 미리 결정하되 한 번에 다 주지 말고 어떻게 분배할지 신중히 고려한 후에 주는 것이 중요합니다. 형제간에 우애하고 부모에게 효도할 수 있는 적절한 방법으로 상속을 전달하는 것이 현명한 선택입니다.

상속 계획이 제대로 이루어지지 않으면 형제 간 갈등이 불가피하게 발생할 수 있습니다. 최근 상담한 사례 중 하나를 예로 들어보겠습니다. 8년 전에 아버지가 아들에게 50억짜리의 건물을 증여했습니다. 건물은 현재 100억 가치로 평가됩니다. 월세

수입도 3천만 원 정도 나오고요. 아버지가 돌아가신 후 세 딸에게 남긴 재산은 15억 가치의 상가 2개와 5천만 원 가치의 시골 땅입니다.

결국 딸들은 반발하고 법적 분쟁으로 이어졌습니다. 합의가 안 되면 공유물 분할 청구 소송을 내고 경매로 넘어갈 수도 있습니다. 불공정한 상속이 어떤 결과를 낳는지 알겠죠? 서울 강남에 경매로 나온 물건이 여러 개 있어요. 채무 변제를 못 해서 나온 게 아니라 상속으로 나온 겁니다. 현실이 그래요.

상속세는 대중세

상속세에 관한 생각이 변했습니다. 과거에는 상속세는 주로 재벌들이나 해당한다고 생각했습니다. 그리고 상속세 내고 남은 재산으로 살면 되고, 내 자식들은 돈 욕심이 없어서 다투지 않을 거라고 여겼죠. 그리고 상속세는 점점 완화되어 나라에서 세 부담을 줄여줄 것이라고 믿었습니다. 그런데 최근 자산 가치가 급등하고 있는데도 불구하고, 자산가들에 대한 과세는 강화되는 추세입니다. 상속세가 너무 많으니 줄일 방법이 있다면 줄이고 싶다, 자식들 간에 재산 분쟁을 막고 싶다고 생각하게 되었습니다.

상속세는 부자들만이 내는 부자세에서 집 한 채만 있어도 누구나 내는 대중세로 자리매김했습니다. 그러니 대비를 해야 합니다. 먼저 상속세를 계산해보고 나에게 맞는 절세 방법을 찾아봅니다. 그런 다음 자녀들의 의견을 듣고 합리적인 방법으로 분배를 결정해보시는 게 좋을 것으로 보입니다. 이 내용을 유언장을 남기거나 유언대용 신탁을 활용합니다. 마지막으로 상속세를 납부할 재원에 대해서도 고민해봐야 할 것입니다.

상속세를 대비하는 유형은 세 가지가 있습니다. 첫 번째는 죽을 때까지 아무런 대비도 하지 않고 가족끼리 협의해 해결하는 방법입니다. 두 번째는 죽기 직전에 사전 증여를 하는 것으로, 중환자실에서도 가능한 '졸속형' 방식입니다. 하지만 급하게 결정하는 것은 안 하는 것만 못할 수 있으므로 주의가 필요합니다. 마지막으로는 장기적인 계획을 세워서 보유 재산을 처분하거나 자산을 대체시키는 방법입니다. 분산 증여를 세 번에서 네 번 실시하고 남은 재산은 상속으로 남깁니다. 세금을 절세하고 가족 간 분쟁을 최소화하는 방법이라고 생각됩니다.

황당한 과세 사례 보기

황당한 과세 사례를 몇 가지 살펴보겠습니다. 어머니가 국가 보상금으로 60억을 받게 되었습니다. 양도세 10억을 내고 현금으로 받은 50억으로 상가를 사서 자신, 아들, 딸의 지분을 60%, 20%, 20%로 나누어 등기했어요. 8년 후 돌아가셨는데, 국세청이 10년 치 계좌 내역을 추적한 결과 증여세가 없는 걸 확인했습니다. 그러나 상가를 산 것이 발견되면서 증여세와 가산세를 내야 했고, 이에 따라 아들은 20억, 딸은 4억 4천만 원의 세금을 내야 했습니다. 증여 후 10년은 살아 있어야 문제가 발생하지 않을 수 있습니다.

다른 사례예요. 아버지가 기준시가 60억인 빌딩을 150억에 매각했습니다. 양도세로 30억을 내고 사남매가 각자 30억씩을 받았습니다. 증여세는 신고하지 않았습니다. 문제는 아버지가 4년 만에 돌아가시면서 발생합니다. 결과적으로 증여세 본세 40억과 가산세 24억, 그리고 상속세 10억까지 해서 총 104억의 세금을 내게 되었습니다. 매각 금액의 70%에 해당합니다. 이렇듯 부동산을 매각 후 증여하고 상속을 받는 경우 세금 부담이 상당히 커지므로 신중한 계획이 필요합니다. 특히 노년층이라면 자녀와의 상속 문제까지 고려해야 하므로 세무사의 조언을 듣고 적절한 대책을 세워야 합니다.

아버지로부터 농지를 상속받아 양도한 사례를 볼게요. 아버지가 30년간 자경한 농지였습니다. 기준시가가 5억이라서 양도세를 신고하지 않았습니다. 장남이 단독 상속받은 다음에 4년 후에 농지를 팔았는데요. 취득가액은 5억이며, 양도가액은 18억으로 산정되어 양도소득세가 5억 2천만 원이 나왔습니다. 안타깝죠. 이 경우 3년 안에 농지를 팔았으면 아버지의 자경 기간이 자녀에게 적용되어 자경 감면이 1억씩 적용됩니다. 그러니까 자녀 세 명이 감정평가를 통해 감정가 10억 원으로 상속을 받아 3년 이내 양도할 경우 양도세조차 각 1억 원이 감면되어 세금을 납부하지 않아도 되는 절세 전략을 세울 수 있었을 겁니다.

더 황당한 사례도 있습니다. 먼저 증여를 해줄 부동산과 증여를 하지 말아야 할 부동산을 구분해야 합니다. 2000년 12월 말 이전에 임대한 다세대 주택은 양도소득세가 100% 감면되지만, 증여를 하게 되면 이러한 혜택이 사라집니다. 예를 들어볼게요. 1998년에 아버지가 강남구에 토지 80평 취득 후 20평형 다세대 주택 9세대 신축했습니다. 임대료로 보증금 10억 원에 월세 800만 원을 받고 있습니다. 이 다세대 주택 시가가 70억 원이고, 50억 원 아파트도 보유하고 있었어요. 자녀가 셋이 있었는데, 이들이 상속세를 우려해 아버지에게 증여를 요청했습니다. 아버지는 증여를 해주셨고요. 양도세 1억 8천, 증여세 1억 4천, 취득세 2억 5천을 내고 부동산을 넘겨받았지만, 이후 상속을 받은 후에 다시 부동산을 70억에 판매하면서 양도소득세만 20억이 발생했습니다. 이 경우 아버지가 부동산을 보유한 채 돌아가셔서 나중에 상속을 받아서 팔았다면 양도세가 발생하지 않았을 것입니다. 잘못된 선택이었던 거죠.

절세 사례

지금까지 황당한 과세 사례를 봤으니 이제 절세 사례도 살펴보겠습니다.

어머니가 성수동에 토지를 사서 지하~3층까지는 근생시설, 4~6층은 다가구 주택 19세대를 지었습니다. 이걸 아들과 딸, 그리고 자신이 3분의 1씩 소유하겠다고 합니다.

보통 왼쪽 그림처럼 세로로 나눠 등기를 합니다. 아들과 딸이 자기 집을 소유한 상태에서 이렇게 등기를 하면 2주택자가 됩니다. 나중에 자기 집을 팔 때 비과세를 못 받게 됩니다. 그리고 어머니가 건설한 다가구 주택은 현재 건설임대주택으로 등록되어 있어 여러 세제 혜택을 받고 있습니다. 그런데 각자의 명의로 등

사전증여 실패 사례 vs. 성공 사례

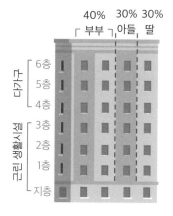

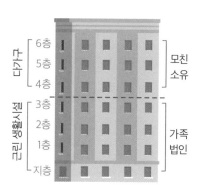

기를 변경하게 되면, 해당 혜택이 소멸될 수 있습니다. 종부세의 비과세 혜택과 거주주택의 비과세 혜택, 재산세 감면 등 여러 세제 혜택이 사라지는 거죠.

세로가 아닌 가로로 잘라야 합니다. 다가구 주택은 어머니 소유, 근생은 자녀들에게, 그런데 증여세가 부담되니까 가족 법인을 만들어서 다가구 주택을 소유하게 하는 방법도 있습니다. 가족 법인이 다가구 주택을 소유하고, 해당 법인의 주식을 자녀들과 사위, 손자, 손녀 등 가족 구성원들에게 나누어 주는 방식입니다. 이렇게 하면 증여세 부담이 줄어들고, 종합소득세 등 다른 세금 부담도 줄일 수 있습니다.

다른 사례도 살펴볼게요. 양도 후 상속이나 상속 후 양도냐의 문제입니다. 양도계약은 이미 체결한 상태였어요. 아버지가 건강이 안 좋으셔서 중환자실에 계신 와중에 잔금은 다음 달에 받는다는 겁니다. 제가 잔금을 받지 말라고 했습니다. 아버지가 돌아가신 다음에 잔금을 받으라고 했어요. 바로 잔금을 받으면 양도세를 아버지가 내고 상속이 이루어지는 겁니다. 양도세를 내고 소득세를 또 내야 하죠. 돌아가신 다음에 잔금을 받으면 상속을 받아서 파는 거라 6개월 이내에 팔면 상속세만 내고 양도세는 안 내는 겁니다.

그리고 양도 후 현금 증여하려면 부동산 증여 후 양도하는 것이 좋습니다. 양도 후 증여한다면 양도소득세와 증여세를 각각 부담합니다. 하지만 증여 후 양도한다면 설계에 따라 증여세는 부담하되 양도소득세는 내지 않을 수도 있고, 소득 분산으로 적용세율도 낮아집니다. 또 감면소득의 경우 감면한도를 각각 적용받습니다.

이렇듯 어떤 방법을 선택하느냐에 따라 세금 부담과 세제 혜택 등이 다르게 작용합니다. 전문가와의 상담이 필요한 이유라고 하겠습니다.

상속세의 이해와 절세전략

- 총 상속재산

  ◎ 민법상 상속재산

  ◎ 상속재산에 가산되는 재산

  ① 사전증여재산

   -상속인에게 증여한 10년 이내의 증여재산

   -상속인 이외자에게 증여한 5년 이내의 증여재산

  ② 의제상속재산

   -보험금, 퇴직금, 신탁재산

  ③ 추정상속재산

   -상속개시일로부터 1년 이내 2억 원 이상, 2년 이내 5억 원

    이상 처분재산, 채무부담

   -사용처를 입증하지 못할 경우 상속받은 것으로 추정

  ※ 고액자산가들은 상속개시일로부터 10년 이내 금융재산에 대하

   여 조사함

　상속재산은 상속자가 상속받은 재산뿐만 아니라 앞으로 상속자가 받을 것으로 예상되는 재산도 고려합니다. 이는 상속자가 상속인의 역할에서 받을 수 있는 재산이기 때문입니다. 예를

납부세액 계산

총상속재산 - 공과금 - 채무 = 상속세 과세가액 - 인적·물적공제 =
상속세과세표준 × 세율 = 산출세액 - 기납부 증여세액 - 신고세액 공제
= 납부할 세액

들어 퇴직금의 경우 상속자가 상속인의 근무를 통해 받을 수 있
는 재산으로 간주되어 상속재산에 편입됩니다.

상속개시 전에 재산을 처분하거나 채무를 부담하고 받은 금
품에 대해 용도가 입증되지 않으면 입증되지 않은 일정한 금액
을 현금으로 상속받은 것으로 보아 상속재산에 가산하게 되는
데, 이를 추정 상속재산이라고 합니다. 상속개시일 전 1년 이내
에 2억 원 이상, 2년 이내에 5억 원 이상 예금을 인출하거나 부동
산 등의 재산을 처분하거나 채무를 부담하게 되면 상속인이 용
도를 입증해야 합니다.

상속세 계산 구조는 표를 함께 참고해주세요. 지금 제일 중요
한 건 내가 죽을 때 상속 재산을 뭘 갖고 있느냐에 따라서 세금
의 차이가 엄청나게 난다는 사실입니다.

A씨의 재산은 모두 고평가된 자산으로 이루어져 있습니다.
현금 및 예금은 50억 원, 대형 상업용 건물은 150억 원, 아파트
한 채를 갖고 있습니다. 대형 상업용 건물은 감정평가를 통해 평

상속재산 평가액

개념	A씨(고평가 재산보유)		B씨(저평가 재산보유)	
	재산종류	평가액	재산종류	평가액
현금성 자산	현금, 예금, 주식 등	잔고: 50억 원 평가액:50억원	현금, 예금, 주식 등	잔고: 20억 원 평가액:20억원
상업용 건물	대형 상업용 건물	시가: 150억 원 평가액: 120억 원 (감정 평가액)	집합건물 구분상가 3채	시가: 40억 원 평가액: 20억 원 (기준시가) 합계: 60억 원
주거용 건물	아파트 1채	시가: 50억 원 평가액: 50억 원 (유사매매사례가액)	단독주택 1채 다세대 주택	시가: 50억 원 평가액: 20억 원 (개별주택가격) 시가: 60억 원 평가액: 21억 원 (개별주택가격)
합계		시가: 250억 원 평가약: 220억 원	합계	시가: 250억 원 평가약: 121억 원

개념	A씨 상속세 계산	B씨 상속세 계산
상속재산 평가약	220억 원	121억 원
보증금 등 채무	20억 원	50억 원
상속공제액	37억 원	37억 원
과세표준	163억 원	34억 원
세율	50%	50%
상속세 산출세액	77억 원	12.34억 원
세부담 차이	64.6억 원	

가액이 부과되는데, 150억짜리 건물이 감정평가를 통해 120억으로 평가되는 경우가 있습니다. 아파트도 거래 사례가 많아 실제 금액에 가까운 값으로 평가될 가능성이 높습니다. 그러다 보니 A씨 같은 경우는 시가 250억인데 상속세법상 평가를 했더니 220억이 나옵니다. 30억밖에 차이가 없죠.

B씨의 재산은 현금 예금 20억 원과 집합건물로 분류되는 구분상가를 갖고 있습니다. 이와 더불어 단독주택 한 채와 다세대 주택도 소유하고 있습니다. 구분상가는 시가가 40억인데 평가액은 20억입니다. 단독주택과 다세대 주택도 시가와 평가액의 차이가 큽니다. 합쳐보면 시가는 250억이지만 평가액은 121억으로 100억 이상 차이가 나죠.

A씨와 B씨의 상속세를 계산해보면 차이가 극명하게 드러납니다. A씨는 전세를 월세로 변경해 보증금을 줄이고 월세를 늘리는 전략을 선택했습니다. 반면에 B씨는 월세를 보증금으로 변경해 보증금 및 채무가 50억입니다. 결론적으로 A씨는 77억, B씨는 12억이 상속세로 계산됩니다. 전략을 어떻게 짜느냐에 따라 세금의 차이는 이렇게 큽니다.

상속세 계산 관점으로 재산을 볼 필요가 있습니다. 부동산은 월세보다 전세로 전환하거나, 적절한 채무 설정을 통해 세금 부담을 줄일 수 있습니다. 고평가되는 자산은 안 팔리면 물납을 고

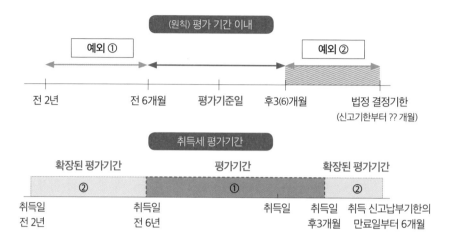

상속세와 증여세의 평가 기간

(원칙) 평가 기간 이내

예외 ①

예외 ②

전 2년　　전 6개월　　평가기준일　　후3(6)개월　　법정 결정기한
(신고기한부터 ?? 개월)

취득세 평가기간

확장된 평가기간　　　평가기간　　　확장된 평가기간
② 　　　　　　　① 　　　　　　②

취득일　　　　취득일　　　　　취득일　　취득일　　취득 신고납부기한의
전 2년　　　 전 6년　　　　　　　　　 후3개월　　만료일부터 6개월

려해도 좋으니 그냥 보유하고, 자산을 취득할 때는 부부 공동명의로 취득하는 것이 유리합니다. 또한, 세금 미달이라도 반드시 신고하는 것이 중요합니다. 이러한 전략적인 자산 관리는 상속세 부담을 줄이는 데 도움이 됩니다.

　국세청은 상속세와 증여세를 매길 때 평가가 중요합니다. 상속 또는 증여할 날을 평가 기준일이라고 하고, 평가 기준일 기준으로 6개월 전부터 3개월 후까지입니다. 이 평가 기간 동안 발생한 매매나 감정 등의 자료가 있으면 해당 자료에 따라 평가 금액이 결정됩니다.

　국세청에서 상속세 신고 기한이 지난 후 세무조사가 들어올 때, 시가와 기준시가의 차이가 크면 감정평가 가능성이 높습니다. 국세청의 기준은 시가와 기준시가가 10억원 이상 또는 10% 이상 차이가 나면 감정평가를 실시할 수 있다고 규정되어 있습니다.

기준시가와 감정평가 금액 차이가 크리라 예상될 때, 상속세 신고 시에 미리 감정평가를 의뢰하여 신고하는 것이 좋을지, 아니면 기준시가로 신고 후 세무서에서 감정평가를 받아 추징당하는 것이 더 좋을지에 대한 견해는 세무사마다 다릅니다. 일부 세무사는 감정평가를 의뢰하면 약 10% 정도 평가를 낮출 수 있다고 주장하며, 국세청에서의 평가는 일반적으로 더 높게 측정된다고 합니다. 따라서 어떤 세무사는 납세자가 미리 감정평가를 요청하는 것이 바람직하다고 말합니다.

저는 감정평가를 받지 않고 기준시가로만 상속세를 신고하는 것이 더 낫다고 생각합니다. 금액을 낮게 신고했다고 해도 신고 불성실 가산세는 없습니다. 또 국세청에서 감정평가를 통해 상속세를 부과한 경우 납세자가 소송을 제기할 권한이 생깁니다. 과세에 대한 소송이 진행되면 국세청이 패소하는 사례가 많다는 점을 알아두면 좋겠습니다.

전문가들은 국세청이 감정평가 방식으로 사후에 세금을 부과하는 것을 우려합니다. 세법에서 중요한 것은 법적 안정성과 예측 가능성인데, 이 방식은 국세청이 예산에 따라 일부 자산에 대해서만 감정평가를 진행할 수 있어서 형평성에 문제가 될 수 있습니다. 또한 주거용 건물은 감정평가를 하지 않는 점도 문제입니다. 이러한 이유로 국세청은 법적 논리상 불리한 입장에 있으며, 현재 이에 대한 소송이 진행 중입니다. 이 소송에서 승소한다면 납부한 세금과 이자를 환급받을 수 있을 것으로 예상됩니다.

증여세 절세전략

상속세를 최소화하는 가장 효과적인 전략은 사전 증여입니다. 이를 육하원칙으로 설명하면 누가, 언제, 무엇을, 어떻게, 왜를 고려하여 증여를 계획하고 진행해야 합니다. 지금부터 한번 정리해보겠습니다.

누가 줄 것인가? 자녀에게 증여할 때는 주로 부모님이겠죠. 우리나라의 증여세는 수증자를 기준으로 해 증여자별, 수증자별로 증여세 과세가액을 계산하되, 10년 이내에 동일인으로부터 증여가액은 합산해 과세합니다. 아버지와 어머니, 할아버지와 할머니 등이 동일인의 범위에 포함됩니다. 예를 들어 부부가 각자 자녀에게 증여할 경우 이를 합산하지 않습니다. 또한 며느리나 사위는 직계 존속이 아니므로 부모가 아닌 다른 가족으로 간주되어 따로따로 증여를 받을 수 있습니다.

언제 줄 것인가? 재산 가치가 상승하는 추세에 따라 증여를 빨리하는 것이 유리합니다. 증여 후 임대수익이 발생하면 수증자의 것입니다. 자녀들이 임대수익을 가지고 가게 만들면 자녀 소득은 생기고 상속 재산을 줄어드는 편이 좋습니다. 또 증여를 받은 재산은 상속 시점이 아닌 증여 시점의 가치로 평가되므로, 가격이 상승하기 전에 미리 주는 것이 세금을 줄이는 데 도움이 됩니다.

누구에게 줄 것인가? 누구에게 줄지는 뻔합니다. 배우자, 아들, 딸, 손자, 손녀, 사위, 며느리죠. 증여세는 유산취득세 과세 방식이라서 일단 수증자가 많을수록 유리합니다. 자녀세대별로 분배하고 수증자는 자녀 세대 전체를 활용하는 것이 유리하고요.

수증자가 배우자인 경우 증여공제액이 6억 원으로 상당히 높아 증여세 부담이 상대적으로 적습니다. 또한 상속이 개시될 경우 10년이 경과하면 증여재산이 상속재산에서 합산 배제됩니다. 이외에도 배우자로부터 부동산을 증여받아서 시가로 평가하고 10년이 경과한 후 양도할 경우, 증여가액이 양도시 취득가액으로 인정되어 양도세 부담이 줄어듭니다. 다만 10년 이내에 양도할 경우 이월과세 대상이 되므로 주의가 필요합니다.

수증자가 자녀들인 경우 부모가 상인일 경우 증여재산공제를 통해 최대 5천만 원까지 공제를 받을 수 있으며, 미성년자인 경우에는 2천만 원까지 공제를 받을 수 있습니다. 상속이 개시될 경우 10년 이내에 증여한 재산은 상속재산에 합산되어 과세됩니다. 부모로부터 부동산을 증여받아 10년 이내에 양도할 경우 이월과세 대상이 되므로 주의가 필요합니다.

수증자가 자녀의 배우자인 경우 증여재산공제액은 1천만 원으로 제한됩니다. 또한 상속이 개시될 경우 5년 이내에 증여한 재산만 상속재산에 합산되어 과세됩니다. 수증자가 손자 또는 손녀인 경우 증여재산공제액은 성년자에게는 5천만 원, 미성년자에게는 2천만 원으로 한정됩니다. 또한 증여 후 10년 이내에

수증자별 각 규정 적용 정리

구분	배우자	자녀	자녀의 배우자	손자손녀
동일인 증여재산 합산 과세	10년	10년	10년	10년
상속 시 증여재산 합산 기간	10년	10년	5년	5년
이월 과세 적용	O	O	X	O
부당 행위 계산 부인	X	X	O	X

부동산을 양도할 경우 이월과세가 적용됩니다. 상속이 다른 사람에게 이어지는 경우, 증여 후 5년이 지나면 증여한 재산은 상속재산에 합산되지 않습니다.

동일인 증여 재산은 모두 10년 동안 합산되지만, 상속세의 경우 배우자와 자녀는 10년 동안, 자녀의 배우자와 손자녀는 5년 동안 합산됩니다. 또한 이월 과세 적용은 배우자와 자녀, 손자녀에게는 가능하지만, 며느리와 사위에게는 적용되지 않습니다. 부당행위계산 부인이 걸려서 증여 후에 며느리나 사위에게 돈이 전달되면 정상 거래로 간주되어 절세 효과가 발생합니다.

무엇을 줄 것인가? 현금, 예금, 상장주식 등은 특별한 절세 수단이 없으므로 10년 단위로 증여하는 것이 일반적입니다. 성장 가능성이 있는 주식이나 가업승계 가치가 있는 주식은 증여하면 좋습니다. 주식은 증여 후 즉시 양도하더라도 이월과세가 적용되지 않습니다. 따라서 양도차익이 크고 자녀들에게 자금을 증여할 계획이라면 증여 후 양도가 절세에 도움이 될 수 있습니다. 저평가된 부동산이나 가격 상승률이 높은 부동산 증여를 우선 고려해야 합니다. 특히 건물보다는 토지가 좋습니다. 수익형 부동산인 상가 등을 증여해 자금 출처를 마련하는 것도 중요합니다.

어떻게 줄 것인가? 빠르게 많은 사람에게 나눠주는 것이 좋습니다. 특히 부동산을 증여할 때는 수증자를 많이 해서 주면 세금 부담을 줄일 수 있지만, 이 과정에서 등기부 등본이 지저분해질 수 있고, 의사결정에 어려움을 겪을 수 있습니다. 이를 방지하기 위해 가족 법인을 만들어서 주는 것이 가장 좋은 방법입니다.

마지막으로, 왜 주는 것일까? 세금 절세보다 가족의 화목, 형제간 우애가 중요하다고 했습니다. 부모님이 건강하실 때 자녀와 상의해서 결정하는 게 합리적입니다. 이러한 사전 증여는 세금 절세 효과를 가져옵니다. 사전 증여를 통해 상속 재산을 최소화하고 발생하는 소득을 자녀들에게 귀속시킴으로써 장기 보유 부동산의 양도소득세를 절약할 수 있습니다. 또한 배우자나 직계 존비속에게 증여한 후 5년(또는 10년)이 경과한 후에는 양도소득세를 절약할 수 있습니다. 자녀의 배우자에게 증여한 후에는 단기 보유 부동산의 양도소득세와 증여세를 절약할 수 있습니다.

2024 KOREA
FINANCIAL PLANNING
TRENDS

부록

우리 아이
경제 IQ 높이기

김나영

양정중학교 교사

빌 게이츠, 워런 버핏, 마크 저커버그… 이름만 들어도 모두가 아는 세계적인 부자들입니다. 이들은 어릴 때부터 부모님과 돈에 대해 자유롭게 이야기했다고 합니다. 가정에서 돈 TALK를 통해 자녀에게 돈에 대한 올바른 가치관을 심어주고 싶으신 분들과 함께 노하우를 나누고자 합니다.

아이 경제 교육이라고 하면 보통 용돈을 어떻게 줘야 하는 지부터 생각하죠. 물론 너무 중요합니다. 하지만 아이들에게 경제 흐름을 알려주고 이를 보는 시각을 갖게 해주는 것도 중요합니다.

금융 교육이 정말 중요할까요? 요즘 아이들 사이에 '댈입'이라는 게 있답니다. SNS에 진짜 많이 보이는데, 보통 10만 원 미만으로 돈을 빌려주는 겁니다. '대신 입금해드립니다'를 줄인 말이 댈입이죠. 금감원에서 댈입 피해를 입은 학생의 실화를 가지고 영상을 만들었어요. 내용을 요약하자면 본인이 좋아하는 아이돌의 앨범을 사고 싶어서 돈을 빌립니다. 댈입으로 10만 원을 빌렸는데, 일주일간 빌리고 수고비는 2만 원이라고 합니다. 수고비가 보통 이자인 거죠. 그렇게 일주일이 지나자 독촉이 시작됩니다.

그런데 돈을 빌려줄 때 보통 부모님 신분증이나 주소, 학교 등 정보를 달라고 해요. 학교로 찾아와서 독촉하고 그런다는 거예요. 이 경우 한 달 정도 후에 갚았는데 결국 10만 원 빌린 거를 130만 원 갚았다고 합니다. 연 이자율로 치면 1천%가 넘어갑니다. 법정 최고 이자율이 20%인데 엄청난 이자율이죠. 그런데 명확하게 이자라고 안 하고 "4만 원까지만 해드릴게요." 하는 게 법적으로 규제를 안 받는다고 하더라고요.

요즘 카드를 쓰는 아이들도 많죠. 보통 체크카드를 쓰다가 20대가 되면 신용카드를 사용하게 됩니다. 문제는 20대가 신용카드 리볼빙 제대로 쉽게 이용한다는 겁니다. 리볼빙이란 일정 비율의 카드 대금을 결제하면, 나머지 금액은 자동으로 대출 전환되어 다음 달로 이월되는 결제 방식입니다. 단순하게 카드 결제 대금 100만 원이 나왔는데 돈이 없어서 이번 달에는 10만 원만 갚고 90만 원은 미루는 게 리볼빙이죠.

이자율이 얼마나 될까요? 평균 이자율 19.6%, 19.9%까지도 받는대요. 한 대학생이 한 인터뷰를 보니까 리볼빙이 뭔지도, 자기가 가입했는지도 몰랐다고 하더라고요. 그러니까 카드사에서

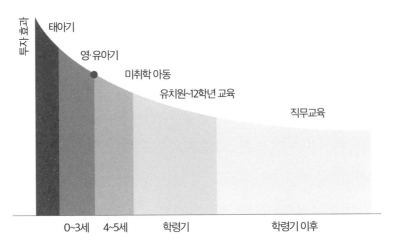

헤크먼 곡선

투자 효과

태아기

영·유아기

미취학 아동

유치원~12학년 교육

직무교육

0~3세   4~5세   학령기   학령기 이후

자료: 김현철, 『경제학이 필요한 순간』 62쪽에서 재구성

"연체 안 되게 미뤄드려요~ 가입하면 커피 쿠폰도 드리니 그냥 가입해두세요~" 해서 가입했다는 거죠. 리볼빙이 보통 카드 한도까지 되거든요? 리볼빙을 제대로 모르고 사용하다가 갚아야 하는 시점이 되면 원금도 이자도 굉장히 많아져 있을 겁니다. 학교에서 이런 건 제대로 알려주지 않거든요.

왜 아이들에게 경제 공부를 시켜야 할까요? 노벨상을 수상한 미국 경제학자인 제임스 헤크먼은 인적자본을 계속 연구하신 분인데, 어릴수록 인적자본을 투입했을 때 나중에 받아들일 효과가 크다고 합니다. 그래서 어릴 때 교육을 해야 하고, 금융 교육

역시 마찬가지일 겁니다. 저는 아이들이 지속가능한 경제생활을 하는 소비자, 투자자가 되기를 바랍니다. 100세 시대라며 평균 수명은 늘어나는데 은퇴는 여전하죠. 은퇴 후에도 30~40년을 먹고살아야 하니 어떻게 투자하고 어떻게 소비해야 하는지 알려주고 싶습니다. 또 환경 문제가 심각하잖아요. 개인의 지속가능함뿐만 아니라 사회적으로도 함께 지속가능한 소비와 투자가 이루어졌으면 합니다.

아이들에게 "경제라고 하면 떠오르는 게 뭐야?"라고 물으면 뭐라고 답할까요? 돈과 주식을 가장 많이 답하더라고요. 그럼 이제 주식은 뭘까 물어보죠. 회사의 소유권을 사는 거라는 답이 나오면 좋겠지만 아이들은 "도박이에요." "한 방에 돈 버는 거요." 하는 식으로 대답합니다. 이런 생각을 하는 아이들에게 올바른 가치관을 길러줘야겠다는 생각이 들었어요.

사실 사람들이 주식에 관심을 갖게 된 건 코로나19 이후였습니다. 2020년, 2021년이 지나면서요. 주가도 굉장히 많이 올랐고, 기준금리도 낮았죠. 다른 이유도 많겠지만 주식 투자를 시작한 사람들이 늘어난 건 확실합니다.

연령대별 주식 수익률을 보면 의외로 10대가 가장 높았습니다. 왜 그럴까 생각해봤는데, 10대는 자기가 직접 투자하는 게 아니라 부모님이 자녀를 위해서 사두는 경우가 많아요. 보통 회

2021년 연령대별 국내·해외주식 수익률(단위:%)

연령대	국내주식	해외주식
전체	0.43	1.52
10대	3.18	5.44
20대	0.21	0.52
30대	0.25	0.84
40대	0.3	2.07
50대	0.4	2.55
60대 이상	0.91	3.22

자료: 연합뉴스

전율이 낮은, 잘 사지만 팔지 않는 주식입니다. 장기 투자라는 거죠. 그래서 아이들 수익률이 더 높았던 거 같습니다.

사실 2020~2021년에 코스피 자체가 30% 정도 올랐습니다. 정말 많은 사람이 다 주식하고 다 코인하는데 나만 못하면 바보라는 의식이 퍼졌어요. 포모(FOMO)라고 'fear of missing out'의 머리글자를 딴 말이 나왔죠. 다른 사람들이 하는 재미있거나 유익한 일(여기서는 주식)에서 나만 소외됐다는 두려움을 가리킵니다.

2022년 되면서 주식도 안 좋아졌습니다. 그래서 2020년, 2021년에 회사 그만두고 전업 투자자를 하겠다고 나선 분들이

2022년 연중 코스피지수 등락률

구분	국내주식		해외주식	
	수익률(%)	회전율(%)	수익률(%)	회전율(%)
전체	-25.4	501	-34.6	351
10대	-24.4	275	-34.7	252
20대	-24.6	449	-33.6	345
30대	-25.5	467	-34.9	344
40대	-25.9	529	-35.3	372
50대	-26.2	557	-35.3	373
60대 이상	-24.7	541	-33.5	344

아파트 매매가격 반동률

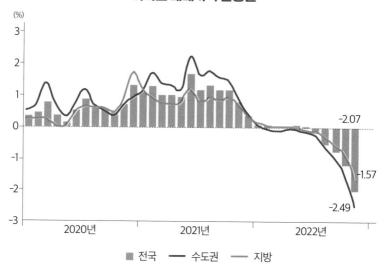

자료: 한국부동산원

많이 힘들어졌다고 하더라고요. 당시 '영끌'해서 집도 사고 그랬죠. 그런데 이제 2022년에 주식, 채권, 부동산 다 깨졌습니다.

대출을 받아 투자한 자산이 떨어진 것도 문제인데, 대출이 변동금리인 것도 문제입니다. 우리나라가 변동금리 대출 비율이 높다고 하더라고요. 기준금리가 올라가니 대출금리도 올라서 부담이 커질 수밖에 없었죠.

왜 '영끌'을 했냐고 물어보면 나름 합리적인 대답을 합니다. 금리는 10년 동안 내렸고, 집값은 계속 올랐어요. 그러니 당연히 지금이라도 빌려서 사는 게 나을 거라고 생각한 거죠. 하지만 이런 판단을 하기 전에 경제 흐름을 살펴봤으면 다른 선택을 하지 않았을까 생각해요.

코로나 이후 신문에 이런 기사들이 계속 나왔습니다. "미국이 대규모 부양책을 내놨다. 부부에게 295만 원, 자녀 1명당 61만 원(당시 환율)씩 돈을 살포했다."

당시 미국 개인 소비 지출 추이를 보면 장기 추세선은 이렇게 점선으로 되어 있는데, 그때 코로나 직후에 확 떨어졌다가 돈을 막 풀면서 추세선 위로 올라가거든요. 이런 자료를 봤을 때 물가 오르겠다고 짐작했을 수 있겠죠. 물가가 올라가면 금리를 올릴 것이고 금리를 올리면 변동금리로는 대출을 받으면 안 되겠다는 생각도 할 수 있었겠죠. 투자에도 영향을 주죠. 미국에서 금리를

미국 개인소비지출(PCE) 추이(2012~2021)

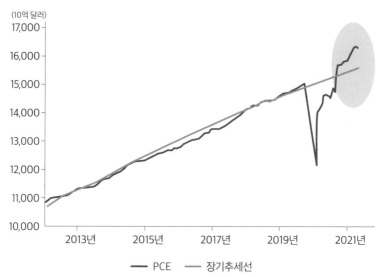

(10억 달러)

PCE · 장기추세선

올리기 시작하면 우리나라도 따라 올릴 수밖에 없다는 건 아시잖아요. 자본 유출이 되면 안 되니까요.

물론 시나리오는 너무 다양합니다. 지표 하나로 거시 경제를 예측하는 건 정말 불가능합니다. 그래도 우리 아이가 A라는 시나리오가 있고 B라는 시나리오가 있고 C라는 시나리오가 있다는 걸 알고 이런 걸 고려할 수 있는 사람으로 자라면 좋지 않을까요?

빚투를 통해 대박을 노리는 사람들도 많습니다. 제가 SNS에서 보고 리딩방에 들어가게 되었어요. '동학개미멘토'라고 할

존리 대표를 사칭한 리딩방

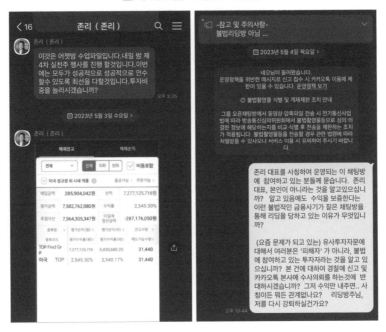

수 있는 존리 대표님 사진을 대표로 한 리딩방이었어요. 당연히 가짜라고 생각했죠. 가만히 지켜보니 매일매일 성적표를 보여줘요. 자기가 추천한 종목 샀으면 수익률이 2천% 갔다고 하는 거죠.

제가 직접 존리 대표님을 아는 건 아니었지만 아는 분을 통해서 물어봤어요. 당연히 아니라고 하시죠. 그래서 제가 리딩방에 물어봤어요. "존리 대표를 사칭하는 리딩방을 왜 하고 계세요?"

결과는 쫓겨났습니다. 존리 대표님은 가짜가 너무 많으나서 추적할 수 없다고 이야기했다고 하시더라고요. 이런 걸 보며 아이들에게 헛된 꿈을 꾸지 말라는 이야기도 꼭 해야겠다고 생각했습니다.

"행복한 가정은 모두 엇비슷하고, 불행한 가정은 불행한 이유가 제각기 다르다."『안나 카레리나』에 나오는 첫 문장이죠. 저는 이걸 이렇게 바꿔봤습니다.

> "돈 버는 방법은 제각기 다르지만, 집안이 몰락할 정도의 손실은 과도한 레버리지 때문이다."

과도한 레버리지는 정말 망하는 지름길입니다. 돈을 빨리 벌고 싶은 헛된 꿈으로 레버리지를 이용하는데, 이런 헛된 꿈을 버려야 합니다.

제가 강조하는 가치관 두 가지를 말씀드렸어요. 경제 흐름을 알아야 하고, 한 방을 노리면 안 됩니다. 투자 교육을 통해 이걸 길러주고 싶습니다.

돈에 대한 올바른 관점과 가치관

관점과 가치관에 대한 이야기를 먼저 해볼게요. 위대한 경제학자 존 메이너드 케인즈는 투기와 투자를 이렇게 구분했습니다.

- 투기(Trading): 시장 심리(가격변동)을 예측해서 주식을 사고 파는 활동
- 투자(Investment): 기업의 수명이 끝날 때까지 자산과 사업에서 나오는 수익을 예측해서 기업에 투자

케인즈가 말하는 투기는 트레이딩 같다는 느낌이 들죠. 그런데 케인즈는 돈을 많이 벌었다고 알려져 있어요. 욕심을 부렸다기보다 시대 상황이 그랬습니다. 당시 경제 대공황이었고 기업들이 파산을 막는 차원에서 주식을 사준 거죠. 그가 말하는 투자의 관점이었습니다. 그랬더니 경기가 회복되면서 굉장히 돈을 많이 벌었다고 합니다.

가치 투자의 원조 벤저민 그레이엄과 그 제자 워렌 버핏이 말하는 가치 투자는 다음과 같습니다.

- 투자는 철저한 분석에 근거해서 투자 원금의 안정성과 적절한 수

익을 추구하는 행위다. _벤저민 그레이엄

- 정말 좋은 기업의 주식을 괜찮은 가격에 사라. 모르는 기업에 투자하지 마라. _워렌 버핏

기업을 잘 분석해 좋은 회사 주식을 싸게 사라는 이야기죠. 말은 쉽지만 정말 어렵습니다. 워렌 버핏은 학생들에게는 자기 자신한테 투자하라는 이야기를 한다고 합니다.

제 아이 이야기를 해볼게요. 아이 경제 교육을 위한 동화책 『레몬으로 돈 버는 법』이 있어요. 레몬으로 레모네이드를 만들어 파는 짤막한 시장 놀이 이야기인데, 아이가 자기도 레모네이드를 만들어서 밖에 나가 팔고 싶다는 거예요. 그런데 우리나라에서는 좀 어렵죠. 너무 아쉬워하더라고요.

어느 날 학교에서 자기가 주식회사를 만들었대요. 아이 학교의 쉬는 시간은 20분인데, 아이는 이 시간에 장난감을 만들어 판 거예요. 물감을 넣은 천사점토로 마카롱도 만들고 식빵도 만들고 했다고 하더라고요. 학교에 바닷모래가 있었는지 거기서 주운 조개껍데기가 돈을 대신했습니다. 사고 싶은 아이들은 많은데 혼자 만드니 속도가 안 나잖아요? 그래서 조개껍데기를 주면서 같이할 아이를 찾았습니다. 그런데 그냥 보기에는 장난감을 학교에 가져온 것으로 보였나 봐요. 아쉽게도 학교에서 더 이상

사업(!)을 진행하지 못하게 됐습니다.

사업을 하고 싶은데 결국 학교에서도 못하게 되니, 집에서 시작했어요. 집에 오는 손님, 사실 친척들이죠. 특히 사촌 동생이 바로 옆에 살고 있어서 이모, 이모부랑 같이 자주 왔어요. 아무튼 이들을 대상으로 이집트 카페를 차렸습니다. 자기가 좋아하는 이집트 콘셉트로 로고도 만들었어요. 메뉴판도 만들고요. 저희가 가족 신문을 집에서 만들곤 하는데 여기에 광고도 냈습니다. 나중에는 제가 재료비랑 커피머신 기계 대여료를 받았어요. 그러니까 이제 남는 게 없는 거예요. 손실이 생긴 거죠. 그래서 아이가 이모에게 투자를 받으려고 투자 설명회도 하고 그랬습니다.

수익금의 일부는 기부하기도 하고 본인이 사고 싶은 걸 사기도 했습니다. 지금도 계속 운영하고 있고요. 투자에 대한 개념, 회사 운영 등을 경험해볼 수 있는 교육이 됐던 거 같아요. 투자는 해야 합니다. 물가가 약 3%씩 상승한다면 24년이 지난 후에는 돈의 가치가 반토막이 되죠. 한국은행에서 추구하는 물가 상승률이 2%인데, 이 경우에도 36년이 지나면 돈의 가치가 반이 됩니다. 예금 금리가 물가 상승률을 따라준다면 상황이 나아질 수 있지만, 그렇지 않은 경우도 많았으니 투자가 필요한 것은 맞습니다.

지루하지만 자산 종류와 시점을 나눠서 하는 '분산 투자'가 중요합니다. 만약에 주식과 채권을 각 50씩 했어요. 2년 후에 주식은 150, 채권은 52로 올랐습니다. 주식에 더 투자하고 싶어집니다. 하지만 리밸런싱을 할 때는 주식 101, 채권 101로 해야 합니다. 기계적으로. 저 역시도 그렇게 하고 있습니다.

주식 투자를 할 때 좋은 회사를 저렴하게 구입하는 가치 투자 방법을 공부하는 것도 좋아요. 그러나 시간이 없으면 그냥 시장을 따라가는 전략도 괜찮습니다. 이 경우 투자를 장기적인 시각으로 바라보는 것이 중요합니다. 시장을 따라가는 전략을 채택한다면 우니라나뿐만 아니라 전 세계의 시장을 고려하는 것도 좋은 방법일 수 있습니다.

경기 사이클은 좋았다가 나빴다가를 반복합니다. 만약 정점에서 주식을 구입했는데 그 후에 경기가 안 좋아질 수 있죠. 그러나 시간이 지나면서 장기적인 추세선을 따라가게 되면, 이러한 나쁜 시기가 해소되고 나라의 경제적인 성장을 반영하는 주식 시장의 상승을 기대할 수 있습니다.

현재 코스피 지수는 2600 정도예요. 코스피 지수는 처음 개장한 날인 1980년 1월 4일을 기준을 100으로 해서 산출됩니다. 4일인 이유는 1980년 당시 새해인 1월 1일부터 3일까지가 공휴일이어서 실제 개장이 4일에 이루어졌기 때문입니다. 그때보다

경기 사이클

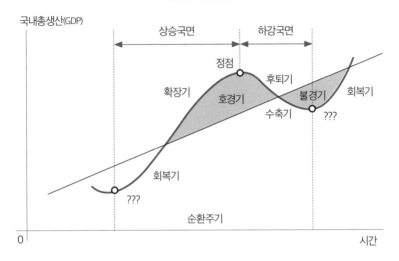

국내총생산(GDP)

상승국면

하강국면

정점

후퇴기

확장기   호경기   불경기   회복기

수축기   ???

회복기

???

순환주기

0   시간

자료: 한국은행, 『알기 쉬운 경제 이야기』

지금 26배 상승했다고 할 수 있습니다.

1년에 50%씩 오른 결과는 아니고요. 복리로 계산해야 하기도
해서, 아무튼 1년에 8~9% 오른 걸로 보면 됩니다. 그럼 그냥 오
래 두면 될까요? 사실 10년 정도 박스권에 있었죠. 이렇게 10년
동안 그대로 있을 때도 있고 5년 동안 계속 하락하기도 했습니
다. 그래서 지수 투자를 하려면 아주 길게 볼 필요가 있습니다.

미국의 S&P500도 지난 25년간 연평균 수익률은 9% 정도입
니다. 다우존슨30도, 유로스톡스30도, 닛케이225도 장기적으로
봤을 때 모두 상승했습니다.

경제 흐름을 읽는 교육

이제 구체적 교육 사례를 살펴보겠습니다.

제가 대통령 분장을 하고 학교에 가서 "대통령으로서 여기 국민들에게 다 1억 원씩 주면 어떨까?"라고 중3 아이에게 물어보면 경제 파탄을 이야기하기도 하고, 중1 아이는 보통 좋아하더라고요.

초등 아이들에게는 이 돈이 생기면 뭘 사고 싶냐고 물어봐요. 무선 이어폰, 콘서트 티켓, 아이돌 포토카드 등 아이들이 좋아하는 걸 적습니다. 이걸 한 바구니에 담겼다고 하면서 이 꾸러미를 경매로 팔겠다고 합니다. 보통 4명을 한 그룹으로 하고요. 이 그룹이 경매에 참여합니다.

경매에 필요한 돈은 바둑알입니다. 검은색 바둑알 하나에 1천 원으로 가정하고 봉투에 바둑알을 넣어서 줍니다. 봉투에는 근로소득, 사업소득 등이 써 있습니다. 총 바둑알은 100개인데, 봉투에 들어 있는 바둑알의 개수는 전부 다릅니다. 아이들은 불공평하다고 하지만 원래 사회가 그런 거니까요. 그렇게 나눠주며 경매가 진행됩니다.

교실에 뿌린 돈이 10만 원일 때, 보통 1만 5천 원 정도에서 경매가 낙찰되는 경우가 많습니다. 그런 다음에 똑같은 꾸러미를 두 번 더 파는데, 경매가 진행되기 전에 돈을 또 뿌립니다. 그러니까 두 번째 경매 전에 10만 원을 더 뿌립니다. 처음에 물품 꾸러미를 팔았기 때문에 낙찰 가격에 해당하는 금액은 제가 가지고 있죠. 그래서 교실에는 18만 5천 원이 있고, 두 번째 꾸러미는 보통 3만 5천 원 정도에 낙찰됩니다.

세 번째 경매 전에 고액권을 발행합니다. 하얀 바둑알은 하나당 5천 원이고, 똑같이 100개를 뿌려요. 지금 교실에는 65만 원이 있는 상태고, 보통 27만 5천 원 정도에 세 번째 꾸러미가 낙찰됩니다. 돈이 많아지면 물가가 오른다는 걸 알게 되는 거죠.

그와 동시에 실제로 있었던 일들도 이야기해줍니다. 극심한 인플레이션이 발생했던 베네수엘라와 짐바브웨, 독일 등입니다.

2018년, 베네수엘라는 정부의 경제 정책 실패와 국제적인 제재 등으로 인한 경제적인 어려움으로 인해 심각한 인플레이션 문제를 겪었습니다. 짐바브웨도 2000년대 초반부터 인플레이션이 발생했고, 2009년에 공식 통화를 미국 달러로 대체해 인플레이션을 억제하려고 했는데 여전히 힘듭니다. 독일 역시 제1차 세계대전 후의 경제적인 어려움과 파라마운트 리히로츠의 통화 정책 실패 등으로 인해 발생했습니다. 역사적으로 봐도 통화가치 안정이 중요하다는 이야기를 해주는 거죠.

통화 안정은 한국은행에서 담당한다는 이야기까지 하고 나

물품 꾸러미 경매 결과

구분	첫 번째 경매	두 번째 경매	세 번째 경매
경매물	물품 꾸러미 1	물품 꾸러미 2	물품 꾸러미 3
낙찰가격	15,000원	35,000원	275,000원
통화량	100,000원	185,000원	250,000원

물품 꾸러미 경매 결과 그래프

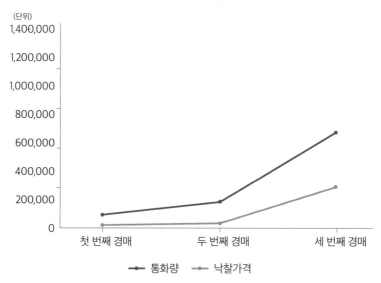

면 아이들이 한국은행, 금통위, 연준에 관심을 가집니다. 그러면서 신문도 보고, 활동지를 함께 해보기도 하죠.

아이들과 100만 원으로 장보기 리스트를 작성해봅니다. 현재의 물가로 사고 싶은 것을 100만 원 이내로 적어보자는 거거든요. 그런 다음 30년 전에 물가로도 적어봅니다. 30년 후로 가서도 짜보고요. QR코드로 들어가면 물가 상승률 2%로 가정을 했을 때 30년 후에 물가를 지금 물가에서 올라가게 파일을 만들어뒀습니다.

일상생활에서 자연스럽게 경제를 접하게 해주는 게 좋습니다. 예를 들어 아이들이 간식을 먹을 때 총 효용과 한계 효용을 설명해주는 것이죠. 경제학에서 총 효용과 한계 효용은 소비자나 생산자의 의사결정에 중요한 역할을 하는 개념입니다.

아이가 좋아하는 초코파이를 먹으면서, 아이에게 하나를 먹었을 때의 만족감, 두 개를 먹었을 때의 만족감, 세 개를 먹었을 때의 만족감을 적어봅니다. 이 만족감을 합한 게 총 효용이죠. 총 효용은 일반적으로 소비자가 소비하는 상품이나 서비스의 양이 증가할수록 증가하게 됩니다. 그러나 증가 속도는 감소하게 됩니다. 한계 효용은 추가적으로 소비하는 양이 증가할 때마다 감소하는 경향이 있습니다. 예를 들어 초코파이 하나를 먹는 것은 만족감을 줄 수 있지만, 두 개째를 먹을 때는 만족도가 감소합니다. 즉 한계 효용은 추가적인 소비의 유용성이 점차 감소하는 경향을 보여줍니다.

학생들 같은 경우에는 스터디 카페를 1년 단위로 끊었을 때

물가 타임머신 GOGO! 1:
"타임머신! 30년 전으로 가서 100만 원으로 소비 계획 짜보기"

> 100만 원을 가지고 타임머신을 타고 30년 전으로 슝! 사고 싶은 것, 하고 싶은 것 소비 계획 짜보세요!

* 사고 싶은 물품이나 서비스의 현재 가격을 인터넷을 통해 조사한 뒤, QR코드 링크로 들어가서 나오는 시트를 현재 가격란에 가격을 적어보세요. 그럼 30년 전 가격이 생성될 거예요! (30년 전인 1993년의 물가는 현재 물가를 100으로 볼 때 57정도 되었는데, 이를 바탕으로 계산되도록 해두었어요!)

물가타임머신 GOGO! 2:
"타임머신! 30년 후로 가서 100만 원으로 소비 계획 짜보기"

> 100만 원을 가지고 타임머신을 타고 30년 후로 슝! 사고 싶은 것, 하고 싶은 것 소비 계획 짜보세요!

* 사고 싶은 물품이나 서비스의 현재 가격을 인터넷을 통해 조사한 뒤, QR코드 링크로 들어가서 나오는 시트의 현재 가격란에 가격을 적어보세요. 그럼 30년 후 예상 가격이 생성될 거예요! (매년 2%씩 물가가 오른다고 할 때, 30년 후 물가는 지금의 1.81배 정도 되어있을거예요. 이를 바탕으로 계산되도록 해두었어요)

물가 타임머신 QR
(활동하시고, 현재 가격 셀 내용만 지워주세요! 다른 셀은 그대로 두셔야 계산식이 지워지지 않아요!)

"100만 원으로 소비 계획 짜보기"

100만 원이 있다면 뭐가 하고 싶은가요? 인터넷으로 가격을 조사하며 계획을 짜보세요!

순	물품/ 서비스	구입하는 양	가격
1			
2			
3			
4			
5			
6			
7			
8			
9			
10			
가격합계가 100만 원 내로 계획하세요!			

초코파이 소비에 따른 만족감

초코파이 수	1	2	3	4	5
1개 추가로 인해 느끼는 만족감	9	8	6	3	0
총 만족감	9	17	23	26	26

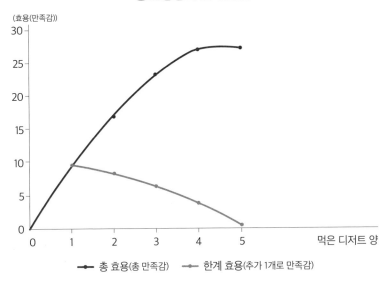

총 효용량과 한계 효용

와 하루씩 끊었을 때랑 가격이 다른 것, 묶어서 팔면 싸게 파는 것도 이런 이론이 반영된 거라고 알려주며, 생활 속에서 더 다양한 사례를 찾아보도록 합니다.

앞서 물가 타임머신 활동지를 소개했습니다. 제가 한우리에 이런 활동과 관련한 글을 기고하고 있는데 그걸 모아 QR로 확인할 수 있게 해두었으니 확인해보시면 좋겠습니다. 또 블로그(blog.naver.com/economicedu)에 수업 자료를 올려놨어요. 우리 아이의 경제 교육에 도움이 되었으면 합니다.

 활동지 모아보기

Q&A

Q. 교사로서 경제 교육을 하실 때 아이들이 변화하는 모습을 보신 경험이나 사례가 있으신지 궁금합니다.

A. 아이들은 체험을 통해 많이 알게 돼요. 제가 교육 자료를 제작할 때 이론은 다 빼자, 어떻게 통장을 개설하는지 어떻게 MTS를 하는지 이런 걸 알려주자고 하는 사람들도 많거든요. 물론 이런 것들도 중요하죠. 그런데 아이들은 잘해요. 오히려 새로운 걸 도전해보는 것에 대한 겁은 없더라고요. 그래서 경제 흐름에 관심을 갖게 하는 것, 놀이를 통해서 관심 갖게 하는 것이 중요하다는 생각이 들었습니다.

놀면서 관심을 갖게 되면 이게 공부라는 생각이 드는 게 아니라 생활의 일부분처럼 느끼게 되는 거죠. 생활 속에서 경제 원리를 찾기도 하고요. 보는 게 다 경제로 보이는 겁니다. 예전에는 관심이 하나도 없던 아이가 이렇게 관심을 보이고 저에게 질문을 하는 걸 볼 때 경제 교육을 잘했다는 생각이 들어요.

Q. 아이를 키우고 있는 엄마로서 아이들에게 경제 교육을 어떻게 하면 어릴 때부터 잘 할 수 있는지 고민이 많다는 질문이 있었는데요. 실제 사례나 경제 이슈를 재미와 교육적인 측면 함께 전달할 수 있는 좋은 방법이 있을까요?

A. 본문에서도 이야기했던 물가 타임머신 활동 같은 여러 가지 활동을 QR 코드를 통해 들어가보면 확인할 수 있습니다. 지금 한 10개 정도 올려놨고요. 계속 더 업데이트할 예정이에요. 만약에 ETF의 개념을 알려주고 싶다면 우리 집에서 사용하고 있는 여러 물건을 가지고 "그럼 이걸로 펀드처럼 만들어볼까?" 해볼 수도 있습니다. 이렇게 평소에 주변에 있는 물건으로 이야기를 시작하는 게 중요합니다.

아이들은 내가 뭘 잘하는지, 뭘 하고 싶은지 찾는 걸 되게 어려워하잖아요. 아이가 잘하는 거를 통해 만들어내는 거, 재능을 이용해서 뭔가 해보는 거, 시도해보고 판매해보고 하는 걸 집에서 함께해보면 좋겠습니다. 제공하는 활동을 하다 보면 사업을 하는 게 어떤 거고, 내 재능은 무엇이고 알아갈 기회를 만들 수 있을 것 같습니다.

Q. 어린이에게 경제 교육을 시작하는 적절한 시기가 있는지 그리고 어떤 내용부터 시작하는 게 좋을지 궁금합니다.

A. 경제 교육은 그냥 어릴수록 좋은 것 같아요. 그리고 용돈은 언제부터 주는 게 좋냐고 물어보시는 분들이 많았거든요. 용돈은 그래도 스스로 계산할 수 있는 정도 나이, 초등 3학년 또는 4학년 정도 되는 게 좋은 것 같습니다. 처음부터 많이 줄 수는 없지만 진짜 돈 관리, 예산 관리를 할 수 있게 할 수 있겠죠. 어떤 분은 학원비까지 포함한 모든 돈을 혼자서 낼 수 있게 돈을 준다고 하더라고요. 본인이 그 안에서 다 꾸려나가는 거죠. 물론 그렇게 할 수 있게 하려면 어릴 때부터 습관을 들이는 게 좋습니다. 저는 아직 그렇게까지 용기는 안 나서 못 하고 있어요. 처음에 용돈을 주실 때는 일주일 단위가 더 좋아요. 한 달씩 하면은 이제 다 써버리기 쉽더라고요. 용돈 계약서를 작성해보는 것도 의미가 있었습니다. 그러니까 용돈으로 얼마를 줄지도 같이 협상하고, 왜 그만큼 필요한지 이런 것도 따져보기도 하고. 한 번 용돈 계약서를 만든다고 끝나는 게 아니라 재협상이 필요하면 다시 계약할 수도 있습니다. 이때 어떤 항목을 넣어야 할지, 어떤 걸 고려해야 할지 어렸을 때부터 이런 걸 고민해보는 게 좋은 것 같습니다.

용돈 기입장도 필요합니다. 시중 은행에서 나오는 용돈 관리 앱을 활용하는 방법도 있습니다. 요즘 아이들은 용돈 기입장을 쓰는 건 귀찮아하는데 앱으로 하는 건 곧잘 하더라고요. 아무튼 자기가 뭘 쓰는지 어디에 얼마큼 쓰는지 알 수 있게 정리할 필요가 있습니다. 예전에 학생들과 돈을 쓰면서도 찝찝한 경우가 많다고 하더라고요. 어디다 쓰는지 잘 모르니까 그런 마음이 들 때가 있어요. 계획적으로 소비하는 기쁨도 알려주면 좋습니다.

예산 계획을 짜고도 무너질 때가 있는데, 아이들은 게임 아이템 같은 거에 흔들려요. 게임 아이템 가격이 되게 비싸게 올라왔다가 떨어졌다가 막 이런대요. 그러니까 '지금 싸니까 당장 사야 해!'라는 마음이 생기는 거죠. 이런 거를 봤을 때 아예 아이가 무너지는 분야에서 얼만큼을 쓰는지 알려주면 좋을 것 같아요.

2024
대한민국
재테크 트렌드

초판 1쇄 발행 2024년 3월 7일

엮은이 조선일보 경제부
펴낸곳 원앤원북스
펴낸이 오운영
경영총괄 박종명
편집 최윤정 김형욱 이광민 김슬기
디자인 윤지예 이영재
마케팅 문준영 이지은 박미애
디지털콘텐츠 안태정
등록번호 제2018-000146호(2018년 1월 23일)
주소 04091 서울시 마포구 토정로 222 한국출판콘텐츠센터 319호 (신수동)
전화 (02)719-7735 | **팩스** (02)719-7736
이메일 onobooks2018@naver.com | **블로그** blog.naver.com/onobooks2018
값 22,000원
ISBN 979-11-7043-506-8 03320

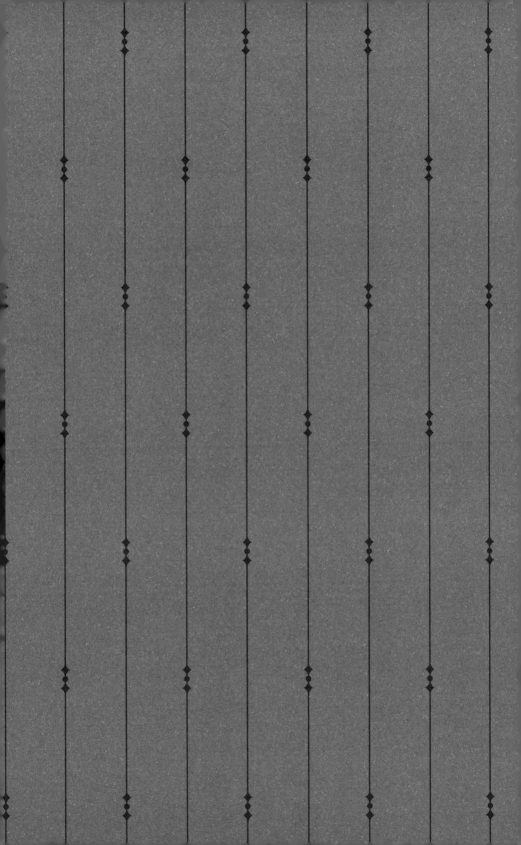